Maestro!

Foto: Fernando Mucci

RICARDO CARVALHO

Maestro!

UMA BIOGRAFIA

A VOLTA POR CIMA DE

João Carlos Martins

E OUTRAS HISTÓRIAS...

GUTENBERG

Todos os esforços foram feitos no sentido de encontrar os detentores dos direitos autorais das obras que constam deste livro. Pedimos desculpas por eventuais omissões involuntárias e nos comprometemos a inserir os devidos créditos e corrigir possíveis falhas em edições subsequentes.

EDITORAS RESPONSÁVEIS
Silvia Tocci Masini
Rejane Dias

ASSISTENTES EDITORIAIS
Carol Christo
Felipe Castilho

PREPARAÇÃO
Nilce Xavier

REVISÃO
Maria Theresa Tavares
Cecília Martins

CAPA E PROJETO GRÁFICO
Diogo Droschi
(sobre fotografia de Fernando Mucci)

FOTOGRAFIA
Fernando Mucci

DIAGRAMAÇÃO
Waldênia Alvarenga

Dados Internacionais de Catalogação na Publicação (CIP)
(Câmara Brasileira do Livro, SP, Brasil)

Carvalho, Ricardo
Maestro! : uma biografia : a volta por cima de João Carlos Martins e outras histórias... -- / Ricardo Carvalho. -- 1. ed. -- Belo Horizonte : Editora Gutenberg, 2015.

ISBN 978-85-8235-320-2

1. Maestros - Biografia 2. Martins, João Carlos I. Título.

15-09218 CDD-784.2092

Índices para catálogo sistemático:
1. Maestros : Biografia 784.2092

A **GUTENBERG** É UMA EDITORA DO **GRUPO AUTÊNTICA**

São Paulo
Av. Paulista, 2.073,
Conjunto Nacional, Horsa I
23° andar . Conj. 2301 .
Cerqueira César . 01311-940
São Paulo . SP
Tel.: (55 11) 3034 4468

Televendas: 0800 283 13 22
www.editoragutenberg.com.br

Belo Horizonte
Rua Aimorés, 981, 8° andar
Funcionários . 30140-071
Belo Horizonte . MG
Tel.: (55 31) 3214 5700

Rio de Janeiro
Rua Debret, 23, sala 401
Centro . 20030-080
Rio de Janeiro . RJ
Tel.: (55 21) 3179 1975

Sozinho, descobri que Mozart tocou todos os pássaros do mundo, Beethoven, só os que voam mais alto e Bach, esse chegou a captar, por segundos, o alvoroço dos anjos.

(Carlos Moraes, jornalista, em seu livro *Agora Deus vai te pegar lá fora*, quando, ainda padre e preso político, sonhava com a liberdade)

Para
Marcia, Julia, Felipe, Gustavo, Marcela, Neto,
Anna Veronica e Fernando Jordão.

Agradecimentos
Carlos Monforte, Mario Rogério Cardoso, Mila Carvalho, Ivo Herzog, Roberto, Fernando e Maria Lucia Santa Cruz, Sylvio Gerab, Alexandra Schalch, Marta Lima, Lucila Camargo, Savério e Marly, Paulo Fonseca e Sumaya, Renato Dolci, Denise Hamú, Fernanda Lauer, Rejane Dias, Sergio D'Urso (Pipoca), Juan Carlos Villani, Antonio Carlos Cavalcanti, Giane Morato, Rose Bringel, Maria Helena Beltrame, Zé André. E Carmen Valio, Mauro Lima, Fernando Morais, Elza de Moraes Fernandes Costa, Helder de Araujo.

Em memória
Ana Candida Rupp Blasi e José Forte Filho,
amigos para sempre.

O eterno retorno

Por Ricardo Carvalho

Em fevereiro de 2015, meses antes de completar 75 anos, João Carlos Martins poderia ser encontrado, a qualquer das 24 horas de um dia, sentado no banco do piano de cauda Petrof – de procedência tcheca, cuja companhia foi fundada em 1864 –, dedilhando infinitas vezes, com a mão esquerda, uma mesma sequência de teclas para exercitar os seus cinco dedos. Ele, que começou a tocar piano aos 7 anos, estava, na verdade, repetindo o que mais fez na vida: dedicando-se à preparação para recitais e concertos ou praticando horas e horas para voltar ao piano. Inúmeras foram as vezes que foi obrigado a suspender a carreira, por conta de seguidas lesões nas mãos e no cérebro: ele interrompeu e retomou a carreira de pianista pelo menos seis vezes, algumas com intervalos mais curtos e outras com anos de duração.

Ali, no aconchego de sua casa, em total intimidade com seu velho companheiro de tantas jornadas, que ocupa boa parte de uma das salas, João Carlos estava, dessa vez, dando duro para voltar aos teclados, aparentemente só com a mão esquerda, como em 7 de dezembro de 1973, quando ele tocou, no Theatro Municipal de São Paulo, em um de seus breves retornos, o *Concerto para mão esquerda*, de Maurice Ravel (1875-1937). Agora, João Carlos pretendia voltar com a dificílima *Rapsódia sobre um tema de Paganini*, uma peça que ele já tinha tocado na China, com uma transcrição feita por ele mesmo para a mão esquerda. E por que este concerto? Tudo indica que é porque se não for difícil, parece que não tem graça. Aliás, como tudo na vida dele.

Conheço o João Carlos desde 2006 e, como a maioria dos brasileiros, não acompanhei sua carreira de pianista, pois o sucesso que ele fez teve destaque apenas no exterior, principalmente na década de 1960, época sem internet, sem Facebook, sem celular. A comunicação possível era feita pelo rádio, pela televisão e pelos jornais, veículos com um alcance ainda muito restrito.

Se naquela época pouca gente no Brasil soube, hoje em dia quase ninguém tem a menor ideia de que o pianista brasileiro João Carlos Martins foi, segundo renomados críticos, um dos maiores intérpretes de todos os tempos do compositor alemão Johann Sebastian Bach (século XVII) um trono que ele divide com o canadense Glenn Gould (1932-1982).

Hoje, no entanto, apenas a "porção maestro" de João Carlos Martins é amplamente conhecida em seu próprio país. Assim, ao conviver com ele, sua família e seus amigos, ao mergulhar na sua trajetória, folhear os jornais estrangeiros com artigos dos principais críticos de música clássica do mundo, ao conhecer seus dramas, suas alegrias, sua obsessão de voltar ao piano e sua obstinação para seguir como maestro, por tudo isso resolvi escrever esta biografia. Uma biografia que, para montar o caleidoscópio de uma vida inteira, tenta focar nas muitas vidas que ele consegue viver, até no seu intenso e agitado cotidiano.

Ao longo destes 11 meses que separei para escrever o livro, muita gente me perguntava se seria uma biografia autorizada, como exigia a lei na época da nossa primeira entrevista. Respondia com a conversa que tive com João Carlos sobre tal questão: contaria as muitas histórias, escreveria sobre todos os assuntos que cercam a roda gigante que tem sido a sua vida.

Só uma coisa ele pediu que fosse mantida fora da biografia: a vida privada das suas cinco ex-mulheres.

Com a pesquisa num amoroso arquivo de fotos e recortes de jornais do mundo inteiro, cartas e bilhetes, organizado pelo pai de João Carlos, o Seu José, que morreu com 102 anos, somada a uma incessante pesquisa nos mais diversos arquivos, vídeos, livros e textos, incluindo as críticas internacionais, além das entrevistas realizadas, foi possível chegar aos detalhes, às origens, e, assim, reconstruir as muitas histórias que cercam a vida, as paixões e a obra do pianista e maestro João Carlos Martins.

O garotinho que aos 3 anos tinha convulsões, que aos 7 iniciava as aulas de piano e aos 8 já ganhava o seu primeiro concurso. Que aos 13 anos arrancava elogios dos grandes compositores, maestros e pianistas do país, e aos 21 encantava um absolutamente lotado Carnegie Hall, em Nova York... e que pelos Estados Unidos foi ficando, tanto que chegou a ter, por muitos anos, um apartamento em Nova York.

Ah, sim, o rapaz que perdeu a virgindade somente aos 20 anos – bem fora dos padrões da época, já que era na adolescência que normalmente se dava o rito de passagem – em um bordel em Cartagena, na Colômbia, e que tentou descontar este atraso ao longo da vida, inclusive se metendo em boas confusões.

João Carlos é o único pianista do mundo a gravar a obra completa de Bach para teclado. São centenas de peças, contando as danças das suítes, os movimentos de concertos e tantas outras. João também teve a coragem de se expor ao tocar o compositor alemão com um romantismo inusitado, sem violentar uma única nota da partitura original. Quando um ouvido mais atento escuta Bach interpretado de acordo com o que querem os chamados puristas e, depois, escuta Bach tocado pelas mãos do virtuoso, pode sentir claramente a diferença do que significa ousar e ter a coragem de criar. Dizem até que os puristas não concordam, mas adoram o jeito como João Carlos interpreta a obra de Bach.

E o que leva o pianista a ter tamanha ousadia aliada a uma boa dose de coragem? Seriam as oito, nove, dez, onze horas de estudo diário durante anos a fio? Seria uma mente que funciona em outra sintonia? Seria a "vida de artista" em que nada mais tem importância além da carreira, nem mesmo amigos e amores? Ou a "cabeça de artista" que o levou a embarcar em canoas furadas e a se meter em assuntos que não tinham nada a ver com ele, como política e negócios? Ou a vitória de, antes dos 30 anos, ter escapado de um suicídio porque o telefone tocou na hora certa? Ou seria ainda a força de vontade de sempre tentar se superar diante das inúmeras pequenas e grandes tragédias do cotidiano que desabaram sobre ele?

Esta biografia também reúne histórias recolhidas no dia a dia que são como uma fotografia de corpo inteiro de João Carlos Martins e mostram um turbilhão de sentimentos e desejos, como revelou o flagrante durante um dos nossos encontros, quando, em uma única frase, ele resumiu o seu passado, presente e futuro. No decorrer de uma das nossas inúmeras conversas em seu apartamento, João Carlos resolveu o salário de uma funcionária da casa, recebeu ligações de jornalistas, deu sugestões pelo telefone – e também ao piano – para a sua participação no programa Esquenta, da Regina Casé, atendeu uma pessoa que queria informações sobre a casa que foi da família para incluir em uma gravação e sempre retomava nossa conversa exatamente no ponto em que tínhamos interrompido.

Duas horas e meia depois, já quase no elevador, perguntei o que nunca tinha perguntado: por que toda aquela agitação, do telefone para o piano, do piano para as conversas, das conversas para a nossa entrevista? Baixando o tom de voz, como se fosse contar um segredo, confessou:

"Sou um pouco assim, mas tudo isso serve mesmo para ocupar o meu cotidiano e combater a frustração, porque tudo o que quero e faço na vida, inclusive ser maestro, é para, quem sabe um dia, voltar a tocar piano."

Tudo indica que este aparentemente singelo desejo de voltar ao piano já teria se transformado numa obsessão, algo que alguns dicionários definem como uma "perseguição diabólica". Senão, como explicar o que aconteceu no dia 6 de junho de 2015? No concerto que celebrava os seus 75 anos, em uma Sala São Paulo lotada, depois de interpretar três peças no piano, ele, do banquinho mesmo, comunicou ao público que não tinha gostado de duas das interpretações e que ia repeti-las. Repetiu e foi ovacionado. Judith de Almeida, que estava assistindo ao João pela primeira vez, sussurrou para o marido: "Nem precisava repetir...".

João Carlos continua insistindo. O tratamento com o respeitado neurologista Paulo Niemeyer Filho tenta encontrar no cérebro aquele lugarzinho ainda não explorado que possa lhe devolver o movimento da mão esquerda. A mão direita está sendo trabalhada também por cientistas de um laboratório de pesquisas perto da Unicamp, em Campinas.

Manter uma obstinação assim, dispor de uma eterna esperança, é algo que ele vem experimentando desde sempre. Assim, enquanto o médico vasculha o seu sistema nervoso central, ele, no canto da sua solidão, dedilha as mesmas teclas milhares de vezes, em busca do seu destino, em busca do seu eterno retorno ao piano.

CAPÍTULO I

Um dia inesquecível

"Pai, não consigo voltar ao palco para o bis..."

Ao final de um recital no Theatro Municipal de São Paulo, em 1958, aos 18 anos de idade e 10 de piano, já reconhecido no meio como um grande intérprete de Johann Sebastian Bach, compositor alemão de música clássica nascido no século XVII (1685-1750), o pianista João Carlos Martins recebia uma ovação sem precedentes para o jovem artista. O Teatro Municipal era a casa símbolo da música clássica na capital paulista.

O Brasil vivia os anos dourados: assistia ao nascimento da bossa nova, o rock 'n' roll conquistava a moçada, a seleção vencia a primeira copa do mundo e o presidente Juscelino Kubitschek imprimia o ritmo de um Brasil que tinha pressa para se desenvolver.

Depois da última nota dos 48 prelúdios e fugas de *O cravo bem temperado*, uma das obras-primas de Bach, enquanto o público iniciava os aplausos efusivos, o jovem João Carlos Martins, exausto após quase duas horas de um dedilhar ininterrupto, ainda ficou a olhar o teclado por dois ou três segundos, como se não acreditasse que tinha conseguido concluir a interpretação.

Como em câmera lenta, foi se levantando e, com a mão esquerda apoiada no piano, pouco acima do teclado, curvou-se respeitosamente várias vezes, o cabelo liso e preto lhe caindo na testa e sobre os óculos, em agradecimento ao entusiasmo de uma plateia quase eufórica.

Deixou o palco passo a passo, talvez um pouco tenso, e, sempre de frente para a plateia – outro sinal de seu respeito pelo público – continuou com pequenas mesuras, até desaparecer na coxia.

Saiu em busca do pai, que deveria estar por ali. Na sala de espetáculo, cresciam os aplausos compassados da plateia vestida com gala e glamour gritando *bravo! bravo!* a exigir, alegremente, o bis, absolutamente compreensível pela performance que tinham acabado de ver, ouvir e amar.

Na coxia, Seu José, o pai de João Carlos, orgulhoso e radiante – o sucesso do seu menino era também uma realização pessoal dele – recebeu o seu pianista com um forte abraço, um beijo no rosto e já preparava o retorno do rapaz ao palco, quando escutou a frase que iria, como uma tatuagem, marcar definitivamente a vida e a trajetória profissional do filho. Rosto crispado pela dor, o ainda adolescente João Carlos se queixou, entredentes:

"Pai, não posso voltar ao palco para o bis... Até pensei que não ia conseguir chegar até o final. Estou com uma dor insuportável aqui, ó... Eu me recuso a subir no palco se não puder tocar com perfeição. E não vou voltar para o bis."

O calendário marcava 21 de setembro de 1958 – um dia marcante e, infelizmente, inesquecível. Quando ele apontou com o dedo indicador da mão esquerda a região da mão direita que, aparentemente, não apresentava nenhuma lesão, não estava inchada, não estava roxa e tinha o movimento circular completo, João Carlos estava, na verdade, sofrendo espasmos, isto é, contrações involuntárias dos músculos, acompanhadas de fortes dores localizadas e provocadas pelo mau funcionamento dos nervos. Pai e filho não tinham a menor ideia do drama que, ali, estava apenas começando.

Seu José, sempre muito sensível e carinhoso, mesmo percebendo a tensão do filho, ainda insistiu para que João Carlos retornasse aos aplausos, pois queria garantir ao rapaz a glória maior que um artista pode desfrutar: o reconhecimento sincero e entusiasmado do público, do seleto público em um Brasil de poucos admiradores da música clássica que, como gostava de dizer o próprio Sebastian Bach, "tem a finalidade maior de glorificar a Deus".

João Carlos não retornou ao palco, embora quisesse muito atender ao chamamento do público, que acabou se retirando do teatro um tanto surpreso e um pouco frustrado por não rever, naquela noite, aquele que seria reconhecido, ao longo da carreira, como um dos grandes intérpretes de Bach. Estudiosos, pesquisadores e o próprio João Carlos afirmam que Johann Sebastian Bach é o maior compositor da história da música clássica.

É uma pena que a tradição dos espetáculos não comporte uma explicação, mínima que seja, sobre os motivos da ausência de um artista no bis, quando fosse justificada. Uma ausência assim, a seco, poderia ser perigosamente interpretada como arrogância, ou o artista corria o risco de ser tachado de mascarado, como se dizia na época de quem era, por assim dizer, metido a besta. Postura que não combinava com o jovem João Carlos, sempre afável com seu público, sempre gentil com seus pares. Já suas esquisitices – e, como dizem, todo artista tem as suas – poderiam ser creditadas à sua timidez. Uma delas se tornou, ao longo da vida, um tanto perigosa: não saber dizer não.

O piano para fugir do *bullying*

Na volta para casa, enquanto o motorista conduzia o carro da família, Seu José estava sentado ao lado de João Carlos, que ainda segurava a mão dolorida e olhava de soslaio e com

Foi mais ou menos nesta época que o menino João Carlos começou a se trancar em casa por conta de um *bullying* implacável na escola e ganhou o seu primeiro piano.

admiração para o pai quando foi tomado por uma agradável e doce recordação, que tinha tudo a ver com os cuidados que Seu José sempre teve com ele: João Carlos se viu aos 8 anos, sentado no banquinho do piano e, pela dedicação do pai, descobrindo as possibilidades quase infinitas daquela sequência de teclas brancas e pretas.

Seu José apresentou o piano ao filho com a intenção primeira de livrar o garoto de uma certa solidão provocada pela dificuldade que João Carlos tinha de se relacionar com a meninada da sua idade, na escola e na vizinhança. Ele sofria um *bullying* cruel e implacável por conta de um problema de saúde – sempre a saúde – que o fez, cheio de vergonha, se trancar em casa.

Só mesmo o instinto de pai para, naquele instante em que seu menino se acomodava no banquinho, perceber e oferecer aos deuses o talento único do filho prodígio, talvez para compensar a sua absoluta impossibilidade de tocar piano, mesmo um pouquinho que fosse – ele nunca encostou num teclado – por conta de uma lesão definitiva em uma das mãos. Aos doze anos, quando trabalhava em uma gráfica, ainda em Portugal, o menino José Silva Martins perdeu o dedo mindinho da mão direita na engrenagem de uma das máquinas. E tudo nas vésperas de ele começar a ter algumas aulas de piano.

Seu José era apaixonado pelas possibilidades sublimes do piano. O filho João Carlos sabia disso e jurou que jamais decepcionaria o pai que, durante a vida inteira, só teve motivos para se orgulhar dos quatro filhos. O terceiro filho, José Eduardo, foi para a universidade e se tornou professor de música da Universidade de São Paulo (USP), além de também ser um pianista de muitos recursos. O segundo filho, José Paulo, seguiu o caminho do pai, enveredando pela administração de empresas, embora tenha sido um bom gaitista. Já o mais velho, Ives, escolheu a academia e se tornou um advogado tão famoso quanto discreto, um exímio redator de pareceres que em algumas ocasiões estremeceram os alicerces da República, embora também tenha arriscado algumas incursões no piano e na composição.

Já era noite feita quando pai e filho chegaram em casa, na Avenida Santo Amaro, 3454, no Brooklin. Uma casa bem ampla, com um salão capaz de acomodar três pianos de cauda, sem contar os outros quatro distribuídos pelos cômodos da casa, no quarto dos filhos, inclusive. Ter sete pianos nunca surpreendeu quem conhecia o amor do pai dos meninos pela música clássica, especialmente pelo piano.

Carro devidamente estacionado, a dor incomodava menos, mas o suficiente para a mãe, Dona Alay, assumir o comando e preparar compressas de água quente para deixar a mão do filho protegida por algumas horas.

Na verdade, esse episódio era só mais um que João Carlos Martins enfrentava em sua difícil relação com a saúde, posto que sua vida não foi nada fácil nesse quesito. Aos 6 anos sofria de violentas convulsões, nem sempre bem diagnosticadas. Sem nenhuma explicação, as convulsões sumiram, mas, talvez por algum estranho desígnio, foram substituídas por males sorrateiros e mais traiçoeiros ao longo da sequência de tragédias, algumas piores que outras, que foram se abatendo sobre ele que, aliás, nunca vacilou diante das armadilhas que a vida foi lhe reservando.

Uma obstinação pessoal o mantinha firme, uma convicção que era mais forte do que ele: a necessidade de conviver com a arte, com a música, com o piano, com a perfeição, com a ideia fixa de se tornar cada vez melhor. E, se possível, um dos maiores pianistas do mundo.

By WARREN HOGE
Special to The New York Times

SAO PAULO, Brazil — Owners of ornate old town houses along this city's most expensive thoroughfare have been staging predawn demolition raids on their own homes to forestall a zealous new state official's campaign to have the properties declared untouchable in the name of historic preservation.

The official, João Carlos Martins, who is one of the world's leading concert pianists, has tackled his new job as State Secretary of Culture with the same gusto he displays in addressing his specialty, Bach, on the keyboard.

"He has brilliance, drive and force," Harold C. Schonberg once wrote in The New York Times of a performance by Mr. Martins in New York. This and other reviewers' descriptions of Mr. Martins's artistry, — "passionate subjectivity," "fireworks in all directions" — could just as aptly apply to his approach to the world of bureaucracy.

Anos depois, o *The New York Times* de 18 de agosto de 1982 o reconhecia como *"one of the world's leading concerts pianists"*, ou seja, um dos melhores pianistas do mundo.

A primeira infância

"Morria de vergonha da secreção que saía do meu pescoço."

Em 25 de junho de 1940, uma terça-feira, dia em que o presidente Getúlio Vargas instituiu o salário mínimo no país, que o Autódromo de Interlagos foi inaugurado e que a França se rendeu aos nazistas, nascia, ao meio-dia, na maternidade Pró-Matre, em São Paulo, João Carlos Gandra da Silva Martins.

Houve comemoração extra no nascimento do menino, porque, ainda no ventre da mãe, ele correu o risco de não vingar, mas acabou dando as caras com mais de cinco quilos, um milagre, segundo os médicos. E talvez por isso, pelo milagre e

A família Gandra da Silva Martins em 1948. Da esquerda para a direita: Seu José (pai), os irmãos Ives, José Paulo (em pé), João Carlos e José Eduardo, e Dona Alay (mãe).

pela festança, João tenha sido batizado em homenagem a São João, primo de Jesus Cristo, conhecido como o santo festeiro e que faz aniversário em 24 de junho, bem na véspera do nascimento do novo integrante do clã dos Silva Martins. João se juntava aos seus três irmãos, numa verdadeira escadinha: o mais velho, Ives, tinha apenas 5 anos. O pai, José da Silva Martins, português de nascimento, e a mãe, Alay Gandra, nascida em Ribeirão Preto, no interior de São Paulo, criaram os filhos com tudo aquilo que crianças precisam: amor, carinho e muita disciplina.

Ives lembra que os quatro irmãos, ao longo da infância e da adolescência, tinham hora para tudo: acordar, estudar, fazer as refeições, tomar banho, dormir, jogar futebol, principal divertimento dos meninos e paixão da família. O pai se tornou sócio do São Paulo Futebol Clube em 1934 e o próprio Ives é o sócio número 30 do tricolor. Já os dois pianistas, João Carlos e José Eduardo, são, até hoje, torcedores da Associação Portuguesa de Desportos, ou simplesmente Portuguesa.

Com o nascimento do quarto filho, a família se mudou do bairro do Pacaembu para um sobrado mais amplo na Avenida Rodrigues Alves, 984, na Vila Mariana. Na casa nova, o pai continuou a animar os meninos todas as noites com uma brincadeira que se tornou primordial para o despertar da arte na vida deles: Seu José colocava na vitrola um disco de música clássica e começava a dar dicas para que as crianças desvendassem o compositor e, às vezes, até o intérprete. Quem descobrisse o nome primeiro, ganhava um prêmio.

Com esta, vamos dizer, rotina cultural, só poderia dar no que deu. O segundo filho, José Paulo, se tornou gaitista, mas não seguiu carreira. João Carlos e José Eduardo tornaram-se pianistas e, o que pouquíssima gente sabe – nem João Carlos se lembrava – Ives, aos 17 anos, elaborou algumas composições de música clássica para piano, as quais ele guarda zelosamente até hoje. Só depois de muita insistência por parte deste biógrafo, Ives cedeu a cópia de uma partitura de sua autoria. No dia seguinte à entrevista com Ives, João Carlos dedilhou pela primeira vez, sem o conhecimento do irmão mais velho, algumas notas da produção musical de Ives que, ao se mostrar compositor, fechava o ciclo virtuoso dos sonhos de um pai apaixonado pela música clássica.

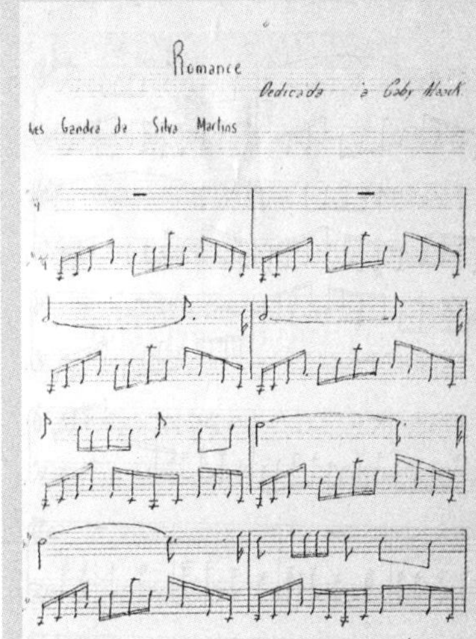

Aos 17 anos, o filho mais velho, Ives, se arriscou como compositor e acabou se tornando um importante advogado brasileiro.

Para educar os filhos com princípios de decência e moral, à medida que eles cresciam, Seu José os fazia folhear Orison Swett Marden, autor norte-americano inspiracional especializado no que o próprio Ives chamou, anos depois, de livro de autoajuda. Depois de ler, os meninos eram instigados pelo pai a escrever sobre o que tinham assimilado.

João Carlos tem a lembrança de certa vez ter ouvido falar que Swett Marden não tinha só morrido, tinha se suicidado, e, ao contar ao pai a novidade, Seu José, aos poucos, para não chocar os meninos, foi retirando os exemplares do autor da estante, porque não conseguia oferecer aos filhos um autor que teria dado fim à própria vida.

É bem possível que lá no fundo da alma, José da Silva Martins, para provar que a vida sempre vale a pena, tenha decidido lançar seu primeiro livro aos 84 anos, e o último, de um total de cinco livros escritos, aos 101 anos! Feito que chegou a ser registrado no *Livro Guinness dos recordes*. Era um jeito, também, de, sem alarde, se vingar da "traição" do escritor que

Ao lançar o seu primeiro livro, aos 84 anos, Seu José entrou para o *Livro Guinness dos recordes*.

ele usava de exemplo para seus filhos e que se matou. Seu José, por outro lado, morreu aos 102 anos, em 2000, logo depois da morte da mãe dos meninos, Dona Alay, que morreu aos 92 anos, em 1999.

A secreção que matava de vergonha

Inaugurando a sina que o perseguiria por toda a vida – para cada coisa boa, logo era atropelado pelas tragédias do cotidiano – João Carlos, durante a primeira infância, viu aparecer em seu pescoço um cisto desproporcional. Os pais o levaram ao hospital para retirar o tumor, todavia o médico não só não conseguiu, como ainda foram necessários dois anos para curar a fístula que se instalou no lugar. Uma recuperação longa e sofrida, pois o tratamento incluía a aplicação de uma injeção semanal no pescoço. João Carlos ainda se recorda que a mãe o segurava e ele, suando frio, lívido de dor, perdia o fôlego ao tomar a injeção, mas não soltava um único gemido. Talvez fosse um estranho e sinistro treinamento para o que ainda aconteceria na vida dele.

O desespero foi tomando conta do menino, mais pela vergonha do que pela dor, pois era só ele comer alguma coisa que vazava da ferida uma estranha secreção de aspecto um tanto repugnante.

Ele vivia se escondendo das pessoas, mal saía de casa, sempre colado na barra da saia da mãe e, por mais que desejasse, nunca encontrou um buraco onde pudesse se enfiar na hora da escola. Um dia, comendo o seu lanchinho, não percebeu que as secreções começaram a vazar pelo pescoço, manchando a camisa. Já os meninos mais velhos não perderam a oportunidade. Perceberam o vazamento e fizeram dele o bobo da corte, apontando e rindo, num *bullying* tão cruel que o pequeno João chegou a fazer xixi nas calças. Quando imaginava que o mundo ia desabar sobre a sua cabeça, uma doce criatura, Marina, sua amiguinha, segurou com firmeza a sua mão, como a dizer que ele não estava sozinho. Um momento inesquecível para o garoto ameaçado:

"Foi um gesto discreto, silencioso, pleno de carinho, que marcou para sempre minha vida de menino solitário", revelou João Carlos anos depois.

No entanto, após alguns meses, ele é que seria a testemunha de uma terrível tragédia. Voltando da escola, ao passar em frente à casa da querida Marina, parou ao notar uma movimentação diferente diante do portão. Estavam sendo retirados da casa os caixões de toda a família. A mãe da menina, num surto psicótico, ligou o gás do banheiro e lá se trancou com os filhos. Era a primeira vez que João Carlos via a morte de perto e sentiu que, com a perda de sua primeira grande amiga, alguma coisa morria dentro dele também.

Com realidades assim, às vezes muito duras para um garotinho, ele foi armazenando em sua memória afetiva suas perdas e seus traumas.

CAPÍTULO 3

A segunda infância

"O meu novo professor, um russo, percebeu naquele menino que fui um talento a ser lapidado."

Mesmo com todos os videogames, celulares, computadores e a internet que povoam a infância neste século de relações virtuais, os 13 anos ainda resistem como marco de passagem para a adolescência. Imagine então na década de 1940, quando nem televisão existia, que só chegou ao Brasil em 1950, com o Canal 3, a TV Tupi de São Paulo. A impressão que se tem hoje é que, naquela época, tudo na vida era mais simples, os jovens mais ingênuos, a sociedade respirava ares mais pudicos, mais recatados. Era o tempo em que as meninas brincavam de boneca e de pular amarelinha nas calçadas, e os meninos ocupavam as ruas, ainda de poucos automóveis, com partidas de futebol. Eles brincavam também de mãe da rua, pula-sela e queimada, jogos que, às vezes, terminavam em brigas e muitos sopapos.

Em casa, depois do banho e antes do jantar, os meninos daquela época se divertiam pelos tapetes da sala com seus carrinhos de madeira e com as batalhas de soldadinhos de chumbo, pintados com as cores dos uniformes dos exércitos da França e da Inglaterra, de onde os brinquedos eram importados. Brinquedos nacionais só começariam a surgir com a fábrica Estrela, fundada em 1940.

Em 1947, o *hit* entre os meninos era o jogo de futebol de botão, que atravessou gerações. Era com os irmãos e os vizinhos que o caçula dos Martins disputava partidas acaloradas, apesar das primeiras dificuldades com a saúde. A mesma vizinhança com quem João, após pular os muros, jogava futebol de campo, outra paixão que o perseguiria ao longo da vida. Para o bem e para o mal.

No entanto, com tudo o que passou na primeira infância, das convulsões que chegavam a deixá-lo desmaiado ao pus que escorria da ferida mal curada no pescoço e que o envergonhava terrivelmente, o menino João Carlos, aos 7 anos, foi se isolando de tudo e de todos. Até que o pai, marcando a permanente presença na vida do filho, veio em seu socorro. Comprou um piano, o que, no fundo, também era uma forma de realizar o seu próprio sonho não consumado de ser pianista e, assim, depositava no filho solitário o seu desejo. Na verdade, o sonho de infância de Seu José acabou virando uma espécie de obsessão.

Obsessão que, às vezes, tomava formas incomuns. Ao conhecer, em 1928, em Ribeirão Preto, a futura esposa, Alay Gandra, José incluiu na sua declaração de amor um pedido, no mínimo inusitado para um namorado: que a namorada aprendesse a tocar piano! O pedido não foi bem recebido pela família da jovem e não pegou nada bem na provinciana Ribeirão Preto. Segundo dizem, a filha escutou o seguinte do pai:

"Acho que o português está te enrolando. Ele sabe que ninguém vai conseguir tocar piano com a sua idade, e cuidado, filha, pois até a sua amiga já percebeu isso e acho que ela vai conseguir roubá-lo de você sem precisar tocar nada."

Sentindo-se ameaçada, a jovem Alay tomou-se de brios, esperou o namorado voltar de uma de suas viagens de trabalho – ele era uma espécie de caixeiro viajante – e soltou os cachorros em cima dele:

"Se você quiser casar comigo, esqueça o piano! Depois de casada, posso até estudar violão. Tá todo mundo em Ribeirão

Preto comentando que, para arrumar marido, tenho que tocar Beethoven!"

José percebeu o exagero, voltou atrás e marcou o casamento para 31 de julho de 1933. Ficaram casados quase 67 anos e dona Alay nunca precisou tocar instrumento algum, só um violãozinho de vez em quando e por vontade própria. O orgulho que tinha dos filhos já lhe preenchia o coração de arte e alegria.

Com a obsessão do pai a tiracolo e o piano ao alcance das mãos, aos 7 anos o menino João Carlos entrava na segunda infância já lidando com as escolhas. Assim como o pai, o piano se tornou um querido amigo de todas as horas, e o garoto abandonou o futebol de rua e o de botão para se entregar, de corpo, alma e paixão, às 88 teclas do seu primeiro instrumento, que coube direitinho no sobrado da Av. Rodrigues Alves. Logo depois, chegou um segundo, pois eram dois os filhos com vocação para os teclados, embora todos os quatro tivessem seus pendores musicais.

Os filhos pianistas tinham muito talento, os dois eram muito estudiosos, só que tinham estilos muito, mas muito diferentes. Se competiam entre si? Ives, o irmão mais velho, nunca viu, pelo menos na adolescência, os dois irmãos virtuosos comparando suas qualidades, querendo exercer predominâncias. Pelo contrário.

ESPETACULOS E CONCERTOS

João Carlos e José Eduardo Martins

é Como todos os anos, realizou-se num ambiente de franco entusiasmo o 5.o Concurso Internacional de Férias de Teresopolis, promovido pela Pro Arte, com a presença de artistas nacionais e estrangeiros, bem como de numerosos estudantes. Entre os participantes do certame deste ano, fi-

tica assinada pelo padre Jaime C. Diniz, disse: "Os dois artistas, o primeiro de 13 anos de idade, o segundo de 15, admiravelmente prendados, trabalham sob a orientação do grande mestre José Kliass, em São Paulo. Esses meninos tocam como pouca gente grande. Diante deles não se precisa dar desconto

sas interpretações têm todo os encantos — são transparentes, corretas, envolventes e comoventes particularmente as do irmão menor, João Carlos, que me parec[e] um verdadeiro fenomeno... Mari[a] Amelia Rezende Martins disse-me referindo-se ao João Carlos: "Um pequeno fenomeno! Coisa extraor-

Os irmãos Martins, João Carlos e José Eduardo, se apresentaram em dueto em vários estados.

Durante anos – e os jornais da época registraram o fato – apresentaram-se em duetos memoráveis, muito elogiados por críticos e músicos consagrados. O próprio Ives, quando adolescente, foi muitas vezes "maestro" das apresentações conjuntas dos dois irmãos, que tocavam em perfeito entrosamento.

Com o passar do tempo e com a escolha de seus compositores preferidos, as diferenças entre os dois irmãos foram se revelando. Enquanto José Eduardo se esmerava na execução de compositores impressionistas, como Claude Debussy (1862-1918), o irmão caçula, de personalidade mais agitada, se concentrava na complexidade da obra de Sebastian Bach, com incursões seguras por outros compositores, particularmente Frédéric Chopin (1810-1849).

Com sua solidão inerente, já que passou boa parte da infância e da adolescência em consultórios médicos, dentro de casa e no claustro das salas de estudo e de recitais, em determinado momento da vida e da carreira, e talvez até sem perceber, o inquieto João Carlos chutou o balde e colocou para fora, com natural exuberância, toda sua genialidade. Não é à toa que, na historiografia da música clássica, apenas João Carlos Martins – ao lado do canadense Glenn Gould – teve a coragem e a ousadia de transpor barreiras na interpretação da obra de Bach, para o inconformismo dos puristas e alegria do público e dos críticos de mentes arejadas. Tal exuberância aliada à técnica absolutamente refinada proporcionaram a João Carlos tamanha notoriedade que, durante anos, ele frequentou as mais disputadas salas de concerto do mundo.

Um dos maiores e mais respeitados jazzistas de todos os tempos, o norte-americano Dave Brubeck (1920-2012), encantado com o desempenho do pianista brasileiro, matou a charada em cinco palavras: "*He plays Bach with swing*" [Ele toca Bach com suingue]. Ter suingue é ter personalidade, é inovar, é o que faz a diferença para um jazzista do primeiro time. Na verdade, para o jazz, para o tango, para a música clássica...

A primeira notícia no jornal

Para chegar aonde chegaram, os irmãos Martins tiveram professores de primeira linha. A primeira a entrar em cena foi Aida de Vuono, uma clássica professora de piano, até no *physique du rôle*, ou seja, no seu jeitão de usar vestidos que a engordavam um pouquinho, os cabelos presos num coque, quando não os usava soltos e com laquê, sem contar os óculos de tartaruga que sempre caíam na ponta do nariz. A dedicada professora, por causa do rápido progresso dos irmãos Martins, foi substituída pelo professor italiano Antonio Giamarusti, que chegou a comentar com os pais dos meninos pianistas:

"Eu não sei o que fazer com o João. De uma semana para outra, tudo o que eu ensino, ele me traz decorado e pronto para concerto."

Se Giamarusti não sabia direito como agir, o pai sabia muito bem o que fazer e contratou José Kliass (1895-1970), um dos mais conceituados professores de piano da época, que chegou a preparar concertistas que conseguiram fama e ganharam o mundo. João Carlos guarda ótimas lembranças do seu professor:

"Nascido na Rússia, sempre calmo e sereno, ótimo professor, ele percebeu naquele menino que fui um talento a ser lapidado. Eu fazia a minha parte, me dedicando com muita seriedade ao trabalho, tentando entender os segredos do piano."

E olha que o menino João Carlos Gandra da Silva Martins, após três semanas com a sua primeira professora, se apresentava na escola Educandário Brasil, pertinho da sua casa, tocando o primeiro movimento da "Sonata ao luar", de Beethoven. Ainda aos

Já com certa pose de artista, João Carlos, aos 10 anos, aparecia pela primeira vez em um jornal. E nunca mais pararia de aparecer nos principais periódicos do mundo.

SUCESSO TOTAL DE JOÃO CARLOS GANDRA MARTINS

Conforme foi noticiado, apresentou-se, no dia 29 ultimo ao publico de S. Paulo, pela primeira vez, o jovem pianista patricio, João Carlos Gandra Martins.

Nesse recital promovido pela Sociedade de Bach, nos salões do «Sefes Sapientia», o jovem artista patricio revelou-se, como grande promessa musical do presente.

Chamado ao palco, pelo entusiasmo publico, nada menos que quatro vezes, João Carlos Martins foi obriga-

8 anos, arrebatou o júri de um concurso na Sociedade Bach de São Paulo. Dois anos depois, na mesma Sociedade, foi a vez de arrebatar o público: teve de voltar quatro vezes ao palco. Ele mesmo conta uma descoberta que fez naquela época:

"Depois de viver me escondendo por causa da fístula, descobri, para minha surpresa, que eu gostava do público e que o público gostava de mim." Uma descoberta que ele soube administrar como poucos artistas brasileiros ao longo de toda a carreira.

Esse recital aos 10 anos conquistou também a imprensa e, pela primeira vez, saía uma notícia sobre ele. Foi no diário *O Tempo,* da colônia portuguesa, orgulhosa com o desempenho do filho de José da Silva Martins, português de nascimento. Na legenda da foto, afirma o jornal:

"Nesse recital, nos salões da Sedes Sapientiae, o jovem artista patrício revelou-se como grande promessa musical do presente."

A notícia vinha com a foto do sorridente menino "patrício", já reconhecido na época como um pianista notável, adjetivo que, aliás, seria muito utilizado para se referir a ele ao longo da carreira, em suas aparições na capa dos principais jornais e revistas do mundo inteiro, como o *The New York Times, L'Express, Der Spiegel, The Times, The New Yorker, Daily Mirror, Washington Post* e nomes indecifráveis das publicações da União Soviética, China, Coreia do Sul...

NEWS
4/2004
Leonardo Gelber
Daniel Barenboim
KLAVIERKONTINENT
SÜDAMERIKA
Konservatorium
Buenos Aires
João Carlos
Martins
BRASIL
O MAESTRO DA
SUPERAÇÃO
PÁG. 47 CADERNO L'UOMO MODA BRASIL
The Magazine for Classical Music
Ravi
Shankar
Ilona
Brown
An All
American
Season
in Lugano
Music Festivals — Part I:
Spring and Summer
American Opera Festivals
by Gregory Sandow
anfare
THE MAGAZINE FOR SERIOUS
CONCORD CONCERTO
RECORDING ARTIST
JOÃO
CARLOS
MARTINS
ART | MUSEUMS | STAGE | FESTIVALS | EVENTS | KIDS | DINING
AroundTown
CalenZine of The Arts
South Florida
João Carlos Martins
and the Bachiana Filarmônica
September 22nd, 2011
& KEYBOA
João Carlos
Martins
Well-Tempered and
Forging a Comeback
EXECUTION, EXPRESSION,
AND THE URTEXT
LUKAS FOSS—THE COMPOSER
THE PIANO IN CYBERSPACE
FACING THE CROSSOVER CHALLEN
WOULD YOU WANT
TO BE A MUSICIAN
Brasileiros
A LUTA CONTRA O
ALCOOLISMO
TERCEIRO
MUNDO?
CRIME
NA ESCOLA
O MAESTRO DO
POVO
OS MISTÉRIOS DA SUPERAÇÃO DE
JOÃO CARLOS MARTINS
FOTO J.R. DURAN
Naus's
João Carlos Martins
Um luso-brasileiro exemplo
de força e determinação
FEBRUARY 1995
João Carlos Martins
Backstage at City Opera
CD Picks
February's Radio Programs
Amazon
Forever
TO HELL
AND BACH
João Carlos Martins, in town this month, is recording the complete Bach keyboard works. And that isn't the half of it.
AS PESSOAS MAIS
INFLUENTES DO
BRASIL EM 2008

A primeira paixão... por uma menina

As aulas de piano lhe trariam ainda, aos 12 anos, a alegria da primeira paixão, por Marlene Botelho Miranda, também aluna do professor russo. Um namorico muito mais de troca de olhares durante as aulas e corações palpitando de emoção. João Carlos ainda não havia se livrado da timidez que o atirava, cada vez mais, sobre as teclas do piano.

A essa altura, o pré-adolescente tinha sua educação formal no Liceu Pasteur, colégio francês de muito prestígio na cidade, que ficava pertinho da sua casa, na Vila Mariana. Eram quatro horas diárias de aulas de história, português, matemática, geografia, francês... de segunda a sexta. Já o piano ganhava de goleada. Eram oito horas de estudo por dia, de segunda a sábado. E mais. O que caía na rede era música para ser interpretada, e dos mais diferentes compositores consagrados, como Beethoven, Mozart, Chopin... O que o menino queria mesmo era tocar piano.

A primeira paixão... por um compositor

Se a paixão por Marlene foi um tanto tímida, a paixão que já tinha brotado no instinto do menino por Johann Sebastian Bach agora fervilhava. O próprio João Carlos conta como o gênio alemão entrou em sua vida:

"Foi pela esposa de Bach, Ana Magdalena, que reuniu as peças mais fáceis do marido e preparou uma coleção destinada a músicos iniciantes."

E por que Bach?

"Não sei... Acho que Bach era mais desafiador! Para mim, Bach, na música, foi o maior dos profetas e também o que mais sintetizou tudo que havia acontecido anteriormente em termos musicais. Por que o maior dos profetas? Talvez pelo fato de não procurar ser um Leonardo da Vinci ou outras das muitas figuras do Renascimento que se destacaram em vários campos, mas antes de tudo por acreditar intensamente na palavra 'especialização', que obviamente foi dirigida para a música de uma forma revolucionária na época. Quanto ao resto, era um ser humano como outro qualquer, que tinha sua rotina diária, preocupado com a economia doméstica, teimoso em suas opiniões, hospitaleiro, crente, bom pai e esposo."

E como se explica o reconhecimento mundial, a unânime admiração da sua destreza e habilidade na execução da obra de Bach?

"É como se eu estivesse frente a frente com Bach, concordando que a obra dele é divina e, ao mesmo tempo, eu o estivesse avisando que ia interpretá-la do meu jeito."

Uma força extra. De Deus, inclusive...

À medida que a genialidade do garoto tomava corpo e as apresentações começavam a se multiplicar, a mãe, que era espírita e médium, resolveu dar uma força extra ao filho. Antes de todo e qualquer recital ou concerto, ela, ao longo dos anos, incorporava os espíritos do compositor Giuseppe Verdi (1813-1901) e do grande pianista Ferruccio Busoni (1866-1924), duas estrelas da música erudita italiana do passado. Embora só falasse português, dona Alay, incorporada, reproduzia em italiano as mensagens dos mestres. Para o filho artista, era um grande estímulo e motivo de muita tranquilidade.

Vamos abrir parênteses aqui e voltar rapidamente aos dois parágrafos anteriores só para dizer que João Carlos não se considera um gênio.

"Não sou gênio. Recebi um dom de Deus e faço tudo para merecê-lo."

Alguns críticos, inclusive, concordariam com ele, como a austera alemã Lilly Wolf, de um diário germânico publicado no Brasil:

"João Carlos recebeu de Deus estes dotes artísticos e nós assistimos deslumbrados e comovidos a este milagre."

Outro crítico, brasileiro, ainda nos anos 1950, afirmou:

"Deus, na distribuição desigual das virtudes com que compomos nossos destinos, por certo o aquinhoou prodigamente a ponto de permitir esse desabrochar precoce de dotes raros." A ligação entre Deus e a arte, em especial entre Deus e a música, vem de longa data. Platão, filósofo grego que viveu 400 anos antes de Cristo, já dizia: "A educação musical é a suprema arte, visto que o ritmo e a harmonia penetram em todos os recantos da alma."

Shakespeare, dramaturgo inglês do século XVI, garantiu, à sua época, que "o homem que não tem música em seu coração, nem se encanta ao ouvir uma doce harmonia, é capaz de ladroeiras e traições".

Essas duas últimas citações fazem parte dos 983 pensamentos que fecham o livro *Breviário e meditação*, de José Silva Martins, pai dos meninos.

Seu José escreveu este livro aos 101 anos de idade.

CAPÍTULO 4

Começa, finalmente, a adolescência

"Tocar piano é fácil ou é impossível." (Arthur Rubinstein)

O que será que acontece com as crianças que, pelas circunstâncias, acabam vivendo duas infâncias, como foi o caso de João Carlos Martins? Ao se sentir excluído do convívio social, abandonou as brincadeiras e os brinquedos típicos das crianças de sua idade para concentrar suas mais tenras energias no estudo do piano.

Independentemente do que escolhas desse tipo podem provocar no desenvolvimento de uma criança, uma coisa é certa: uma segunda infância pode amenizar e suavizar o rito de passagem para a adolescência. Especialmente no caso dele, porque foi exatamente aos 13 anos que o jovem pianista realizou o seu primeiro grande recital, que ele mesmo chamou, anos depois, de "o dia oficial da minha estreia no Brasil".

Com a lotação esgotada, estavam na plateia do Teatro Colombo, em São Paulo, no dia 7 de maio de 1954, um refinado grupo de pianistas, maestros e compositores da música clássica brasileira: as pianistas Guiomar Novaes (1894-1979) e Magdalena Tagliaferro (1893-1986), os maestros Eleazar de Carvalho (1912-1996), Heitor Villa-Lobos (1887-1959) e Camargo Guarnieri (1907-1993), os dois últimos também grandes compositores, além dos críticos de música dos principais jornais de São Paulo.

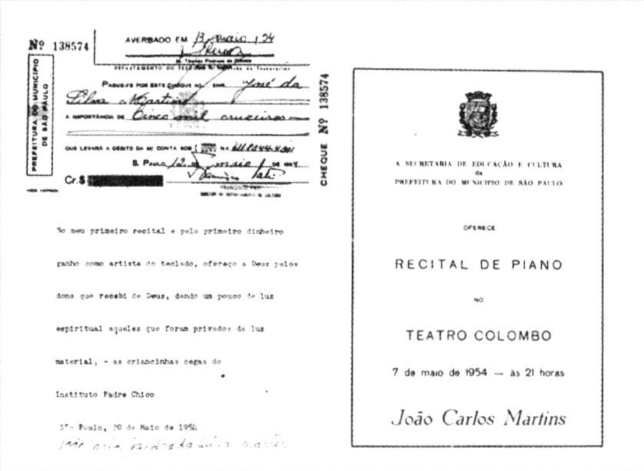
Nº 138574

AVERBADO EM

PREFEITURA DO MUNICIPIO DE SÃO PAULO

Pague-se por este cheque ao sr. José da Silva Martins

A importância de Cinco mil cruzeiros

CHEQUE Nº 138574

Cr.$

No meu primeiro recital e pelo primeiro dinheiro ganho como artista do teclado, ofereço a Deus pelos dons que recebi de Deus, dando um pouco de luz espiritual aqueles que foram privados da luz material, - as criancinhas cegas do Instituto Padre Chico

São Paulo, 20 de Maio de 1954

A SECRETARIA DE EDUCAÇÃO E CULTURA da PREFEITURA DO MUNICIPIO DE SÃO PAULO

OFERECE

RECITAL DE PIANO

NO

TEATRO COLOMBO

7 de maio de 1954 — às 21 horas

João Carlos Martins

A capa do recital e as cópias do cheque do primeiro cachê e da cartinha doando o valor para o Instituto Padre Chico.

Durante duas horas, com dois intervalos de 20 minutos cada um, o menino João Carlos foi de Bach a Chopin, de Haydn a Schumann, de Debussy a Villa-Lobos, de Schubert a Camargo Guarnieri. Do brasileiro Camargo Guarnieri, ele interpretou, em primeira audição, a *Suíte mirim*, cujo trecho "Modinha" foi dedicado pelo próprio compositor a João Carlos.

Foi, também, a primeira vez que o garoto recebeu cachê por uma apresentação, num valor equivalente a três mil reais, convertendo aos valores atuais.

Tudo indica que foi naquela ocasião que João Carlos inaugurou uma prática recorrente de querer ajudar os outros, o que nem sempre foi bom para a vida dele, mas, ali, ele estava oferecendo o seu primeiro cachê oficial de artista ao Instituto de Cegos Padre Chico, "uma instituição sem fins lucrativos que oferece ao deficiente visual uma educação de qualidade e inclusiva". Com direito a uma cartinha em que dizia: "No meu primeiro recital e pelo primeiro dinheiro ganho como artista do teclado, ofereço a Deus pelos dons que recebi de Deus, dando um pouco de luz espiritual àqueles que foram privados de luz material – as criancinhas cegas do Instituto Padre Chico".

Sob os altos auspícios do Departamento de Cultura dará João Carlos um recital no Teatro Colombo em 7-5-54, às 21 hs. Ponto programa: Partita N.º 1 de Bach, Cenas Infantis de Schumann e SUITE MIRIM de Camargo Guarnieri em 1.a audição, sendo uma peça dessa suite dedicada ao Recitalista.

Conheça êsse menino paulista, cujas interpretações são limitadas pelos seus 13 anos de idade, mas, ouvindo-o, surge a fé que logo madrugará no horizonte um novo sol do teclado do nosso amado Brasil.

JOÃO CARLOS MARTINS
aluno do Professor JOSÉ KLIASS

O convite para o primeiro recital do filho.

O zeloso Seu José, juntou cópias da cartinha e do cheque de cinco mil cruzeiros da época à capa do recital do Teatro Colombo em um único quadrinho, que guardou para a posterioridade.

O pai também percebeu a enorme importância deste primeiro recital do filho e mandou imprimir um convite, que João Carlos guarda até hoje. No convite, Seu José manifesta a sua apaixonada e poética crença no talento do filho:

"Ouvindo-o, surge a fé que logo madrugará no horizonte um novo sol do teclado no nosso amado Brasil."

Dois rápidos detalhes: João Carlos decorou todas as peças e, ao piano, de gravatinha e paletó, usava calças curtas, meias ¾ brancas e sapatos superbem engraxados. Tudo indica também que dona Alay, horas antes do concerto, invocou os espíritos de Verdi e Busoni para proteger o filhão, porque deu tudo certo!

De 100 em 100 anos...

A repercussão entre críticos e músicos presentes no teatro foi algo impressionante. Os maestros e intérpretes

A SECRETARIA DE EDUCAÇÃO E CULTURA
da
PREFEITURA DO MUNICIPIO DE SÃO PAULO

OFERECE

RECITAL DE PIANO

NO

TEATRO COLOMBO

7 de maio de 1954 — às 21 horas

João Carlos Martins

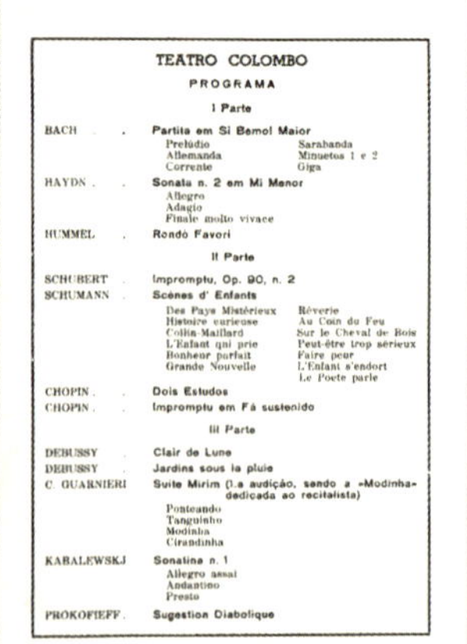

TEATRO COLOMBO

PROGRAMA

I Parte

BACH . **Partita em Si Bemol Maior**
Prelúdio — Sarabanda
Allemanda — Minuetos 1 e 2
Corrente — Giga

HAYDN . . **Sonata n. 2 em Mi Menor**
Allegro
Adagio
Finale molto vivace

HUMMEL . **Rondó Favori**

II Parte

SCHUBERT . **Impromptu, Op. 90, n. 2**

SCHUMANN . **Scènes d' Enfants**
Des Pays Mistérieux — Rêverie
Histoire curieuse — Au Coin du Feu
Collin-Maillard — Sur le Cheval de Bois
L'Enfant qui prie — Peut-être trop sérieux
Bonheur parfait — Faire peur
Grande Nouvelle — L'Enfant s'endort
Le Poete parle

CHOPIN . . **Dois Estudos**

CHOPIN . . **Impromptu em Fá sustenido**

III Parte

DEBUSSY . **Clair de Lune**

DEBUSSY . **Jardins sous la pluie**

C. GUARNIERI **Suite Mirim (1.a audição, sendo a «Modinha» dedicada ao recitalista)**
Ponteando
Tanguinho
Modinha
Cirandinha

KABALEWSKJ **Sonatina n. 1**
Allegro assai
Andantino
Presto

PROKOFIEFF . **Sugestion Diabolique**

O programa do recital que o menino João Carlos tocou de memória. Ao lado: ele agradece os aplausos, de gravata e ainda de calças curtas.

escancararam a surpresa pelo sofisticado desempenho do jovem pianista, sintetizada no comentário da respeitadíssima Guiomar Novaes:

"Somente de 100 em 100 anos aparece um pianista assim."

Os críticos também estavam entusiasmados.

Riccardi, da *Folha da Manhã*, declarou:

"Neste pequeno, mas já real pianista há uma inteira correlação entre a maturidade técnica e de espírito... Uma técnica invulgar demonstra a posse de um espírito muito avançado sobre a idade biológica."

Dona Alay deve ter gostado desse trecho e também do comentário da jornalista do *Correio Paulistano*, Inah de Mello:

"É impossível descrever o trabalho realizado pelo pequeno recitalista que parecia agir sob a influência de forças superiormente estranhas..."

O jornal *O Estado de S. Paulo*, em crítica não assinada, ao afirmar que não costuma tecer comentários ao trabalho de crianças, não resistiu ao talento do menino João Carlos:

"Ele revela plenamente inegável musicalidade, marcada sensibilidade e grande facilidade de execução."

No *Diário de S. Paulo*, o mais respeitado de todos os críticos, o compositor e professor H. J. Koellreutter, deu um título bem simpático ao seu comentário, "Um jovem poeta do piano", e, no primeiro parágrafo, deliberava:

"João Carlos Martins é, a meu ver, o mais autêntico e surpreendente talento entre os mais jovens pianistas brasileiros."

Isso tudo, sem contar as críticas nos jornais da colônia alemã e da colônia italiana, escritas nas línguas originais.

Além de criar o amoroso convite para o recital, o pai era o mais ansioso da família, por causa da enorme importância da estreia "nacional" do filho prodígio. Trabalhando com afinco para que tudo desse certo, o paizão acabou por exagerar um pouco na dose, literalmente falando. O próprio João Carlos conta, sorrindo, o que aconteceu:

"Após o recital, houve uma recepção para celebrar o grande feito e, mais tarde, em meu quarto, eu não conseguia dormir nem relaxar. Ainda excitado por causa do concerto? Não exatamente. Embora eu jamais imaginasse, o motivo de toda aquela agitação era a pílula de sulfato de benzedrina 'receitada' por meu pai!"

Foi a primeira e última vez que Seu José receitou um estimulante ao filho virtuoso, demonstrando que quem estava mesmo nervoso com o recital de estreia era ele. Até porque João Carlos ficava tão concentrado no piano que não tinha muito tempo para ficar nervoso. Ele mesmo gosta de dizer que, durante a adolescência, mesmo concentrado, "entrava no palco como se estivesse entrando numa sorveteria"!

O pai dos meninos pianistas só foi realmente se acalmar com o desenvolvimento do talento dos filhos tempos depois, quando um dos maiores pianistas do mundo, o franco-suíço Alfred Cortot (1877-1962), em concerto no Rio de Janeiro, aceitou receber João Carlos e José Eduardo, filhos de um funcionário do escritório

Aos 13 anos, João Carlos começou a pensar seriamente na carreira. Para Guiomar Novaes, "pianista assim só aparece de 100 em 100 anos".

brasileiro de uma empresa francesa de perfumaria. Ao receber os dois meninos para um microrrecital, Cortot ficou visivelmente impressionado, chegou a se levantar e se colocar ao lado do menino João Carlos Martins para examinar a sua impressionante digitação na "Dança dos anões", de Liszt. Resultado: ao chegar ao Hotel Glória, no Rio de Janeiro, onde estava hospedado, o virtuoso franco-suíço escreveu uma carta ao presidente da Aliança Francesa, sugerindo que os dois meninos fossem estudar na França. Alguns anos depois, José Eduardo acabou indo para Paris, mas João Carlos preferiu ficar no Brasil, com as aulas do professor José Kliass.

Como os dois irmãos já vinham tocando juntos havia algum tempo, o pai tinha um prazer duplo ao ver os seus meninos brilhando. Os recitais dos irmãos fizeram fama, primeiro em São Paulo e depois pelo país afora, e sempre foram muito bem recebidos pela imprensa.

Com tamanho reconhecimento, José Martins, misturando seus sonhos de menino com a criação dos filhos, acabou redobrando a dedicação aos dois pianistas que tinha em casa.

Ao mesmo tempo, a repercussão do recital no Teatro Colombo de São Paulo foi tão importante que o próprio João Carlos, do alto de seus 13 anos, começou a pensar mais seriamente na sua trajetória. Ele mesmo, um dia, reconheceu o perigo que correu, "porque se essa busca pela perfeição não fosse feita com a necessária dose de equilíbrio, mais perturbaria do que ajudaria".

Perfeição por perfeição, os críticos sempre reconheceram a destreza, a habilidade e, de certa forma, a facilidade do jovem pianista em seus passeios pelo teclado, que afastavam qualquer possibilidade de tudo aquilo ser um sacrifício. João Carlos pediu emprestada uma frase do pianista Arthur Rubinstein (1887-1982) que explica bem essa facilidade e, de algum modo, também revela o que significa aprender, estudar e tocar piano: "Piano é fácil ou impossível; difícil, nunca".

Será que alguém aí já tentou aprender a tocar piano? Já? Então, o que o João Carlos disse é ou não é verdade?

Ele manteve a palavra e seguiu em sua busca pela perfeição. Quatro meses depois do sucesso retumbante do recital no Teatro Colombo, o garoto, agora com 14 anos, fazia uma segunda estreia no Teatro Cultura Artística, em São Paulo. Outra estreia porque era a primeira vez que tocaria com uma sinfônica, a Orquestra Sinfônica Brasileira (OSB), regida por Eleazar de Carvalho. O maestro ficou tão impressionado com a destreza do jovem pianista que o convidou para se apresentar com a OSB em uma mensagem escrita no *Livro de Ouro*, diário mantido pelo pai de João Carlos com mensagens de muitos virtuosos ao filho querido. Com uma letra supercaprichada, Eleazar escreve:

"Ao executar o concerto deixou-me, repito, uma das impressões mais profundas de um talento generoso e bem orientado".

A pauta desenhada pelo maestro é o comecinho do concerto K.595 de Mozart, que João Carlos acabou tocando. Novamente, os críticos ficaram de boca aberta, como comprova esta declaração:

"E com a mesma sinceridade com que João Carlos sente e perscruta ao âmago a linguagem musical do compositor, transmite em sua integral significação a mensagem expressa pelo gênio ao influxo das belas harmonias, da mais elevada e transcendente inspiração."

Entendeu? Eu também não, mas o que importa é que o jovem pianista João Carlos Martins estava somando pontos, conquistando plateias e críticos, colecionando vitórias, construindo uma carreira como intérprete raramente vista no Brasil.

Incansável, ele se desdobrava em apresentações por várias capitais do país, sempre com casas cheias e o público assimilando

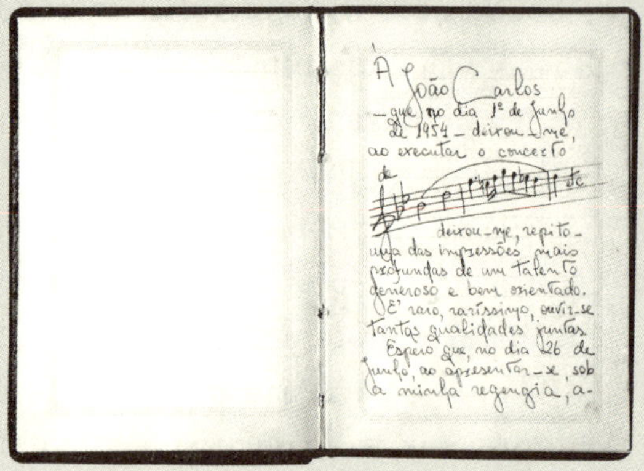

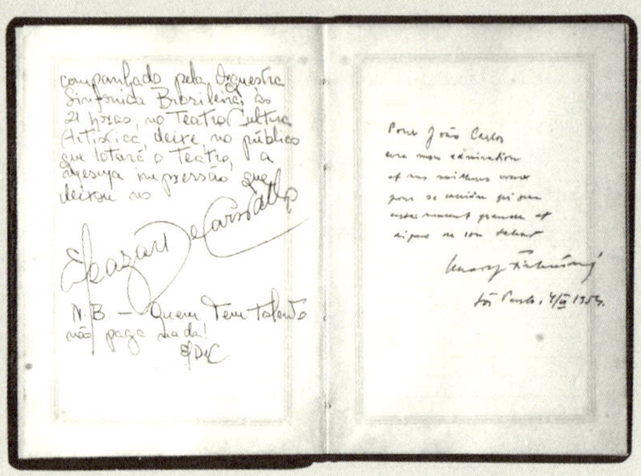

Sempre em busca de registrar opiniões sobre o filho virtuoso, o pai, José, abriu o *Livro de Ouro* com uma caprichada mensagem do maestro Eleazar de Carvalho. A pauta desenhada pelo maestro é o comecinho do *Concerto K. 595*, de Mozart, que João Carlos, aos 14 anos, tocou sob a regência dele.

os recados sobre a importância da força de vontade, da disciplina e da busca contínua pela perfeição embutidos na arte visceral de um adolescente. João Carlos não precisava falar uma única palavra, bastava exercer o seu dom.

Foram tantos concertos e recitais que João Carlos, já com seus 16 anos, combinou com o pai que daria um tempo nas apresentações, porque tinha receio de cair na esparrela de ser um exímio pianista, mas sem repertório. Precisava parar para estudar com mais afinco. Assim, cabeça feita, parou de se apresentar por mais de dois anos. E mais: em entrevista à Rádio PRA-2, ao assumir publicamente o compromisso, ele decretava, também, o fim da sua adolescência:

"Encerro com este recital as minhas apresentações como adolescente, porque me retiro por dois anos para me dedicar ao estudo de Bach e Chopin. Pretendo reaparecer aos 18 anos com *O cravo bem temperado*, de Bach, e com os *Estudos de Chopin, Op. 10*."

No livro fotográfico em homenagem a João Carlos produzido pela Fundação Carlos Chagas, de São Paulo, e editado por Stefan Gan, José Eduardo, um ano e pouco mais velho, destacou a enorme importância do irmão caçula na interpretação das obras completas de Bach:

"Ao se distanciar da tradição não seguida como padrão, a interpretação do João Carlos está a apontar para um horizonte novo que poderá propiciar visitações diferenciadas à obra do grande Kantor."

CAPÍTULO 5

Começa a carreira. A dor na mão também

"Me diz qual é a doença que eu consigo o remédio." (Voltaire)

Foram mais de dois anos de muito estudo, oito, nove horas por dia debruçado no piano, redescobrindo, ampliando e mergulhando na extensa obra de Sebastian Bach. Ao retomar os recitais e concertos, João Carlos trouxe consigo, conforme prometido e de memória, os 48 prelúdios e as fugas de uma das obras-primas de Bach, *O cravo bem temperado*, que apresentou no primeiro recital da sua volta. Na época, apenas cinco pianistas, no mundo inteiro, incluindo o virtuoso brasileiro, tocavam *O cravo* de memória, sem partitura na estante. *O cravo bem temperado* se tornou o seu cavalo de batalha e o levou a correr mundo.

Voltava em grande estilo e pelo templo da música erudita da época: o Theatro Municipal de São Paulo. Foi neste dia – 21 de setembro de 1958 – que ele não conseguiu retornar para o bis, diante da repetição da sina das grandes e pequenas tragédias da sua vida. Tratou, então, de, dali para a frente, concentrar sua energia no combate às dores intermitentes e aos espasmos na mão direita. Para começar, exumou uma frase atribuída a Voltaire, filósofo francês do século XIX e grande frasista: "Me diz qual é a doença que eu consigo o remédio".

E conseguiu mesmo, de uma maneira criativa e inusitada, já que a sua "automedicação" significava enganar o seu biorritmo, ou seja, iludir o ritmo e a rotina do seu próprio corpo.

João Carlos foi percebendo que a mão doía depois das longas sessões de estudo no piano e sempre no fim do dia, quando já estava cansado. Às vezes, sentia as mesmas dores, exatamente no mesmo horário, até quando não estava estudando. Ele, então, criou uma fórmula: valeu-se de sua capacidade de dormir na hora que quisesse como um recurso para enganar a dor, os espasmos e, de quebra, a própria mão. Funcionava assim: antes dos concertos, ele dormia de quatro a cinco horas e acordava uma hora antes da apresentação. Ao chegar ao palco, a mão ainda estava despertando, como se fosse de manhã cedo e, portanto, no ponto para começar a trabalhar. Deu certo! Ele não sentia dores nem os espasmos apareciam. Mas até quando?

No Exército, surge o "João sedutor"

Estar de volta aos palcos no Theatro Municipal de São Paulo foi, aos 18 anos de idade, um divisor de águas, pois naquele momento ele sentiu que era hora de começar a carreira para valer. Quando João ainda tinha 14 anos, o crítico paulista Álvaro Azer, já antevendo a carreira que estava pintando, escreveu: "É uma senda árdua e difícil a que ele escolheu. Mas não haverá outra maneira de fazer arte, cujo culto só pode ser praticado com a mais absoluta modéstia e honestidade intelectual. Sobretudo a música, essa poderosa linguagem dos sonhos e da alma". Sábias palavras...

Só havia, na verdade, mais um obstáculo a ser vencido antes de seguir a carreira: servir no Exército, como bom cidadão.

E lá foi o pianista se apresentar ao quartel da cidade de Quitaúna. No meio de dezenas de jovens pelados, como foram obrigados a ficar, todos eram parecidos e nada poderia distinguir um pianista virtuoso entre eles. João Carlos começou, então, a bolar um plano, um jeito para escapar do Exército.

Na fila para a entrevista individual, já devidamente vestido, ele foi percebendo que a maioria dos rapazes estava sendo convocada para servir, pelo menos pela cara de tristeza com que saíam da entrevista. Quando chegou a sua vez, João foi entrevistado por um dos sargentos do regimento, grandalhão e muito mandão, que fez as perguntas de praxe.

No primeiro respiro do sargento, João Carlos tomou a palavra e começou a colocar em prática o seu plano. Foi logo dizendo que era pianista, que tinha que estudar muito e que se colocava à disposição do Exército Nacional para, pelo menos uma vez por semana, tocar na hora do almoço dos oficiais e dos sargentos também, é lógico. Falou mais três ou quatro abobrinhas e, quando o sargento conseguiu retomar a palavra, foi para dizer que ele, João Carlos Gandra Silva Martins, estava dispensado de servir no Exército. Ele, talvez, tenha sido o único rapaz a sair sorrindo da sala de entrevista naquele dia.

Mesmo com apenas 18 anos, ele já tinha uma boa bagagem para levar pela estrada da vida: as tristezas, os problemas de saúde, a gana pelo piano, a busca pela perfeição, a vontade de vencer... Depois da experiência do Exército, mais um item foi para o seu bagageiro: a capacidade de convencer, encantar e seduzir as pessoas com muito engenho e arte. Nascia o "João sedutor"! E que o diga o sargento grandalhão e mandão. Tal poder de sedução foi, anos depois, em 1997, reconhecido pelo crítico musical do *Diário de Notícias*, de Portugal, Bernardo Mariano: "João Carlos, o grande sedutor na música".

Livre do serviço militar, João Carlos pôde dar sequência à decisão tomada de abraçar a difícil e supercompetitiva carreira de pianista de música clássica. Decidiu e foi à luta. Continuou estudando horas e horas a fio por dia, apesar de a mão já ter apitado o sinal de alerta. Voltou a percorrer o Brasil com recitais e concertos, sem perder de vista que o seu futuro incluía percorrer o

Oceano Atlântico, tanto para o norte, rumo aos Estados Unidos, como para o oeste, para chegar à Europa.

E quem paga a passagem de avião?

Em fevereiro do ano seguinte, 1959, surgiu uma chance espetacular que ele agarrou com unhas e dentes. João Carlos foi um dos oito músicos sul-americanos – o único brasileiro – selecionados para participar de um dos mais importantes encontros de música clássica do mundo: o Festival Casals, em Porto Rico, organizado pelo genial violoncelista espanhol Pablo Casals (1876-1973). Ao final, apenas um participante seria escolhido para se apresentar em Washington.

Alegria geral, tudo certo, tudo bem, mas... quem vai pagar a passagem do rapaz? O Itamaraty pulou fora e disse que não tinha dinheiro. Quando o embaixador da Argentina nos Estados Unidos, Barros Hurtado, soube do fato pelo *The Washington Post*, imediatamente tomou a frente e garantiu o deslocamento do brasileiro João Carlos Martins para o Festival Casals.

Ao final do evento, jornais do mundo inteiro noticiaram o feito do pianista brasileiro que foi o escolhido para se apresentar em Washington. No recital na capital americana, o nosso Itamaraty teve que engolir, no fundo do palco, a visão da bandeira argentina em destaque e a do Brasil como coadjuvante.

Sempre em busca de, vamos dizer, diferentes emoções para consumir a sua energia quase inesgotável, foi em Porto Rico que o pianista virou repórter por um dia. Em 26 de maio de 1959, o jornal *A Gazeta*, de São Paulo, publicava uma matéria assinada por João Carlos, descrevendo o final do quarto concerto do Festival, com a regência do próprio Casals:

"Na sinfonia de Haydn nenhuma luz havia na sala, a não ser uma vela para cada artista. Conforme se iam retirando, iam

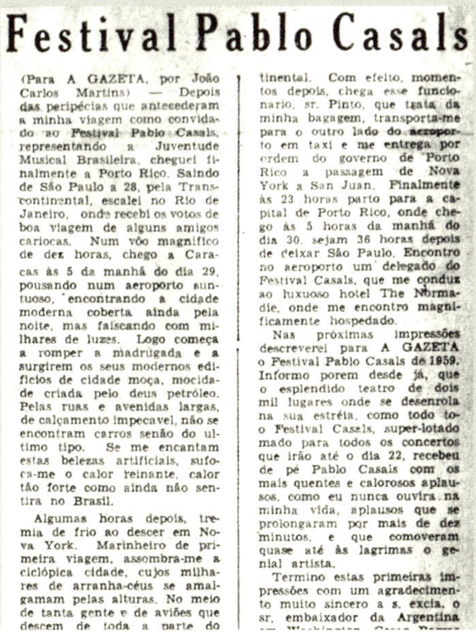

Festival Pablo Casals

(Para A GAZETA, por João Carlos Martins) — Depois das peripécias que antecederam a minha viagem como convidado ao **Festival Pablo Casals**, representando a Juventude Musical Brasileira, cheguei finalmente a Porto Rico. Saindo de São Paulo a 28, pela Transcontinental, escalei no Rio de Janeiro, onde recebi os votos de boa viagem de alguns amigos cariocas. Num vôo magnifico de dez horas, chego a Caracas às 5 da manhã do dia 29, pousando num aeroporto suntuoso, encontrando a cidade moderna coberta ainda pela noite, mas faiscando com milhares de luzes. Logo começa a romper a madrugada e a surgirem os seus modernos edificios de cidade moça, mocidade criada pelo deus petróleo. Pelas ruas e avenidas largas, de calçamento impecavel, não se encontram carros senão do ultimo tipo. Se me encantam estas belezas artificiais, sufoca-me o calor reinante, calor tão forte como ainda não sentira no Brasil.

Algumas horas depois, tremia de frio ao descer em Nova York. Marinheiro de primeira viagem, assombra-me a ciclópica cidade, cujos milhares de arranha-céus se amalgamam pelas alturas. No meio de tanta gente e de aviões que descem de toda a parte do continental. Com efeito, momentos depois, chega esse funcionario, sr. Pinto, que tsata da minha bagagem, transporta-me para o outro lado do aeroporto em taxi e me entrega por ordem do governo de Porto Rico a passagem de Nova York a San Juan. Finalmente às 23 horas parto para a capital de Porto Rico, onde chego às 5 horas da manhã do dia 30, sejam 36 horas depois de deixar São Paulo. Encontro no aeroporto um delegado do Festival Casals, que me conduz ao luxuoso hotel The Normadie, onde me encontro magnificamente hospedado.

Nas próximas impressões descreverei para **A GAZETA** o Festival Pablo Casals de 1959. Informo porem desde já, que o esplendido teatro de dois mil lugares onde se desenrola na sua estréia, como todo to- o Festival Casals, super-lotado mado para todos os concertos que irão até o dia 22, recebeu de pé Pablo Casals com os mais quentes e calorosos aplausos, como eu nunca ouvira na minha vida, aplausos que se prolongaram por mais de dez minutos, e que comoveram quase até às lagrimas o genial artista.

Termino estas primeiras impressões com um agradecimento muito sincero a s. excia. o sr. embaixador da Argentina

Repórter por um dia, João Carlos resolve escrever sobre o concerto que José Casals ofereceu aos participantes do festival.

apagando as suas velas, ficando por fim acesa aquela que iluminava a partitura de Casals. Espetáculo de beleza indescritível este quarto concerto."

Até que ele levava jeito...

Casals, aliás, interpretou a *Sinfonia da despedida*, de Haydn, que o próprio João Carlos iria reger algumas vezes, anos depois, com a sua Bachiana SESI.

Em Washington, no concerto-prêmio por ter ganhado o Festival Casals, João Carlos arrasou, o que, em 29 de maio de 1959, lhe rendeu a sua primeira crítica elogiosa em um jornal americano, e de um crítico muito respeitado: Day Thorpe, do *The Evening Star.* E ele acabou abrindo, ou melhor, escancarando a porta dos Estados Unidos ao pianista brasileiro, ao escrever:

"The Mozart C major Sonata, K.331, was masterfully done... to find it in a 18-years-old boy is almost miraculous" [A Sonata em dó maior, K.331, de Mozart, foi tocada magistralmente... Encontrar isso num jovem de 18 anos é quase um milagre].

THE EVENING STAR
Washington, D. C., Friday, May 29, 1959

NEWS OF MUSIC

Pianist Martins, 18, In Virtuoso Class

By DAY THORPE
Star Music Critic

Joao Carlos Martins, piano. At Pan American Union. Program: Prelude in E Flat Minor, Bach; Fugue in B Sharp Minor, Bach; Sonata in C. K. 331, Mozart; Sonatina No. 3, Guarnieri; Lenda, Villa-Lobos; Sonata No. 3, Prokofiev.

The audience, not discouraged by the heat and humidity of the Pan American Union's recital hall, last night was rewarded by a Washington debut of a Brazilian pianist who must be considered one of the outstanding keyboard artists of South America. Joao Carlos Martins is 18 years old, and so has had little time for a reputation, but he has played enough to have

of the few new artists of this season. It is imperative we have an opportunity to meet again next year.

Day Thorpe foi o primeiro crítico norte-americano a elogiar o jovem brasileiro.

No aeroporto, em São Paulo, pai e mãe celebram a chegada do filho prodígio depois do grande sucesso em Washington.

A dor que volta com tudo

Já no Brasil, depois do sucesso que saboreou em Washington e antes dos compromissos internacionais seguintes, ele colocou na sua alça de mira ganhar o primeiro Concurso Eldorado de Piano, promovido pela Rádio Eldorado, empresa do grupo do jornal *O Estado de S. Paulo* e de grande prestígio na época.

Como os dois mais fortes concorrentes, os pianistas Arthur Moreira Lima e Nelson Freire, estavam estudando na Europa, João Carlos achou que daria para ganhar dos outros 49 concorrentes. Mesmo confiante, estudou como nunca. Chegava a acordar de madrugada para checar se determinado trecho já estava no ponto.

Ganhou o concurso, mas também uma nova preocupação: voltou a sentir dor na mão que o tinha impedido, no ano anterior, de voltar para o bis no Theatro Municipal de São Paulo. Chegou a cancelar uma apresentação uma semana após a vitória.

Ainda em 1960, em dezembro, por causa do prêmio da Rádio Eldorado, ele teria sido sondado por emissoras de TV que gostariam de contratá-lo, como informou a revista *7 Dias na TV*, precursora das dezenas de revistinhas sobre TV que, hoje em dia, pululam nas bancas de jornais.

Não há registro do primeiro programa de TV em que João Carlos deu o ar da graça. No entanto, ele se lembra que foi na TV Excelsior, de São Paulo, entrevistado por Bibi Ferreira, uma das grandes damas do teatro brasileiro. Em compensação, principalmente depois que virou maestro, em 2004, não passa uma semana sem que ele receba um convite para alguma entrevista.

Já participou de dezenas de reportagens e programas de TV, de várias emissoras. Ele já foi entrevistado por quase todos:

Na foto, ao receber os cumprimentos do dono do jornal, Júlio de Mesquita Filho (1892-1969), é possível ver o jovem pianista discretamente protegendo as mãos.

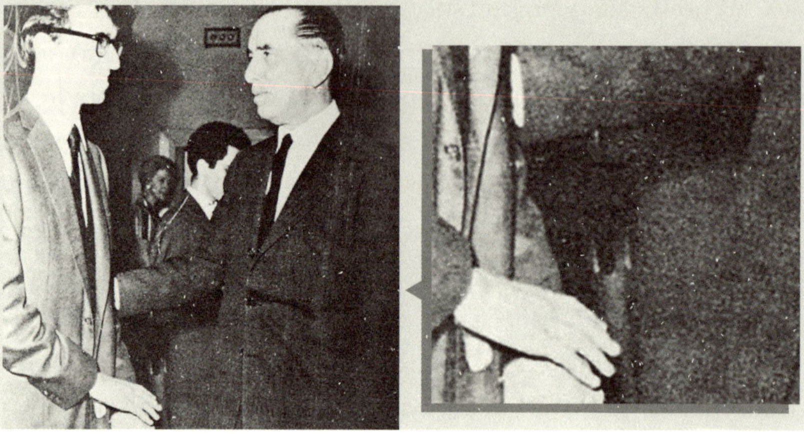

Jô Soares, Ana Maria Braga, Hebe Camargo, Regina Casé. Em 2015, no *talk show* de Danilo Gentili, no SBT, encerrou uma entrevista que o irmão Ives deu sobre o possível *impeachment* da presidente Dilma Rousseff. Também esteve em vários programas da Rede Globo, incluindo uma participação especial em 2010 no encerramento da novela Viver a Vida, de Manoel Carlos, e se apresentou na final da terceira temporada do programa The Voice Brasil, em 2014. Quando o Profissão Repórter, ancorado pelo jornalista Caco Barcellos, publicou um livro com as dez melhores reportagens exibidas nos cinco anos do programa, a matéria com João Carlos Martins foi uma das escolhidas.

O responsável pela matéria foi o jovem repórter Victor Ferreira, que ficou impressionado com as dificuldades enfrentadas por João Carlos no dia a dia até nas coisas mais simples e corriqueiras, como pentear o cabelo, fazer a barba ou mesmo segurar o sabonete durante o banho. Como João tem uma impressionante noção do que é, não é ou pode ser uma notícia, foi ele próprio que deu a ideia de ser gravado pelo programa enquanto tomava banho e, lá dentro do boxe, de calção e envolvido por muito vapor de água quente, ele ia narrando os obstáculos que tinha de transpor. Foi o mesmo Victor Ferreira que, anos antes, bem no comecinho de sua carreira, entrevistou João Carlos para a capa da revista *Época*, que destacava as personalidades que os paulistanos mais admiravam... E lá estava o João!

Com o Prêmio Eldorado, João Carlos muda de patamar e jornais falam que ele pode até apresentar um programa de TV.

João Carlos Martins

Algumas emissoras de TV, estão interessadas em contratar João Carlos Martins, que acaba de tirar o 1.º lugar no Concurso de Piano, promovido pela Rádio Eldorado de São Paulo. Esperamos que não fique sòmente no "interêsse", mas que contratem mesmo o rapaz.

CAPÍTULO 6

O *upgrade* profissional. E erótico

"Eu não sabia se, aos 20 anos, ainda era virgem por causa da dedicação ao piano ou por alguma inibição de origem mais complexa."

Enquanto se preparava para o concurso da Rádio Eldorado, estudando pelo menos oito ou nove horas por dia e correndo de um lado pro outro atrás da perfeição, João Carlos Martins aproveitou um intervalo para fazer um recital em Buenos Aires e arrasou interpretando os doze *Estudos Op. 10*, de Chopin. Não poderia ter feito coisa melhor para dar mais um *upgrade* em sua trajetória.

É que na plateia, fascinado com o recital, estava Alberto Ginastera (1916-1983), um dos maiores compositores de música clássica da América Latina de todos os tempos, muito admirado em todo o mundo. Ginastera ficou encantado com a performance do jovem brasileiro, ao final da apresentação foi cumprimentar João Carlos no camarim e disse que em breve lhe faria uma surpresa. Em entrevistas, ele não se cansou de elogiar o pianista brasileiro por uma das melhores interpretações dos estudos de Chopin que ele já tinha visto.

João retornou ao Brasil, ganhou o concurso da Rádio Eldorado e, um bom tempo depois, recebeu um "telegrama-intimação" do compositor argentino, convidando-o para ser o solista do seu primeiro concerto para piano e orquestra, que seria apresentado no ano seguinte, em 21 de abril de 1961, com a Orquestra Sinfônica de Washington, no mais importante festival interamericano de música clássica.

No convite, Ginastera também fez dois alertas. Primeiro: ainda estava escrevendo o concerto. Segundo: tratava-se de uma das obras mais difíceis da literatura pianística.

O *upgrade* erótico

Enquanto esperava as partituras de Ginastera, João Carlos continuou em seu pula-pula de recitais e concertos pelo Brasil e pela América do Sul. Aceitou o convite para se apresentar no 10º Festival de Música de Cartagena das Índias, capital cultural da Colômbia. A participação dele em Cartagena foi inesquecível, por diferentes motivos. Ele, até hoje, se lembra de todos os detalhes. Também, pudera, não daria para esquecer aquelas coisas!

Ao pegar um táxi, assim que chegou à cidade – o concerto seria dali a alguns dias – o jovem virtuoso brasileiro notou, pelas calçadas da cidade, a graça e a beleza da mulher colombiana, das jovens de saias esvoaçantes e blusas decotadas para aguentar o calor local.

João Carlos gostou tanto que, ao elogiar as meninas, entabulou com o motorista uma conversa meio absurda, bem a cara de um tímido. Ele ficou rodeando um único tema e, se você ler em voz alta, vai sentir melhor a pompa e a circunstância com que ele abordou o assunto: "Existe hoje a necessidade imperiosa de jovens sul-americanos, de ambos os sexos, se encontrarem para fortalecer as relações culturais... blá-blá-blá". O motorista, macaco velho, não perdeu tempo e foi direto ao ponto: "*Usted quieres o no ir a las putas?*".

Com um tom de voz mais formal ainda, mas, com certeza, lambendo os beiços, João respondeu apenas: "De preferência, se não lhe causar incômodo". E lá foi o virtuoso se hospedar num bordel em vez de no Hotel Caribe, onde tinha uma reserva que, dias depois, o salvaria de um perigoso constrangimento.

Deve ter sido muito divertido, porque ele ficou na casa das meninas o tempo todo. Nos ensaios, quando os músicos perguntavam onde ele estava hospedado, João respondia, sorrindo: "Tenho parentes aqui".

Supertímido, ele chegou a pedir em namoro a primeira moça que se apresentou em sua cama. Bonita, experiente, com seus 30 anos, ela achou uma graça o pedido do rapaz brasileiro, mas respondeu com as palavras adequadas a uma profissional:

"Para namorar tenho de ir ao Brasil. Aqui, na Colômbia, você só tem que pagar 35 dólares!" E lá se foram a virgindade e os 35 dólares do jovem pianista.

João Carlos fez tudo o que não tinha feito até aquele dia, já que ia de porta em porta procurando pelas moças e depois voltava para o seu quartinho, nos fundos do estabelecimento, onde armou a sua tenda de explorador. Quando as "parentes" descobriram pelo jornal local, *El Universal*, que o rapaz brasileiro, que se soltava mais e mais a cada dia, era um famoso pianista e que ia se apresentar no Teatro Heredia, pularam em cima do *Juanito* – como já o chamavam – porque queriam, de qualquer jeito, ir vê-lo no palco.

Juanito não se fez de rogado e pediu aos organizadores seis ingressos para suas "primas" que, pela primeira vez, iam assistir a um recital. Foi destinado a elas o camarote entre o do bispo e do prefeito e nem por isso elas se acanharam: aplaudiam o "primo" brasileiro sem nenhum pudor, mesmo no meio do concerto, e recebiam repetidos *psius*! da plateia.

É compreensível que o público não tivesse a mínima ideia de como aquelas alegres meninas de Cartagena das Índias foram importantes para um jovem que, mesmo frequentando os salões sofisticados dos concertos e recitais, ainda não tinha experimentado o calor do corpo feminino.

Outra forte emoção ele viveu por causa da dona do bordel, que voltou com ele do quinto e último concerto na cidade. Ela também queria experimentar o jovem brasileiro e o levou direto para seu quarto. Ainda de madrugada, chegava para trabalhar o contador do bordel, que era também amante da patroa. Os funcionários deram o alerta do flagrante e João Carlos teve de deixar às pressas a cama da amante, se vestiu como pôde e saiu correndo pela rua. O contador, armado com uma faca, percebeu a manobra e saiu atrás do brasileiro, cuja única arma era um daqueles relojões de bolso – um "cebolão" da marca Rostov –, presente do pai. Encurralado, João Carlos levou uma facada de raspão na barriga e, segurando-o pela corrente, lascou o relojão na cabeça do contador do bordel. Deu certo, o colombiano sentiu o golpe, caiu no chão, e o virtuoso brasileiro saiu em disparada.

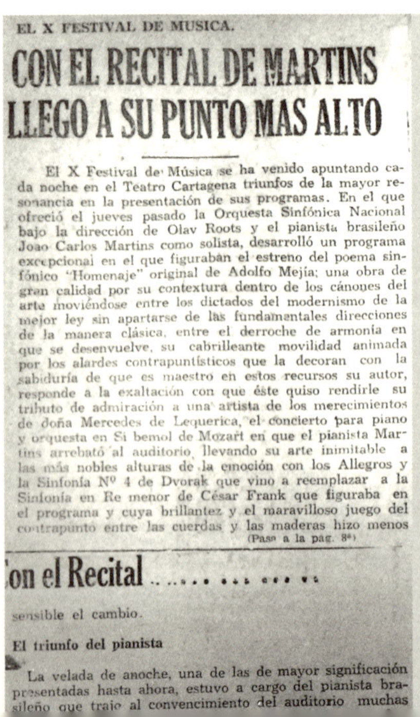
EL X FESTIVAL DE MUSICA.

CON EL RECITAL DE MARTINS LLEGO A SU PUNTO MAS ALTO

El X Festival de Música se ha venido apuntando cada noche en el Teatro Cartagena triunfos de la mayor resonancia en la presentación de sus programas. En el que ofreció el jueves pasado la Orquesta Sinfónica Nacional bajo la dirección de Olav Roots y el pianista brasileño Joao Carlos Martins como solista, desarrolló un programa excepcional en el que figuraban el estreno del poema sinfónico "Homenaje" original de Adolfo Mejía; una obra de gran calidad por su contextura dentro de los cánones del arte moviéndose entre los dictados del modernismo de la mejor ley sin apartarse de las fundamentales direcciones de la manera clásica, entre el derroche de armonía en que se desenvuelve, su cabrilleante movilidad animada por los alardes contrapuntísticos que la decoran con la sabiduría de que es maestro en estos recursos su autor, responde a la exaltación con que éste quiso rendirle su tributo de admiración a una artista de los merecimientos de doña Mercedes de Lequerica, el concierto para piano y orquesta en Si bemol de Mozart en que el pianista Martins arrebató al auditorio llevando su arte inimitable a las más nobles alturas de la emoción con los Allegros y la Sinfonía Nº 4 de Dvorak que vino a reemplazar a la Sinfonía en Re menor de César Frank que figuraba en el programa y cuya brillantez y el maravilloso juego del contrapunto entre las cuerdas y las maderas hizo menos

(Pasa a la pag. 8ª)

Con el Recital ....

sensible el cambio.

El triunfo del pianista

La velada de anoche, una de las de mayor significación presentadas hasta ahora, estuvo a cargo del pianista brasileño que trajo al convencimiento del auditorio muchas

João Carlos vai ter sempre uma doce lembrança do festival que participou na cidade colombiana de Cartagena das Índias.

Fez o curativo em um pronto-socorro, hospedou-se no Hotel Caribe, onde, felizmente, a reserva foi mantida, e pediu ao garoto da recepção que fosse ao bordel na Calle de la Luna [rua da Lua] buscar suas coisas.

João Carlos não acha muita graça nessa história, mas, como se precisasse de uma prova, levantou a camisa para mostrar a pequena cicatriz que ganhou na barriga, como *recuerdo* de suas primeiras aventuras amorosas.

Doces lembranças das meninas de Cartagena das Índias que, com muita ternura, elevaram ao nirvana um jovem pianista, um rapaz tímido, ingênuo, com cabeça de artista e que foi descobrir, nas alegrias do Caribe, que eram mesmo as longas horas dedicadas ao piano que o estavam impedindo de perder a virgindade, e não "alguma inibição de origem mais complexa".

"Meu Deus, vai ser uma tragédia!"

Chegou ao Brasil renovado pelas experiências em Cartagena e, três dias depois, teve que recolher toda a sua alegria para participar do austero e circunspecto 3º Concurso Nacional de Música Sacra no Recife. Música sacra? Depois de Cartagena?!

Durante as idas e vindas pelo país, participando de um concerto e um recital atrás do outro, João Carlos foi recebendo, em conta-gotas, as partituras do compositor argentino, que as enviava à medida que ia finalizando as peças.

Nessa época, ele e a família já tinham se mudado da Vila Mariana para a Av. Santo Amaro e, sempre procurando coisas para fazer e preencher o seu tempo, João Carlos decidiu que ia, também, dar aula para crianças. Ele espalhou a notícia no bairro e foi procurado em casa por uma jovem e bonita mãe que queria que o filhinho de 5 anos aprendesse as primeiras notas. Uma vez por semana, ela levava o garoto e o buscava ao final da aula.

Como moravam ali perto, João, já de olho nela, se ofereceu para levar o menino de volta. Não deu outra! Depois de duas ou três visitas, a mãe do aluno vestia uma blusa transpassada na frente, que deixava um pedacinho de sua barriga à mostra. Acabaram se atracando ali mesmo, depois que o menino foi retirado da sala pela diligente babá.

João desistiu de dar aulas, porque percebeu que não era sua vocação, mas não desistiu da mãe do aluno. Passou a frequentar a casa dela quase todos os dias, a partir das 14h30, meia hora depois de o sistemático marido sair para trabalhar no Fórum, de onde voltava só de noite. João também viu que não precisava se preocupar com as empregadas, pois elas acobertavam as aventuras da patroa.

Como nem tudo que é bom dura para sempre, um dia, quando estava em pleno exercício da sua nova aptidão, no sofá da sala de visitas, escutou as empregadas gritando:

"Meu Deus!! Vai ser uma tragédia!!! Vai ter tiro!!! Vai ter mortes!!!"

Imaginando o pior – e ele estava certo –, João Carlos deixou a amante e fugiu pela janela, escalou o muro e ganhou a rua. Ah, um pequeno detalhe: ele estava apenas de cueca, e só conseguiu colocá-la quando já estava no meio de caminho!

Em pânico, saiu em disparada e nem deve ter se preocupado por estar só de cueca, tal o desespero da correria pela movimentada Av. Santo Amaro, em direção à sua casa, com um maridão furioso atrás dele, armado com um revólver.

Nessa época, João cortava o cabelo na barbearia do Samuel, patrício português, que ficava numa esquina entre a casa dos pais dele e a casa da mãe do menino. Na outra esquina, ficava a banca de jornal do pai de Nelson, amigo de futebol do João, que testemunhou toda a algazarra. Em 2015, na frente da banca de jornais que herdou do pai, Nelson dá uma gargalhada, quando lembra da história do João descendo só de cueca em direção à Santo Amaro, e um homem empunhando um revólver perseguindo o ex-professor de piano do filho. Nelson confirma que quem salvou João foi o barbeiro Samuel, que escondeu o amante dentro da barbearia. No fim das contas, sobrou para Dona Alay, que teve de levar roupas para o filho poder sair na rua com o mínimo de decência. E mais: ela colocou João de castigo por dois meses, proibindo-o de sair de casa. Segundo o amigo jornaleiro, João Carlos ficou famoso no bairro por essa e por tantas outras aventuras amorosas e confirmou que a moça em questão, cujo marido quis matar João, "era uma beleza, parecia uma atriz de cinema".

Ao revelar a aventura, João Carlos garantiu que era a primeira vez na vida que contava essa história.

Apesar da paixão pelo futebol, Nelson afirma que o amigo pianista não era tão bom assim de bola, "porque o Seu José exigia muito do filho, que tinha que ficar tocando piano o dia inteiro". Em compensação, com as meninas, Nelson garante que o amigo batia um bolão, porque todas elas queriam ficar perto do pianista, e "isso antes de ser famoso. Depois, aí era uma coisa impressionante o que o mulherio dava em cima dele, alto, bonitão, era até uma covardia!".

Apesar do susto, João nunca sossegou o facho, e quando perguntei se ele se considerava um mulherengo, pensou um pouco, deu um sorriso com o canto da boca e arrematou: "Eu sou um admirador do belo". E apenas acrescentou: "Como acontece com os artistas, eu também tinha um enorme fã-clube feminino e era muito procurado por elas nos ensaios e depois dos concertos e recitais".

Em Cuba e a mania de não dizer não

O ano de 1961 chegou, a data do evento em Washington se aproximava perigosamente e nada do compositor argentino enviar o restante das partituras... Na verdade, faltava mais de 70%. Quando faltavam só vinte e poucos dias, o pacote com o restante das partituras finalmente chegou, amplificando a surpresa que João Carlos teve com a sofisticação do *Concerto para piano e orquestra*, de Alberto Ginastera. Como o próprio compositor tinha alertado, era uma peça de alta complexidade. Por ter se tornado uma das peças mais importantes da carreira de João Carlos, vale a pena descrever o concerto com alguns detalhes técnicos que mostram a complexidade da composição, lembrando que esses conceitos são grafados originalmente em italiano.

O concerto tem quatro movimentos, como se fosse dividido em quatro partes. O primeiro movimento, chamado tecnicamente de *Cadenza e varianti*, é coalhado de fortes contrastes entre piano e orquestra. No segundo, chamado de *Scherzo allucinante,* o ritmo é vertiginoso, mas é tocado em *pianissimo*, ou seja, com extrema suavidade. *Adagissimo* é o terceiro movimento, um interlúdio (como se fosse uma espécie de intervalo) intensamente lírico. O nome do último movimento é *Toccata concertata*, que segue rumo a um final majestoso com ritmos vigorosos e fortes, num espetacular diálogo ou embate entre orquestra e piano.

No arquivo de vídeos da carreira de João Carlos, há uma gravação desse concerto com a American Simphony Orchestra, regida pela maestrina JoAnn Falletta e apresentada no Carnegie Hall, em 1996, aliás, a última apresentação de João Carlos como pianista na sua casa do coração. No diálogo, ou embate derradeiro entre solista e orquestra, João Carlos, movido pelo ritmo alucinante da música, mesmo mantendo as mãos em contato com o teclado, vai empurrando com as pernas o banquinho um pouco para trás, à medida que vai se levantando para os acordes finais e encerra o concerto com os braços abertos, como fosse alçar voo. É uma cena altamente impactante!

Logo que recebeu as partituras, João Carlos, aonde quer que fosse, levava consigo as 100 páginas da obra. Num voo para Cuba, onde ia fazer um recital a caminho de Washington, ele ficava dedilhando as notas na poltrona à sua frente, apoiando a partitura no colo ou na mesinha. Quem estivesse do lado, ou passasse no corredor, que tentasse entender que aquele jovem de 20 anos, com óculos e cara de menino, estava estudando piano. Desembarcou com as 100 páginas debaixo do braço e chegava a Havana a convite do jornalista Henry Raymont, da United Press, fã de carteirinha de João e a quem Fidel Castro pediu que convidasse o pianista brasileiro.

Era o dia 6 de abril de 1961, quinze dias antes do concerto em Washington, e João Carlos foi direto para a embaixada brasileira, onde ficou hospedado. Recebeu emissários do governo cubano que o convidaram para um almoço com Fidel Castro. João foi, viu e ouviu Fidel falar por muitas horas. No dia seguinte, depois do recital que teve a casa lotada, ele conheceu outros líderes revolucionários, como Raúl Castro, irmão de Fidel e que, em 2008, assumiu o comando político da ilha.

Sete dias depois do concerto em Havana, o jornal cubano *Combate*, além de reconhecer a genialidade do pianista, fez uma profecia, ou uma premonição, como o próprio jornal definiu: "Não sabemos quando vamos voltar a escutar João Carlos Martins. Mas quando isso acontecer temos a premonição de que ele terá apoio da crítica e fama internacional. Esperamos que isso aconteça logo". E não é que os cubanos acertaram na mosca?

Chegou o dia de seguir viagem rumo a Washington, e o clima político na ilha não era nada bom. O governo cubano começava a proibir a saída de cidadãos, havia boatos de uma possível invasão norte-americana, que acabou ocorrendo, embora sem sucesso, em 17 de abril na Baía dos Porcos, ou Playa Girón, como a chamam os cubanos,

Em 14 de abril de 1961, o jornal cubano *Combate* acerta na mosca sobre a carreira do pianista brasileiro.

martins, el piano y latinoamérica

Constantemente están apareciendo en el mundo musical jóvenes "revelaciones" que se lanzan a la conquista de la gloria, armados únicamente, las más de las veces, del dominio técnico de un instrumento que, después de todo, no es más que el medio que todo intérprete emplea para transmitir lo que es verdaderamente importante en mú-

chan en las interpretaciones pianísticas actuales; Martins, largamente familiarizado con los dos libros de que se compone esta obra, ejecutada por él en su país natal en su totalidad, nos ofreció del segundo libro, el preludio y fuga No. 6 con tal delicadeza y claridad que el sabor romántico en la transcripción del instrumento original al más mo

sociales y económicos de nuestras sufridas comunidades, sino en la defensa y divulgación de nuestras manifestaciones culturales. Es hora ya de ir tirando por la borda los complejos que han frustrado nuestro desarrollo cultural y de aprender a gustar y apreciar el valor de nuestras creaciones, sin caer, por supuesto, en ridículos chauvinismos. Y

Prokofieff ("Sugestión diabólica"), cruzamos la frontera para encontrarnos con el argentino Alberto Ginastera (1916), otro gigante de la música latinoamericana. En su sonata para piano, compuesta en 1952, comparado con sus colegas brasileños, revela una mayor influencia del lenguaje musical internacional y menos peso del factor autóc

aguçando a tensão da Guerra Fria entre Estados Unidos e União Soviética, que havia se aliado a Cuba.

João Carlos foi acordado, naquela manhã da partida, pela governanta da embaixada, Concepción, que queria apresentar três famílias cubanas que estariam com ele no voo. Até aí nenhum problema, ele se dispôs a conhecer as famílias. Mas tinha um detalhe: os cubanos amigos de Concepción estavam com receio de não conseguir embarcar e queriam pedir ao pianista brasileiro que levasse para os Estados Unidos algum dinheiro e as joias das famílias.

A princípio, ele delicadamente se recusou a fazer o transporte, mas as senhoras cubanas caíram no choro e João, sensibilizado pelo desespero dos amigos da governanta, ligou o motor de sua generosidade junto de sua mania de não saber dizer não a ninguém – algo que o perseguiria a vida toda –, topou a tarefa e acabou vivendo uma angústia sem fim na hora de passar pelas autoridades cubanas, todas muito tensas por causa do clima reinante na ilha. Na fila, suava frio, e o pânico foi tanto que, chegando perto do avião, quase no pé da escada, ele teve a ideia de deixar cair no chão as 100 páginas do concerto argentino, na tentativa de diminuir a ansiedade e distrair um pouco a polícia. Deu certo. A própria polícia cubana o ajudou a recolher a papelada.

João Carlos conseguiu embarcar sem problemas, as famílias também; contudo ele acabou devolvendo os bens só em Miami, porque se o fizesse no avião havia o receio de espiões cubanos punirem os familiares que ficaram em Havana. Aliás, parece que aquele foi o último voo que saiu de Cuba pela Pan Am, a mais emblemática empresa aérea dos Estados Unidos.

Apenas a memória na estante

Finalmente em Washington, lá vai João Carlos, com o concerto do argentino Alberto Ginastera na cabeça. A orquestra era a Sinfônica de Washington e o regente era Howard Mitchell (1910-1988). Na estreia mundial do concerto, ele entrou no palco apenas com a sua memória na estante do piano e foi até o final sem cometer nenhum erro, para a perplexidade, misturada com uma boa dose de admiração, do próprio compositor, que estava entre os espectadores.

Na plateia também assistia ao concerto a ex-primeira dama dos Estados Unidos, Eleanor Roosevelt (1884-1962), que sempre gozou de grande prestígio nos Estados Unidos. Ela ficou tão encantada com a performance de João que o convidou para uma apresentação no ano seguinte, no Carnegie Hall, em Nova York, templo maior da música clássica, objeto de desejo de pianistas e maestros do mundo inteiro. O desempenho de João Carlos naquela noite foi de tal maneira marcante que ele se tornou uma espécie de intérprete oficial do *Concerto para piano e orquestra*, de Ginastera, sem deixar, no entanto, de interpretar nas grandes salas inúmeros concertos dos compositores clássicos (como Mozart e Beethoven), românticos (como Chopin e Schumann) e modernos (como Prokofiev).

O passo seguinte foi a sua mais importante conquista nesse comecinho de carreira, que agora deslanchava no exterior. João estabeleceu a apresentação no Carnegie Hall, sugestão de Eleanor Roosevelt, como sua prioridade. Meses antes da sua primeira apresentação em Nova York, ele se trancou na

THE NEW YORK TIMES.
MONDAY, MARCH 12, 1962.

BRAZILIAN PIANIST HAS LOCAL DEBUT

Joad Carlos Martins Plays With National Symphony

The National Symphony Orchestra of Washington, D. C., pursued the Good Neighbor policy in its annual Carnegie Hall concert last night. It presented a brilliant young Brazilian pianist in a rhythmically exciting piano concerto by an Argentine composer.

The composer was Alberto Ginastera and the pianist was 21-year-old Juao Carlos Mar-

the work Mr. Martins introduced in Washington last spring at the second Inter-American Music Festival. But this was the work's New York première and the pianist's local debut.

The full extent of the young pianist's talents, of course, will not be known until he has given a solo recital here. But it can certainly be said that he stacks up with the North of the Border whirlwinds of his generation. He has strength, power, a big tone, accuracy and a technique that sends fireworks in all directions.

With his sense of timing, his assurance and his ability to hold the attention even when playing a few widely spaced notes, Mr. Martins also suggests he might be an interesting artist. But what depths he can plumb are still to be revealed, for Mr. Ginastera's concerto doesn't give him any to explore. On the whole, it is a showy piece.

A crítica no *The New York Times,* de 12 de março de 1962, que abriu, em definitivo, as portas dos Estados Unidos.

casa do amigo Henry Raymont, em Washington, e repetiu cada nota do concerto à exaustão, em busca da excelência e da perfeição.

No Carnegie Hall, finalmente

Em 11 março de 1962, aos 21 anos, atendendo ao pedido de Eleanor Roosevelt e na presença da elite americana, João Carlos Martins apresentou o mesmo concerto do argentino Ginastera no Carnegie Hall e, mais uma vez, colocava a plateia de pé, aplaudindo por oito minutos, cena não muito comum na contida cultura anglo-saxônica.

No dia seguinte, a crítica confirmava o sucesso. Vários jornais americanos destacaram o êxito da estreia, do *debut* do pianista brasileiro. Essa apaixonada reação do público e da crítica ele conseguiria repetir no próprio Carnegie Hall, bem como no Lincoln Center, nas várias salas de Washington, D.C., e em um sem-número de cidades americanas visitadas em turnês. Como diria o *Jornal da Tarde*, de São Paulo, quatro anos depois: "Pianista brasileiro é ídolo na América", destacando que a gravação de *O cravo bem temperado*, de Johann Sebastian Bach, chegou a vender milhares de discos entre 1964 e 1966.

O Facebook dos anos 60

Se neste século os *likes* do Facebook indicam, de alguma maneira, o sucesso das pessoas, no século passado eram os críticos que davam o tom do que era um triunfo. Principalmente na música clássica.

A crítica do *The New York Times* ao concerto de estreia no Carnegie Hall tornou-se um marco para o próprio João Carlos. Toda vez que se refere ao concerto histórico de 1962, João se lembra de todas as palavras.

No original, em inglês, Ross Parmenter (1912-1999), músico canadense e crítico musical do jornal por mais de trinta anos, escreveu:

"*He has strength, power, a big tone, accuracy, and a technique that sends fireworks in all directions.*"

Em bom português: "Ele tem força, poder, precisão e uma técnica que dispara fogos de artifício em todas as direções".

Sete anos depois, em 1969, uma crítica do próprio *The New York Times* iria provocar uma decisão absolutamente radical do já consagrado pianista e virtuoso brasileiro.

CAPÍTULO 7

Que tal morar na capital do mundo?

"Estava batendo bola no Central Park, quando escorreguei, caí e uma pedra entrou na altura do meu cotovelo."

No espaço de pouco mais de um ano, com o sucesso dos concertos e com a aceitação unânime dos críticos, a vida de João Carlos começou a gravitar em torno dos Estados Unidos, com alguma predileção por Nova York, que era chamada de capital do mundo, particularmente do mundo das artes, já que espetáculos de toda sorte só ganhavam alguma relevância se repercutissem na cidade que nunca dorme, tema da música "New York, New York", que virou hino da cidade.

Abriram-se também as portas e as janelas na Europa, do outro lado do Oceano Atlântico, algo que ele já vinha namorando: João Carlos se apresentou nas capitais e nas principais cidades da Inglaterra, da Holanda, da Alemanha, da França e de Portugal.

De 1960, quando ganhou o 1º Concurso Eldorado de Piano, até 1965, quando sofreu um grave acidente enquanto jogava uma partida de futebol em Nova York, João Carlos realizou cerca de 500 concertos e recitais. Isso significa oito apresentações por mês, duas por semana, o que ele, com a gana que tinha, tirou de letra.

Entre suas viagens, uma tocou particularmente o seu coração: a primeira vez que esteve em Portugal, terra de seu pai e ídolo, grande responsável pelo sucesso que ele estava desfrutando. O nível das emoções subiu um pouco mais quando foi a Braga, onde Seu José viveu até se mudar para o Brasil, aos 25 anos de idade, para trabalhar numa loja de moedas e acabou fazendo carreira, chegando até mesmo à presidência na filial brasileira da Roure-Bertrand & Justin Dupont, uma grande empresa francesa de aromas e perfumes.

PRO-ARTE

DELEGAÇÃO de BRAGA

1962 • 1963

CONCERTO

DE INTERCÂMBIO LUSO-BRASILEIRO

Uma emoção diferente: tocar na cidade portuguesa em que seu pai nasceu.

A cidade de Braga fica incrustrada no noroeste de Portugal, na região do Minho, e se tornou ao longo do tempo um importantíssimo centro religioso, com igrejas barrocas e solares do século XVII. A cidade é conhecida também por suas praças e jardins muito bem cuidados. Com um recital na biblioteca local, em 8 de março de 1963, João Carlos inaugurou a Sociedade Pró-Arte de Braga e homenageou também seu pai, tocando oito compositores diferentes.

Se na Europa, era na Lisboa antiga, na casa do amigo Fernando Seixas, que ele se dedicava horas a fio ao piano, nos Estados Unidos, era em Washington, na casa do amigo e jornalista Henry Raymont, que ele pousava seu talento. Raymont foi quem fez, a pedido de Pablo Casals, a seleção dos músicos para o Festival Casals, em 1959, quando conheceu João Carlos.

E foi durante uma recepção na casa do amigo jornalista, em abril de 1963, que um dos maiores maestros de todos os tempos, Leonard Bernstein (1918-1990), fez um reconhecimento público das qualidades do pianista brasileiro, que tinha acabado de chegar de uma turnê europeia.

Bernstein pediu que João Carlos tocasse uma sonata de Mozart e a "Sétima sonata", de Serguei Prokofiev (compositor russo muito celebrado na primeira metade do século XX, autor do balé *Romeu e Julieta*). Além de tocar, o pianista colocou em campo o "João sedutor", que deixou todos os presentes encantados com seu desempenho. Os 40 convidados, entre músicos e entusiastas, diplomatas e políticos, aplaudiram com gosto o microrrecital.

E ali mesmo ele recebeu dois convites. O primeiro foi de Bernstein, que não mediu palavras: "Nunca vi em minha vida um piano de armário soar como uma orquestra e, em breve, vamos nos encontrar em um palco". A promessa só não foi cumprida porque, pouco depois, João Carlos sofreu um acidente no braço direito, jogando futebol em pleno Central Park.

O segundo convite foi feito por um dos políticos presentes. Ele disse que ia recomendar à Organização dos Estados Americanos (OEA) que João Carlos fosse morar nos Estados Unidos como artista convidado. O político era simplesmente o vice-presidente dos Estados Unidos, Hubert Humphrey (1911-1978), em pessoa. Essa, sim, uma promessa felizmente cumprida. Meses depois, um recém-casado João Carlos se mudava para um apartamento a apenas 30 metros do Central Park, em Nova York.

Claro que a presença permanente em solo americano ajudou muito a impulsionar sua carreira. Ele subiu um relevante degrau de popularidade quando, em 1964, o mais importante clube de livros dos Estados Unidos, The Book of the Month [O Livro do Mês], com mais de 5 milhões de sócios, escolheu o pianista brasileiro para entrar no mercado fonográfico e lançar o seu primeiro disco – na verdade, uma coleção de sete discos – em vinil. A escolha do nome de João Carlos passou pelo crivo do primeiro time de críticos americanos de música.

Para gravar *O cravo bem temperado* nos Estados Unidos, João Carlos usou o cachecol e o paletó do pianista canadense Glenn Gould, outro especialista em Bach.

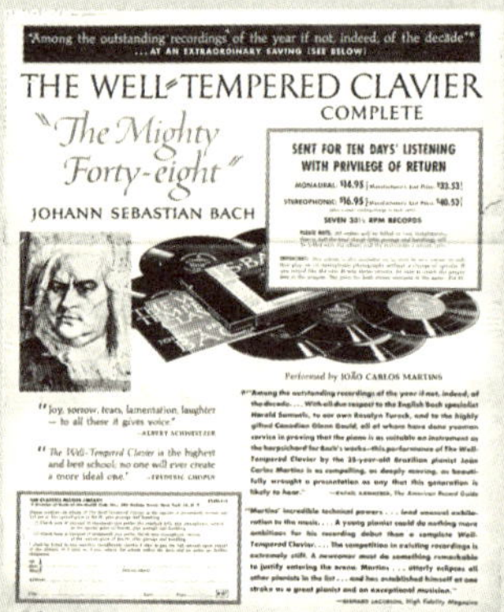

Um vigoroso esquema de publicidade foi montado nos Estados Unidos para o lançamento da coleção *O cravo bem temperado*, como esta propaganda no *The New York Times*.

Quando seu nome foi escolhido, João Carlos foi direto para o estúdio de gravação, onde se fechou para gravar o seu velho conhecido *O cravo bem temperado*, de Johann Sebastian Bach, com direito a uma surpresa preparada pelo amigo Henry Raymont, que entregou a João o paletó e o cachecol que Glenn Gould tinha deixado na sua casa. Raymont garantiu que as duas peças dariam sorte para o pianista brasileiro. Supersticioso, João usou o paletó e o cachecol em todas as sessões de gravação!

A obra *O cravo* é aquela que ele, com 18 anos, tocou no Theatro Municipal de São Paulo e não pôde voltar para o bis, por conta das dores que, pela primeira vez, atacaram sua mão direita. A mesma obra que espalhou sua fama, pois ele era chamado para interpretá-la em diferentes lugares do mundo. Em 1964, os jornais americanos foram inundados pela propaganda do The Book of the Month e os sete LPs bateram recorde de vendas. Aliás, o brasileiro João Carlos e o americano Van Cliburn (1934-2013) foram os primeiros pianistas de música clássica a receber um disco de ouro.

Além da popularidade conquistada em curto espaço de tempo e com o vento soprando a favor da sua trajetória, João Carlos também já tinha conquistado, em 1961, um importante reforço, quando o empresário Jay Hoffman entrou em cena. Além de acompanhar e impulsionar a carreira do pianista, ele conviveu intimamente com as tragédias que se abateram sobre seu pupilo. E com as alegrias também, é lógico. Ao se tornar uma testemunha viva desta história toda, Hoffman passou a ser um grande fã do artista, pois acompanhou muito de perto o esforço que João Carlos empreendeu a vida toda para enfrentar as adversidades. Às vezes, nem o próprio Jay acreditava na possibilidade das coisas que João propunha, conforme aconteceria anos depois, em 1978.

No meio do caminho tinha uma pedra...

Todo mundo que já jogou futebol na vida sofreu algum tipo de contusão: uma canela lanhada, um joelho avariado, um músculo lesionado, certo? Certo! Então, que nome dar à sequência de fatos que desmoronou sobre a cabeça – na verdade, sobre o cotovelo direito – de João Carlos? Fatalidade, infelicidade, azar, desventura, infortúnio, tragédia?

A cena foi a seguinte: aos 25 anos, já considerado um dos maiores pianistas do mundo, João Carlos, um apaixonado por futebol, em uma de suas caminhadas matinais pelo Central Park, viu o que parecia uma miragem: jogadores do seu time do coração, a Associação Portuguesa de Desportos, batendo bola num campinho improvisado. Chegou perto, conversou um pouquinho e logo descobriu o hotel onde a equipe estava hospedada. Completou a sua caminhada e naquela tarde mesmo foi se encontrar com o pessoal da Portuguesa que, na época, estava entre os times de primeira linha do futebol brasileiro sob o comando de Aymoré Moreira (1912-1998), técnico muito respeitado.

Descobriu que a equipe iria disputar um torneio em Nova York mesmo, num período em que o *soccer*, como os americanos chamam o nosso futebol, ainda nem engatinhava nos Estados Unidos. João Carlos tanto fez que combinou de acompanhar a equipe no treino leve que fariam no próprio Central Park. Na manhã seguinte, lá estava para assistir ao treino. Assistir? Hã, hã... Depois do treino físico, já ia começar o racha, quando ele colocou em campo o seu "João sedutor"... E funcionou! Ele foi convidado a participar da partida. Em vez de dar um pulo em casa, que ficava ali pertinho, para trocar de roupa e colocar um tênis, não, ele foi jogar com suas roupas de pianista, sapatos de pianista e... preparo de pianista! Ou seja, sem a menor condição de enfrentar zagueiros profissionais.

Quem passasse pelo Central Park naquela tarde de junho ia ver um dos maiores pianistas do mundo batendo bola, até com certa desenvoltura, com uma equipe brasileira de futebol profissional. Só que racha de futebol entre profissionais é sempre para valer, o bicho pega, as disputas são acirradas. O time de João Carlos já estava perdendo de dois a zero, e ele, absolutamente concentrado no jogo, avançava rumo ao gol com a bola razoavelmente sob controle, quando trombou com um dos beques do time titular, um choque violento o bastante para deixar qualquer um totalmente desorientado, mas por sorte – na verdade, por azar – ele apenas se desequilibrou e levou um tombo. Só que, ao escorregar com os sapatos de pianista e desmoronar ali no campinho mesmo, ele colocou o braço direito para a frente, tentando proteger o corpo. Coisa de instinto. Acabou se esborrachando na terra batida...

Demorou um pouco para se levantar e, quando se deu conta, o braço direito estava coberto de sangue: uma pedra pontiaguda havia penetrado o seu cotovelo e ali se instalou. Os jogadores cercaram o pianista/centroavante e ele mesmo arrancou a pedra do cotovelo. Aos poucos, João Carlos foi tendo a certeza de que algo muito grave tinha acontecido. Na verdade, bem mais grave do que ele poderia, naquele instante, prever. O nervo ulnar havia sido quase esmigalhado.

O nervo ulnar é um conjunto de fibras bastante sensíveis que tem origem na espinha dorsal, percorre todo o braço e termina nos dedos anular e mínimo. Em todo seu trajeto, ele fica protegido por camadas de músculos e ossos, exceto na região do cotovelo, área em que está mais vulnerável porque fica apenas entre o osso e a pele – o que explica por que uma pancada no cotovelo é tão dolorida. Ele é o nervo mais importante para a sensibilidade e a movimentação das mãos, pois além de reger os movimentos dos dedos anular e mínimo, também é o responsável pela inervação motora de inúmeros músculos da mão, que cuidam da pela motricidade fina, isto é, a capacidade de executar movimentos finos e controlados como escrever, desenhar ou... tocar piano!

Imagine um diagnóstico desse para um pianista! Imagine-o mandar um comando para os dedos e eles, rebeldes, doentes, simplesmente não obedecerem.

Agora, um detalhe: não pergunte a João o nome do beque que disputou a bola com ele. O rapaz ficou tão mal, se sentindo tão culpado pelo acidente, que João prefere guardar segredo sobre o nome do jogador.

Talvez tenha sido otimismo em demasia, talvez tenha sido uma espécie de sublimação das dificuldades, o fato é que João Carlos só foi a uma clínica ali perto do Central Park mesmo, fez um curativo superficial e, apesar da orientação do médico, não procurou especialistas.

Então, será que alguém conseguiria traduzir em palavras a proporção do que aconteceu naquele dia no Central Park? Talvez, a rigor, só exista uma única palavra: tragédia. A tal sina

Ao lado do técnico Aymoré Moreira, João Carlos veste a camisa do seu time do coração em uma das vezes que acompanhou a equipe ao Central Park, onde sofreu o acidente que mudaria sua carreira para sempre.

das grandes e pequenas tragédias que foram marcando profundamente os seus caminhos. Quando criança, eram os desmaios, a ferida aberta no pescoço que o envergonhou por dois anos, a violência da morte da primeira amiguinha. Na adolescência, foram os primeiros espasmos e as primeiras dores na mão direita que foram se agravando. Dores que nunca o deixaram em paz.

A superação. Sempre ela

A pedra do Central Park atingiu duramente e em pleno voo a carreira do pianista xodó dos críticos norte-americanos, o queridinho dos exigentes palcos dos Estados Unidos, um artista prestes a conquistar o mundo. Após a resistência inicial, João Carlos procurou especialistas para tratar da grave lesão no nervo ulnar e acabou sendo operado no Hospital da Universidade de Nova York pelo cirurgião e neurologista Joseph Ransohoff (1915-2001), um dos melhores dos Estados Unidos.

Mais do que uma cirurgia, o médico fez uma obra de arte, garante o jornalista Murilo Felisberto (1939-2007), em uma excelente reportagem para a revista *Manchete*, em abril de 1969, espirituosamente intitulada de "O conserto do pianista" ("conserto", com s mesmo). Felisberto descreve com riqueza de detalhes tudo o que aconteceu: "O médico transportou o nervo cubital da região do cotovelo para a barriga do braço, um percurso menor e mais flexível. Os dedos lentamente começaram a afinar com o nervo a partir do momento em que o 'fio elétrico' voltou a transmitir livremente os sinais do cérebro". Ao final da reportagem, bem-humorado, Felisberto discute o futuro do virtuoso e descarta qualquer outra ocupação além de pianista, a não ser jogador de futebol!

Enquanto esperava o nascimento do primeiro filho – João Carlos Assumpção – ficou um bom tempo de quarentena, sem encostar no piano. Ainda em Nova York, fez fisioterapia numa clínica especializada, a mesma em que João Gilberto, fundador da batida de violão que deu origem à bossa nova, estava se tratando também por causa problemas nas mãos. Os dois se falavam sempre:

"Antes dos concertos eu ligava para ele, que era muito supersticioso e me dizia para tirar um som igual ao jogo de pingue-pongue – a batida nunca pode ser igual..."

Alguns meses depois da cirurgia, antes de voltar ao Brasil para tentar se recuperar com sessões intermináveis de fisioterapia e agarrando-se à sua crença inabalável de que a superação é sempre possível, João Carlos ainda arriscou mais um retorno aos teclados. Escolheu Washington, sua porta de entrada nos Estados Unidos e um outro amuleto da sorte.

Em 26 de março de 1966, no Lisner Auditorium, ele tocou prelúdios e fugas de Bach, a suíte *Pour le piano*, de Debussy, e a *Sexta rapsódia*, de Liszt, com um detalhe impressionante: três

dedos da mão direita estavam protegidos por dedeiras de aço, como o *The Washington Post* ressaltou, em reportagem especial na primeira página, com direito a foto. Essas dedeiras, criadas pelo Hospital da Universidade de Nova York, mantinham os dedos esticados, mas cobravam um preço altíssimo, como o próprio João Carlos constatou:

"O uso dessas dedeiras acabou prejudicando seriamente minha mão. Depois de usá-las, a mão ficava estraçalhada, sangrando e muito dolorida."

Curiosamente, a história registra que, em 1837, o pianista e futuro compositor Robert Schumann (1810-1856), por causa de excessos de treinos técnicos e fadiga da mão direita, encomendou a um fabricante alemão um aparelho para fortalecer os dedos. Dois anos depois, Schumann constatava que "alguns dedos tornaram-se muito fracos e dificilmente posso utilizá-los".

O crítico Irving Lowens (1916-1983) – sempre eles, os críticos – apontou alguns pequenos problemas nessa apresentação, mas, mesmo assim, comparou João Carlos ao húngaro Franz Liszt (1811-1886). Além de artista virtuoso, Liszt foi um grande inovador a seu tempo. Inventou o recital, um formato de apresentação em que apenas o solista fica no palco, sem a

O uso de dedeiras de aço levou a apresentação do virtuoso brasileiro para a primeira página do *Washington Post* em 28 de março de 1966.

Pianist Performs Recital With Braces on Fingers

The Washington Post

By Paul Hume
Washington Post Staff Writer

Joao Carlos Martins played a piano recital yesterday afternoon in Lisner Auditorium under physical conditions that would have stopped many other pianists.

During the first half of the concert, while he played four preludes and fugues from the First Book of Bach's Well-Tempered Clavier, and the Ginastera Sonata, Martins had metal braces on the middle, fourth, and fifth fingers of his right hand.

Finding out, at intermission, that the fingers were beginning to swell, he removed the braces and spent the time soaking his hands in warm water. The second half of the

orquestra. Ele também foi o primeiro a decorar partituras e a posicionar o piano em ângulo reto no palco, com o tampo projetando o som para o auditório. Gostava de agitar e de interagir com as plateias, como o próprio João Carlos também gosta. Gostava de receber sugestões do seu público sobre o que deveria tocar nos próximos concertos ou recitais. Inovou também o jeito de ensinar piano, criando o que seriam, hoje, as *masterclasses*, aulas em que os alunos são convidados a tocar para outros alunos e o professor os corrige. Na vida pessoal, Liszt era um mulherengo inveterado, como João Carlos, com um sorriso, também destacou.

O crítico Paul Hume (1915-2001) – naquele dia, mais repórter do que crítico – descobriu que, no intervalo de 20 minutos do concerto, João tirou as dedeiras e, até retornar ao palco, ficou com a mão direita mergulhada num recipiente cheio de água quente para tentar relaxar a musculatura. Na verdade, João Carlos fez essas imersões milhares de vezes, em todos os intervalos e também após o encerramento dos dois mil concertos que ele acredita ter feito entre 1966 e 1998, apesar das pausas na carreira. Em 1998, ele viveu solenemente o seu último ato como pianista: despedia-se em grande estilo, tocando com a Royal Philharmonic Orchestra, em Londres.

Em 2015, 17 anos depois da despedida em Londres, assistindo ao filme *Whiplash: em busca da perfeição*, que narra a obsessão de um baterista para vencer todas as barreiras, no caso as exigências de seu regente (personagem interpretado por Jonathan Kimble Simmons, que ganhou o Oscar 2015 de melhor ator coadjuvante), João Carlos ficou com os olhos grudados na tela ao ver o sangue da mão do rapaz escorrer sobre a bateria. É que ele também, várias vezes, manchou as teclas do piano com o sangue que escorria dos dedos da mão direita, feridos pelas dedeiras de aço.

Nas telas do cinema, a obsessão de um outro músico.

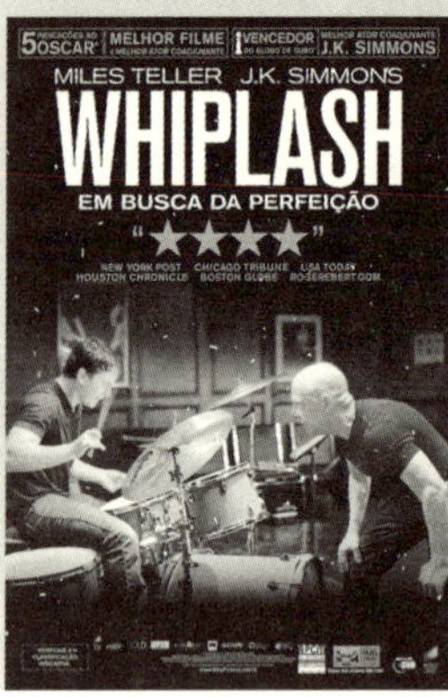

DISPONÍVEL EM BLU-RAY E DVD

Acende a luz amarela

Depois do concerto em Washington, em 1966, com as dedeiras de aço, João Carlos voltou ao Brasil. Durante meses, não faltou a nenhuma sessão de fisioterapia e logo decidiu que estava curado. Isso mesmo, ele decidiu, porque nenhum médico disse isso. E, assim, decidiu também retomar sua maratona de concertos.

Casa cheia, aplausos efusivos, gritos de bravo e pedidos de bis, críticas mais do que elogiosas... tudo parecia ter voltado ao normal. Parecia. Exatamente, só parecia, porque uma luz amarela começou a piscar, alertando que nem tudo ia tão bem assim. Mais uma vez entrava em cena o seu instinto de sobrevivência, e ele diminuiu drasticamente o número de concertos, mantendo de dez a quinze dias de intervalo entre eles, quando, antes, chegava a fazer cinco concertos por semana.

E o instinto dele tinha razão, porque, em Berlim, ele quase desmaiou ao final de uma apresentação. Levado às pressas para o hospital, foi imediatamente operado do apêndice supurado. Até aí nenhuma novidade, diante do eterno retorno da sina das pequenas e grandes tragédias. Poderia-se até dizer que essa fatalidade da apendicite foi café-pequeno, pois quatro dias depois da operação... aí, sim, foi uma tragédia! Já no saguão do hospital, quando se despedia dos funcionários para realizar um concerto em Madri, uma golfada de sangue escapuliu de sua boca e, novamente, instalava-se o desespero. João Carlos estava no meio de uma embolia pulmonar. Passou 15 dias entre a vida e a morte e ficou internado durante 60 longos dias. Só então voltou ao Brasil, a bordo de uma maca acomodada num avião da Varig, a principal linha aérea brasileira da época. De certo modo, ao viajar daquela forma, João Carlos poderia se sentir num palco, tal foi a atenção que chamou dos demais passageiros.

O professor que salvou o aluno da morte

Mesmo com embolia, dedeiras de aço, apendicite, um histórico médico bem complicado e a luz de alerta piscando sem parar, João Carlos se sentia fortalecido a cada recuperação e baixava nele a forte sensação de que tinha conseguido, finalmente, a cura de todos os males.

Se no Natal de 1966 ele chegava de maca ao Brasil, menos de dois meses depois, em fevereiro de 1967, no final de uma turnê, ele já estava no Lincoln Center, em Nova York, esbanjando talento com uma das mais importantes orquestras do mundo: a Boston Symphony. Foi com essa orquestra e o convite do seu diretor, o aclamado maestro Erich Leinsdorf (1912-1993), que, em 1968, João Carlos gravou para a RCA Victor – uma das maiores gravadoras americanas – um disco com o *Concerto para piano e orquestra* de Alberto Ginastera, outro sucesso retumbante de sua carreira.

Em agosto de 1967, em pouco mais de duas semanas, ele tocou no Hollywood Bowl, em Los Angeles, inaugurou o auditório do Palácio dos Bandeirantes, sede do governo estadual de São Paulo, e tocou no seu querido Carnegie Hall, com duas apresentações em dias consecutivos, ambas lotadas.

Entretanto, mesmo com todo o sucesso de seus concertos, João ainda tinha de lidar com os altos e baixos da recuperação da mão direita, e por isso foi obrigado a cancelar várias apresentações, como em Leningrado, Pittsburg, Cleveland e Denver. Chegou a cancelar uma turnê inteira, o que é quase a morte para um concertista.

O nascimento do segundo filho, Carlos Eduardo – o Adinho – foi, sem dúvida, um alento, mas o desespero começou a mostrar cada vez mais as suas garras, abalando o otimismo de João. Ele começava a sentir que tudo no universo parecia conspirar contra ele. A instalação da perigosa rotina de concertos cancelados, anos e anos cuidando da mão a cada intervalo de concerto, a cada final de apresentação, um forte inconformismo misturado a uma certa impaciência foi tomando conta do seu dia a dia. Perigosamente enredado por este conjunto desolador de sentimentos, durante a estadia num hotel em Long Island, pertinho de Manhattan, João Carlos encheu a banheira de água e se deitou nela. Alguns minutos depois, ouviu o telefone tocar. Ainda ficou em dúvida se atenderia ou não, mas quis o destino que ele atendesse. Era a telefonista internacional comunicando uma ligação do Brasil, do senhor José Kliass. Como se despertasse de um estado de torpor, engatilhou uma animada prosa com seu velho professor, ele também responsável pelo sucesso do aplicado aluno. João Carlos se apegou à conversa cheia de novidades e foi, sem perceber, esticando o papo o máximo que podia. Contou dos últimos concertos, das últimas orquestras, dos últimos maestros. Como o professor Kliass queria, como sempre, saber de tudo, a conversa durou uns bons 45 minutos. Ao desligar, João

Carlos já estava de pé, se enxugando, pronto para continuar enfrentando as batalhas da vida.

O professor Kliass nunca soube que aquele seu telefonema salvou a vida do virtuoso pianista brasileiro João Carlos Gandra da Silva Martins. João estava deitado na banheira, com uma lâmina de barbear já engatilhada, pronto para cortar os pulsos e dar fim, aos 29 anos, a uma vida intensamente dedicada à arte, a uma carreira impecável, embora sob o comando de uma personalidade obcecada com a perfeição. Anos depois, ao se lembrar desse momento de desespero, comentou:

"O destino continuava causando terremotos diários na minha vida e pensei em cortar os pulsos e terminar com aquilo tudo de uma vez por todas. Por mais que tentasse, não conseguia atingir nem 50% da eficiência anterior. E isso, para mim, era pior do que a morte."

É absolutamente sublime uma pessoa desiludida conseguir escapar do suicídio. No entanto, a rebordosa, isto é, as consequências psicológicas imediatas, às vezes é imprevisível.

Descasado, de volta a São Paulo, fragilizado e sem conseguir deglutir uma crítica negativa do *The New York Times*, ele decidiu largar o piano e abandonar a carreira. Foi, na verdade, a primeira vez que um crítico reprovava o desempenho do pianista João Carlos Martins.

CAPÍTULO 8

O poder devastador de uma única crítica

"O enorme sacrifício que fazia para me manter no topo tinha seu preço."

Durante 19 anos, de 1950 a 1969, João Carlos recebeu incontáveis críticas elogiosas ao seu talento único, à sua paixão pelo trabalho, à sua dedicação ao piano. Dos pequenos jornais do interior do Brasil, passando pelos influentes *O Estado de S. Paulo*, *Folha de S.Paulo*, *O Globo* e *Jornal do Brasil*, aos poderosos *The Washington Post*, *The New York Times*, *Boston Globe*, *Los Angeles Times*, *Time Magazine*, *Newsweek* e *Wall Street Journal*, além de outros tantos periódicos norte-americanos e europeus, como o francês *Le Figaro*, o alemão *Die Welt*, o reconhecimento sempre foi absoluto. *The New York Times*, inclusive, foi o primeiro jornal a se referir a João Carlos como o "grande intérprete de Bach", isto em 1963. Apenas seis anos depois, em março de 1969, o crítico de música clássica do mesmo *The New York Times*, Donal Henahan (1921-2012), publicou a crítica que mudou, dramaticamente, o rumo da

THE NEW YORK TIMES, MONDAY, MARCH 24, 1969

Recital by Joao Carlos Martins, Brazilian Pianist, Is Among the Weekend's Musical Events

João Carlos Martins, the gifted Brazilian pianist, gave an erratic and puzzling recital yesterday afternoon at Philharmonic Hall. Apparently on a last-minute whim, he dropped three Prokofiev pieces from his program and substituted nine of Bach's Preludes and Fugues from Book I of "The Well-Tempered Clavier."

Beginning with a distorted, Gounod-ish statement of the simple Prelude in C, Mr. Martins went on to give Bach the "Ave Maria" treatment much of the afternoon. The sense of Bach's design was hard to follow because rhythms went limp at key places, heavy pedaling obscured the counterpoint, and what seemed to be a lack of concentration on his work constantly broke Mr. Martins's over-all line.

Two Mozart sonatas in C (K. 330 and the "Easy" one, K.545) held together somewhat better, but even in these there was an excess of self-indulgent tampering with tempos and romanticizing of dynamics.

As would be expected from so naturally talented an artist, of course, Mr. Martins played exceptionally well at times; but the total effect was frustrating. A persistently buzzing piano string added nothing to the listener's pleasure.

DONAL HENAHAN.

Pela primeira vez, em 24 de março de 1969, saía no *The New York Times* uma crítica um pouco mais ácida ao pianista brasileiro. Mesmo assim, é o nome de João Carlos que dá título à coluna com tantos outros virtuosos citados.

Uma perigosa rotina. João Carlos cancelou a participação neste festival e um pianista austríaco o substituiu.

carreira e da vida de João Carlos Martins. Depois de uma apresentação no Lincoln Center, local onde João Carlos se sentia em casa e onde sempre brilhou, o crítico assinalava a apresentação como um recital errático e sem concentração do intérprete brasileiro.

E como pode uma única crítica desfavorável de um jornal interromper a carreira de um reconhecido talento como João Carlos Martins? Simples! Basta o artista concordar com ela. Exatamente. A crítica teve essa capacidade demolidora, porque o criticado admitiu as fraquezas apontadas pelo jornalista. E nada como o próprio pianista contar a sua reação:

“Recebi um terrível golpe, tanto para a minha carreira quanto para o meu ego. Pela primeira vez em toda a minha carreira de pianista fui recepcionado com uma crítica negativa com título de página inteira. Muito abalado, liguei para o meu empresário e cancelei o restante da turnê. Foi um tormento profissional.”

Ele sabia que não estava bem. Só não sabia direito o que fazer para conseguir uma pausa na carreira. A crítica do jornal talvez tenha até sido a tábua de salvação. Será? Em 2015, João Carlos não tinha a menor dúvida que sim. Ele mesmo comenta a interrupção na carreira:

“Entre 1969 e 1970, fiz algumas turnês e passei por altos e baixos. Nos concertos mais importantes, conseguia manter a concentração e o mesmo nível do passado. Mas o enorme sacrifício que fazia para me manter no topo tinha seu preço. Minha autoconfiança e sensibilidade ficavam cada vez mais abaladas. Sem maiores critérios, eu executava vários concertos e cancelava outros, agindo de forma incompatível com o comportamento que se espera de um pianista de alto nível."

Ironicamente, o primeiro cancelamento, lá em 1966, foi no próprio Lincoln Center e, detalhe: a bilheteria estava esgotada, *sold out*, como se diz em inglês. O vexame só não foi maior porque era um Festival Bach com quatro apresentações de diferentes intérpretes. O pianista austríaco, Jörg Demus, também especialista em Bach, um dos intérpretes do festival, foi chamado para substituir o brasileiro. Há quem diga que o austríaco foi convocado para "tocar no lugar", e não para "substituir", porque o que a plateia queria mesmo era ver a performance de João Carlos Martins, o que incluía a interpretação apaixonada, os gestos efusivos no banquinho, as caras e bocas...

Atingido mortalmente pela crítica do *The New York Times*, João Carlos parou imediatamente de tocar, certo? Errado. A crítica saiu em março de 1969 e ele ainda tentou se reequilibrar por algum tempo. Em outubro, voltou aos palcos em Lima, no Peru. Seguiu se apresentando e, em dezembro de 1969, tocou o *Concerto para piano para a mão esquerda*, de Maurice Ravel. Retornou ainda para Washington e em 11 de fevereiro de 1970 apresentou a mesma peça. O crítico Robert Evett (1921-1975) do *The Washington Evening Star* escreveu: "Sua interpretação de Ravel para mão esquerda é a mais penetrante, a mais poética e a mais brilhante que já ouvi. Esta, sim, é uma rara experiência para um crítico".

Mesmo assim, nenhuma crítica elogiosa conseguia aplacar o trauma causado pela crítica do *The New York Times*. João Carlos chegou a se apresentar, com concertos para a mão esquerda, em Tóquio e em Hong Kong, mas sentia que não podia mais adiar a decisão tomada. Assim, marcou data, local, maestro e orquestra para se retirar: março de 1970 – um ano depois da crítica fatal – com a Filarmônica de Los Angeles, regida por Zubin Mehta. Foi um momento histórico, e João Carlos tocou como se fosse uma estreia, despedindo-se em grande estilo. A despedida se deu também com um impressionante recital em São Paulo, apesar das mãos em frangalhos.

Um instante, maestro! João Carlos Martins se despedindo? Hã, hã, quem viver, verá! E acabou mesmo vendo os seus inúmeros retornos nos 45 anos seguintes...

CAPÍTULO 9

Um pianista no mundo dos negócios

"Por que você não recupera o título mundial de boxe para o Brasil?"

Coloque-se no lugar dele. Durante dezenove anos você ouve gritos de bis, é aplaudido de pé por plateias de todas as classes sociais, em diferentes locais do planeta. De pequenas cidades no interior do Brasil aos palcos mais sofisticados do mundo. É cortejado por bonitas e insinuantes senhoras e admirado por veneráveis senhores de colarinhos engomados e fraques bem cortados. Maestros renomados, compositores consagrados prestam seguidas reverências. Chegam a compor músicas pensando no seu extraordinário desempenho.

Sem contar as inúmeras vezes em que você é assediado. Você, com a sua cabeça de artista, quer fazer o bem, quer achar maneiras de levar a música erudita para o grande público. Você defende – e continua a defender pela vida afora – a democratização da música clássica.

E a imprensa? Imagine que quando você tinha só 10 anos, a sua foto, sorridente e fazendo alguma pose de artista, já era publicada pela primeira vez por um jornal que destacava a sua enorme e especial capacidade de tocar piano. Nunca mais a imprensa do mundo inteiro parou de falar de você. O mundo inteiro, mesmo!

Até que um dia, um dos jornais mais influentes deste mesmo mundo, depois de elogiá-lo por sete anos seguidos, ao assisti-lo em um dos seus palcos preferidos, publica, pela primeira vez, uma crítica que não o elogia, é verdade, mas que também não o desmoraliza, como se você tivesse ainda um enorme crédito por tudo o que apresentou até então. Mas nada disso importa. Você decide sair da redoma. Você desaba.

The day after...

Mais do que isso. Depois de tantos anos de uma badalação sem fim, você acorda um dia e se pega sem ter o que fazer. Você toma um banho, toma o café da manhã, lê o jornal na sala... No dia seguinte, a mesma coisa... No outro também. Seu empresário americano já não liga mais e, para agravar o quadro só mais um pouquinho, você acaba de se separar.

Ao mesmo tempo, é preciso trabalhar. Muito mais para produzir e ocupar o tempo do que para ganhar dinheiro. É importante ganhar dinheiro, sem dúvida, mas neste momento essa não é a questão primordial. Você conseguiu, ao longo da sua carreira, guardar alguns bons trocados.

Os dias vão passando e como você nunca saiu da redoma, é lógico que você não tem muita ideia do que fazer. Ligar pra quem? Falar com quem? Procurar os amigos parece ser a saída, mas... que amigos? Quase todos que você conhece foi o palco que te apresentou e agora estão muito longe. E você acabou de sair do palco.

Até que um dia, um amigo que não é exatamente da redoma nem do palco liga para perguntar se está tudo bem. Ele o convida para um café no escritório dele e comenta o fato de você ter largado o piano. Além de fã do seu talento, ele é um bom amigo, percebe a sua aflição e o convida para trabalhar com ele. E ele é uma pessoa superentrosada, muito influente, que conhece muita gente, já tinha sido embaixador do Brasil nos Estados Unidos, Ministro do Planejamento no governo do marechal-presidente Castelo Branco e também chegou a ser embaixador na Inglaterra. Aliás, por causa de sua enorme simpatia pela política norte-americana, Roberto Campos (1917-2001) recebeu, da esquerda brasileira, o apelido de "Bob Fields", versão literal de seu nome. Na época de João Carlos, ele era o diretor-presidente do Banco União Comercial. Não era o dono... mas era o diretor-presidente.

Trabalhar num banco? E para fazer o quê? Campos sabe que você é hiperativo e que, quando se interessa, logo aprende. Você vai, então, aos 30 anos de idade e 22 de carreira, trabalhar numa salinha com outros onze analistas. Outros o quê? Analistas de balanços de empresas em busca de créditos e outras operações.

Naquele dia, depois do convite, você vai dormir mais leve e, no dia seguinte, você acorda, toma banho, toma o café da manhã, lê o jornal na sala e, diferentemente do dia anterior, veste a camisa, ajeita o colarinho, põe uma gravata que combina com o terno e, como qualquer outro mortal, vai trabalhar. Num banco. Pela primeira vez, fora da redoma.

Bom, porque era tudo novo

Trabalhar fora da redoma foi uma experiência única na vida do pianista virtuoso. O anonimato recente compensava uma certa sensação de derrota, pois agora ele estava livre das pressões, das cobranças, das 12 horas debruçado sobre o piano com a mão direita desobediente. João Carlos estava numa fase em que tinha inveja até da vida do repórter de campo de futebol, cuja missão era entrevistar jogadores, correr atrás do

Simonal, Éder Jofre, Roberto Carlos e Chico Anysio eram alguns dos contratados da nova empresa.

LANÇADA A UNIMARCO PRODUÇÕES

Redundou no mais absoluto sucesso o coquetel que o professor Roberto Campos promoveu na ultima quinta-feira à noite, no qual foi lançada a mais nova empresa do Grupo União e Unimarco Produções.

Recebidos fidalgamente pelo Roberto Campos, Marcos Lazaro e João Carlos Martins prestigiaram o evento praticamente toda a cupula do nosso mundo musical, caso de Roberto Carlos, Simonal, Hebe Camargo, Jair Rodrigues, bem como a figura do maior artista comico do Brasil, o simpatico Chico Anisio. Contudo, a grande atração foi a presença de Eder Jofre, contratado da Unimarco, que recebeu muitos cumprimentos, incluindo-se entre eles os do prefeito Figueiredo Ferraz e senhora, todos reconhecendo o extraordinario feito do nosso grande pugilista, agora, novamente campeão mundial. Sempre atencioso e humilde, Eder e senhora, que se faziam acompanhar de Osvaldo Ferro e senhora, sorria a todo o momento, fatos registrados por toda a imprensa paulista.

Desta forma, a Unimarco Produções, com o apoio do Banco União Comercial, entra no campo das promoções artisticas e esportivas com todas as armas para atingir esfera superior. Nas fotos, Eder Jofre efusivamente cumprimentado por artistas, empresarios, prefeito e senhora.

técnico. Para ele, isso sim que era profissão, assim como a de bancário e ascensorista...

Até que no novo emprego o começo foi bom, pois fora dos palcos, ele tinha que ser virtuoso apenas para analisar números e investimentos. Fez um trabalho tão bom que logo mudou de sala e chegou um pouquinho mais perto do seu metiê: tornou-se vice-presidente da Unimarco Eventos, empresa que juntou o setor de eventos do Banco União Comercial e o principal empresário de artistas da época, Marcos Lázaro (1925-2003). João também ia cuidar da área de turismo do banco. Com a mania de perfeição sempre a persegui-lo, matriculou-se na Faculdade Ideal para fazer um curso de turismo, como se tivesse tempo livre e disponível... Fazia brincadeiras, dizendo que estudava numa faculdade que tinha nome de padaria dos seus patrícios portugueses. Já no primeiro semestre, o aluno João Carlos bombou porque extrapolou no número de faltas...

Trabalhar com artistas, mesmo como empresário, sem dúvida era bem mais animado do que analisar balanços. E logo ele mostrou a que veio. No primeiro show que organizou, reuniu 100 mil pessoas em São Paulo para assistir à banda Alice Cooper, grande sucesso da época. Ele também contratou e organizou shows com Charles Aznavour, Diana Ross, Elis Regina (1945-1982), Roberto Carlos e Jorge Ben Jor, que ainda era Jorge Ben.

Disciplinado, com vontade de acertar, ele foi à luta, quase literalmente. Um dia, saindo do apartamento dos pais, no bairro Jardins, na capital paulista, deparou-se no elevador com outro morador do prédio: Éder Jofre, ex-lutador de boxe que, anos antes, tinha sido campeão mundial da categoria peso-galo. João Carlos puxou conversa e perguntou: "Por que você não recupera o título mundial para o Brasil?". Surpreso, Éder Jofre argumentou que, aos 37 anos, não estava nem pensando naquilo. Foi a vez de João subir no ringue para nocautear: "Se você quiser, eu patrocino a luta!".

Despediram-se na portaria e, no dia seguinte, João Carlos se tornava promotor de luta de boxe, ao ouvir a resposta de Éder: "Vou começar a treinar amanhã".

A Unimarco se responsabilizaria por tudo: lutas, promoção e luvas, que corresponde ao cachê do lutador. Na verdade, a decisão do campeão de voltar aos ringues foi resultado da capacidade de convencimento do velho e bom "João sedutor". E lá estava João Carlos Martins resgatando a carreira... dos outros!

O ex-pianista realmente organizou tudo. Acabou se embrenhando pela selva que é o mundo do boxe e, como muitas vezes acontece na vida, teria sido melhor não saber de certas coisas, nem as manhas, nem os protocolos, nem os bastidores – nem as sacanagens – do submundo do esporte. Mesmo assim, ele foi abrindo portas, convencendo pessoas, e chegou até mesmo a realizar em São Paulo uma convenção do poderoso Conselho Mundial de Boxe, que tem sede nos Estados Unidos.

E quase vira vice-presidente da entidade! Até aí, nada de mais, porque até se candidatar a presidente da Portuguesa, seu time de futebol, ele, um dia, chegou a pensar.

Com todo esse agito, João conseguiu patrocinadores e lá foi o nosso Éder Jofre lutar pelo título mundial da categoria pena, uma acima do galo (pois, com o tempo, ele tinha engordado um pouquinho). Assim, em setembro de 1973, inaugurando o ginásio Presidente Médici, em Brasília, Jofre ganhou o cinturão da categoria ao vencer o cubano José Legra. Na verdade, todo mundo saiu ganhando nessa luta: Éder ganhou o que hoje seria equivalente a algo em torno de 200 mil reais, a Unimarco levou o mesmo tanto, e João Carlos ganhou experiência, já que tinha um salário de diretor.

Três anos depois, com a morte do pai, Kid Jofre (1907-1974), Éder se aposentou definitivamente. O próprio João Carlos também não quis mais saber de boxe depois que não conseguiu trazer para o Maracanã a luta dos pesos-pesados e campeões mundiais Muhammad Ali e Joe Frazier (1944-2011). Era só isso que o ex-pianista queria! No fundo, ele se sentiu bastante aliviado por sair desse mundo depois que soube de tudo o que rola nos bastidores da chamada "máfia do boxe".

João Carlos Martins seguia na carreira de empresário na área de turismo e de espetáculos, sempre correndo de um lado para o outro para gastar energia e viabilizar sua nova vida. Ao mesmo tempo, perdida nos milhares de documentos e arquivos da carreira dele, há uma foto que talvez resuma as razões de sua vontade, ainda inconsciente, de abandonar o chamado mundo dos negócios.

Um teclado mudo? João Carlos explica:

"É um piano curtinho que não tem som e, por isso, eu podia ficar teclando e imaginando o som saindo, o tempo que quisesse, mesmo falando ao telefone...".

Na mesa, as ferramentas básicas para um empresário trabalhar: telefone, canetas, papéis... e, também, o elemento imprescindível de um pianista: um teclado, só que mudo.

Um teclado que foi presente da grande pianista brasileira Guiomar Novaes (1895-1979). Em 2015, este mesmo teclado estava guardado, quase escondido, em sua casa. Segundo sua secretária, Brenda, "está muito bem guardado para ele não ficar tocando o tempo todo, que ele mesmo sabe que não pode". Mas é só ligar para a casa dele que é muito alta a probabilidade de escutar o piano ao fundo... É o João Carlos se exercitando para voltar aos teclados. Horas e horas por dia, por anos e anos...

"Mate o homem, mas não lhe erre o nome"

A maioria dos jornais e de recortes antigos sobre João Carlos foi cuidadosamente colecionada por Seu José e formam um arquivo de vários livrões de capas de couro marrom. Esses jornais antigos acabam revelando alguns detalhes que, guardados na memória, podem, eventualmente, tentar explicar alguns comportamentos, mesmo que tenham sido involuntários.

Roberto Campos cumprimenta Eder Jofre ante a presença de Kid Jofre, Katzenelson, João Paulo Martins e Marcos Lazaro

Em Recife existe um ditado popular que tem tudo a ver com um detalhe importante da vida pessoal de João e que mostra o respeito e o cuidado que se deve ter com o semelhante: "Mate um homem, mas não lhe erre o nome".

Durante anos e anos, nem a imprensa estrangeira e muito menos a nacional erraram o nome do pianista João Carlos Martins. Pois é... apesar de toda a badalação em torno da empresa de que era vice-presidente, com uma razoável presença na imprensa – mais nos cadernos de esportes do que nos cadernos de cultura – duas vezes os jornais erraram o nome do empresário João Carlos. Certa vez, na legenda de uma foto, ele virou José Carlos. Em outra ocasião, também numa legenda, ele foi identificado como João Paulo.

João Carlos não se lembra de ter visto tais erros nos jornais... Talvez, essas legendas que trocaram o seu nome, de algum modo acabaram por representar um mundo – do boxe e do *showbiz* – que, no fundo, definitivamente não fazia parte das

José Carlos Martins

José Carlos Martins vai integrar o comando do Conselho Mundial do Box e Luís Faustino aguarda novas chances na carreira

Até que a imprensa errou seu nome. Ele virou João Paulo e José Carlos.

suas escolhas, do seu presente e, muito menos, do seu futuro: João Carlos nunca deixou de sonhar em voltar para o piano. Trabalhar com qualquer outro ofício que não fosse o das teclas o fazia se sentir "como um peixe fora d'água". Com a saída do amigo Roberto Campos da presidência do banco, ele também não permaneceu na empresa e, assim, virava mais uma página da sua vida.

CAPÍTULO 10

Numa fração de segundo, a decisão de voltar ao piano

"Eu e meu irmão lemos no aeroporto o que o pai escreveu..."
(O filho Carlos Eduardo)

Ao interromper a carreira em 1970, João Carlos ficou quase três anos sem chegar nem perto de um piano, quando começou a ter as primeiras, vamos dizer, recaídas. As feridas nas mãos e na alma começaram a cicatrizar e ele, aos poucos, foi se voltando novamente para o mundo da música e das artes.

Começou com um flerte com o piano da casa do amigo Luiz Gonzaga Mascarenhas, que ele visitava de vez em quando, aos domingos. Do flerte para o namoro com o piano foi um pulo, e João Carlos, instigado pelo amigo, chegava a tocar de duas a três horas, por mais que a mão direita incomodasse muito. Nos bons momentos do "recital privado", o próprio amigo aplaudia efusivamente, o que deve ter surtido efeito, porque João Carlos começou a aparecer todos os domingos.

Com o tempo, tocar só aos domingos não era suficiente. Como ele não tinha mais piano em casa, o amigo Roberto Campos emprestou um piano-armário mesmo. Era o começo do recomeço e, algum tempo depois, João comprou o seu próprio piano de cauda. Assim, mergulhando no seu mundo encantado da música, onde sempre voou em céu de brigadeiro, ele foi assimilando as duas atividades, a de pianista em plena

A ESQUERDA EM AÇÃO

o **Para provar que a sua mão esquerda está funcionando, a todo vapor, João Carlos Martins volta amanhã ao palco do Teatro Municipal, para executar, entre outras peças, Concerto para Mão Esquerda, de Ravel.**
o **Também o maestro Diogo Pacheco participará do espetáculo, regendo a Sinfonica no famoso Bolero, também de Ravel. Depois, Roberto Campos lhes oferecerá um souper em seu apartamento paulista.**

O único registro de um concerto que nem ele gostou.

recuperação e a de empresário em franca expansão, o que não era problema algum para ele, posto que João sempre tirou de letra fazer várias coisas ao mesmo tempo.

Até que, em 6 de dezembro de 1973, ele oficializava mais um retorno, dessa vez com uma apresentação do *Concerto para piano para a mão esquerda*, de Ravel, no Theatro Municipal de São Paulo. Foi uma apresentação praticamente secreta, porque ninguém soube, nenhum crítico registrou e apenas o jornal *Última Hora* deu uma notinha na véspera, informando que, depois do concerto, "Roberto Campos oferecerá um *souper* em seu apartamento paulista". "*Souper*" é como a crônica social da época se referia a uma pequena recepção.

O próprio João Carlos achou que ficou devendo com aquele concerto:

"Eu não estava preparado. Fiz o primeiro concerto e tanto não gostei que fiquei mais de um ano até me apresentar outra vez. Fiz o segundo concerto e fiquei mais um ano sem me apresentar..."

Já a vida amorosa...

Se um ser humano, em condições normais, dorme, vamos dizer, oito horas por dia, sobram dezesseis para ele viver acordado, certo? Quanto tempo uma pessoa normalmente dedica às refeições, ao banho, às trocas de roupas, à condução até o trabalho, aos cuidados pessoais até, mais tarde, ir dormir novamente? Três horas e meia? Ficam sobrando doze horas e meia para as outras atividades. Agora, se o ser humano em questão estuda, em média, dez, onze, doze horas por dia ao piano, numa prática absolutamente solitária, quantas horas sobram para dedicar à família, aos filhos, à esposa? Uma? Duas horas? E se esta pessoa viaja muito por causa de compromissos profissionais inadiáveis? Pois é... talvez aí estejam algumas explicações para o pianista João Carlos Martins ter se casado cinco vezes!

Ele é discreto, não gosta muito de falar sobre o assunto e, desde a nossa primeira conversa, deixou claro que seus relacionamentos seriam o único assunto que não seria abordado nesta biografia, em respeito à privacidade das próprias ex-mulheres:

"No fundo, eu me considero um conservador, porque gostaria de ter tido apenas um casamento como o dos meus pais, que durou 67 anos, com seus filhos, netos e bisnetos. Só que eu, dos 21 aos 75 anos, tive cinco relacionamentos e, hoje, tenho a humildade para reconhecer que não tive a competência do meu pai para entender o que é um relacionamento a dois. Desses relacionamentos tive quatro filhos maravilhosos e seis netos que só me dão alegria: Giulia, Henrique, Giovanna, Gabriela, Lucas e Max."

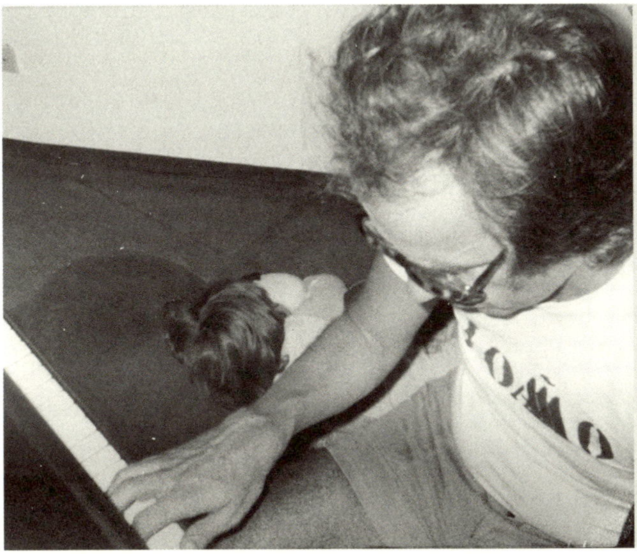

Está vendo uma menininha deitada no chão enquanto João Carlos estuda? É sua filha Daniela, com 4 anos, a caçula, que adquiriu o hábito de dormir debaixo do piano do pai.

Agora, será que este quinto casamento foi realmente o último? João Carlos responde:

"Hoje, com os meus três fiéis escudeiros, a Vilma (cozinheira), o Gel (motorista) e a Brenda (secretária), vou vivendo, quando estou em casa, refugiado no meu mundo interior. E tenho, fora de casa, as viagens, os concertos, os ensaios... Adoro, quando volto, ser recebido pela alegria do meu cachorrinho maltês, o Sebastian [de Sebastian Bach].

Nesta minha introspecção permanente, procuro nos teclados ou na regência aprofundar cada vez mais o meu conhecimento e mostrar a minha visão das obras destes gênios chamados Bach, Beethoven, Brahms, Chopin e tantos outros compositores, a partir do século XVIII. O intérprete tem que ter a coragem de buscar a sua individualidade, respeitando, obviamente, a partitura original. Desde os meus 10 anos busco misturar a minha individualidade, como intérprete, com a personalidade do compositor."

Nesse desabafo, João Carlos verbaliza o que seus milhares de fãs já sabem: "Sem querer ofender ninguém, desconfio, lá no fundo, que a minha vida amorosa é com a música!".

Foi no casamento com a mãe de sua única filha, Daniela, que João Carlos se mudou para a casa nova na Granja Viana, fora da capital. Uma casa grande, onde, além de estudar no seu piano, tinha uma piscina para se exercitar e, evidentemente, um campinho de futebol para receber os amigos para as peladas. Detalhe: gato escaldado, João Carlos entrava em campo usando luvas de boxe para proteger as mãos! E não era para jogar no gol, não! Uma reportagem da Rede Globo feita na época mostra a cena um tanto insólita do atacante João Carlos dando trabalho à defesa adversária, correndo, driblando, com a bola nos pés, e as luvas de boxe nas mãos, e ele nem aí!

Outra grande alegria de morar numa casa com tamanhas facilidades é poder receber os filhos e os amigos dos filhos. Dos três filhos homens, um, Patrick, mora nos Estados Unidos. Os dois outros, João Carlos Assumpção, que é jornalista esportivo, e Carlos Eduardo, o Adinho, são mais presentes... Isto é, mais presentes agora que todo mundo é adulto, porque a agenda de concertos de João Carlos pelo mundo inteiro não permitiu que ele convivesse muito com os filhos quando eles eram pequenos.

Gato escaldado... Luvas de boxe para jogar futebol!

Para que os meninos não tivessem essa vida desencontrada, João Carlos nunca incentivou que eles se dedicassem à música, nem mesmo Daniela, a caçula. Dandoca, apelido que recebeu dos irmãos quando ainda era pequena (que ninguém se lembra por quê), chegou a ter aulas de piano, mas não gostou muito e desistiu. E ela dá graças a Deus por não ter seguido adiante, porque correria o risco de ser comparada o tempo todo ao pai virtuoso.

Para Carlos Eduardo "é lógico que essa separação do pai foi marcante na vida da gente. Eu tinha seis meses quando meu pai e minha mãe se separaram. Ele voltou para os Estados Unidos e eu, meu irmão e minha mãe ficamos morando em São Paulo, o que aumentou um pouco a distância". Ele observa também que, "sempre que voltava ao Brasil, meu pai ia nos buscar na escola todos os dias e ficava brincando e contando histórias até a gente dormir. Ele gostava de contar histórias de terror que, no final, ficavam muito engraçadas".

Adinho nunca desistiu de manter a família sempre em contato. Tanto que, no casamento dele, o casal de padrinhos era formado por Janete – a tia Janete, como ele chama até hoje –, então mulher do pai e mãe da irmã Daniela, com Gustavo Rosa, artista plástico e namorado de sua mãe, Silvia. Portanto, estava todo mundo junto no altar: pai, mãe e seus pares!

Já Daniela manifesta claramente o seu desagrado pelo fato de o pai ter se separado de sua mãe, quando ela tinha ainda 8 para 9 anos, embora diga que o pai foi uma pessoa muito presente e que sempre fez as suas vontades. Uma, inclusive, ela lembra bem: louca pela banda U2, Daniela sempre foi a todos os shows que a banda fez em São Paulo e, da última vez, não comprou os ingressos, mas insistiu tanto com o pai que ele, com o prestígio e os contatos no *showbiz*, acabou conseguindo as entradas.

Carlos Eduardo conta que a paixão do pai pelo futebol acabou aproximando os dois, e relembra um episódio que aconteceu em 1975, em um jogo Portuguesa × São Paulo. Era a final do campeonato paulista e o estádio do Morumbi estava abarrotado de torcedores são-paulinos. Adinho tinha 7 anos e tudo já estava preparado para ele se tornar o mais novo torcedor da Portuguesa, time do pai e do tio José Eduardo: "Eles até levaram três meninos da minha idade, torcedores da Lusa, para me motivar, mas quando eu entrei no Morumbi fiquei encantando com a torcida do São Paulo e mais ainda quando eles começaram a cantar um coro de gozação com os torcedores da Portuguesa. Sei que fiquei de pé, ao lado do meu pai, e passei a gritar o coro de gozação também, mesmo sem saber direito o que significava. De repente, tomei um susto com o primeiro e único beliscão que meu pai me deu na vida, além da bronca, dizendo para eu nunca mais repetir aquele corinho".

Resultado: Adinho pode não ter repetido o corinho, mas virou são-paulino, "até por causa do beliscão na perna", ele conta, sem deixar de dar uma boa risada sobre o fracasso dos preparativos para ele se tornar um torcedor da Portuguesa.

A irmã, Dandoca, já nasceu são-paulina, até porque a mãe também é... e não se fala mais nisso! O filho mais velho, João Carlos, até foi torcedor da Portuguesa e do São Paulo, mas hoje prefere escrever sobre esportes e dirigir documentários.

Já com João Carlos Pai, não foi preciso que ninguém o levasse ao estádio para virar torcedor da Portuguesa. Ele mesmo, ainda garoto, foi assistir a um treino do time da colônia – afinal, o pai dele era português – quando, de repente, levou uma bolada na cabeça. Caiu no chão e se levantou torcedor da Portuguesa. Vai entender cabeça de artista...

O futebol também reuniu pai e filhos na Copa do Mundo de 1994, nos Estados Unidos, e o comportamento de João tocou muito o filho que, até hoje, se emociona ao lembrar das histórias.

Ao chegar em Los Angeles, com o irmão mais velho e mais três amigos, Adinho ligou para o pai, que estava morando em Miami, só para dar um alô e informar que ele e o irmão estavam na Califórnia para assistir à Copa. Imediatamente, João Carlos disse que ia encontrá-los e, por mais que Adinho dissesse que estavam hospedados num hotel bem vagabundo, que não tinham comprado ingressos e iam correr atrás de cambistas, nada disso fez o pai desistir. No dia seguinte, João Carlos desembarcava em Los Angeles e acompanhou a rapaziada em tudo, menos na hospedagem, que era realmente num hotel bem ruim. Adinho garante que o pai ficou num hotel só um pouquinho melhor, para não quebrar o espírito da coisa. E garante também que o paizão em nenhum momento reclamou de nada, comeu muito McDonald's, tomou muita Coca-Cola e ficava abordando os cambistas junto com eles em busca dos melhores preços.

Na hora da despedida, João Carlos entregou aos filhos uma carta que deixou os rapazes muito emocionados, e o próprio Adinho fica com os olhos marejados ao lembrar das palavras tão bonitas que o pai escreveu sobre a alegria de estar com eles, de como as coisas simples da vida são maravilhosas! E cadê a carta?

"Eu e meu irmão lemos no aeroporto o que nosso pai escreveu quando fomos levá-lo e, logo depois, por ali mesmo, a carta sumiu e nunca mais a encontramos. Para nós é um mistério nunca mais termos encontrado a carta. Só sei que foi uma grande emoção ver o pai falando aquelas coisas todas, do amor dele pela gente, coisas que a gente nunca tinha ouvido e nunca tinha lido."

Em Miami, a filha Daniela também viveu uma experiência única com o pai, quando foi ficar uns dias com ele e não passou bem. João Carlos, muito preocupado, resolveu fazer uma vitamina para a filha, já que a moça que trabalhava na casa já tinha ido embora. Ele desceu para a cozinha e nada de voltar. Meia hora depois, Daniela entrou na copa e viu o pai diante de um liquidificador desligado, segurando uma banana na mão e um litro de leite na outra, e estampado no rosto o pânico de quem não tem a menor ideia do que fazer. Daniela, rindo, garante que o pai não deve saber nem onde achar um copo nos armários da cozinha...

Em outra ocasião, João Carlos quase matou a filha de vergonha em Nova York com suas brincadeiras. Ela mesma conta: "Estávamos subindo uma escada rolante, na nossa frente estava uma moça enorme e ele começa a falar em português 'olha, filha, o jeitão dela... olha que bundão!', e assim por diante. E eu pedindo para ele parar com aquilo, que eu morria de vergonha. Até que chegamos ao final da escada, a moça saiu batendo o pé e reclamando, em português, 'que grosso, só podia mesmo ser brasileiro'. Eu fiquei vermelha que nem um pimentão, e ele, virando o rosto para não ser reconhecido, ficou bem constrangido e só disse uma coisa: 'a partir de agora só brinco em chinês!'".

Com Adinho, as lembranças vão quase sempre na direção de reminiscências que destacam a presença do pai na vida dele, já adulto, e de sua família. Em 2012, casado e com o filho e a filha já grandinhos, Adinho resolveu fazer uma viagem cultural a Paris, ligou para o pai para contar a novidade e, novamente, João Carlos o surpreendeu, comunicando na hora que iria acompanhar o filho e família na viagem à França. O próprio Adinho narra, com entusiasmo, como foi a viagem:

"Nunca vi o pai daquele jeito, calmo, tranquilo, visitando os lugares, curtindo os netos, sem falar de trabalho... Foi muito bom para todos nós!"

Daniela também tem uma lembrança parecida, de quando o pai foi para a Itália com ela ao casamento de Patrick com uma italiana, em junho de 1999: "Foram dias maravilhosos, sem a pressa e sem a pressão dos concertos, principalmente dos pré-concertos, quando o pai fica muito tenso nas horas que antecedem as apresentações". E por que ele fica assim, Daniela? Ela pensa um pouquinho e arrisca uma resposta: "Acho que o pai é perfeccionista demais e está sempre se impondo desafios, pois quando atinge um patamar, quer logo alguma coisa a mais".

A decisão de, finalmente, voltar ao piano

Certo dia, ainda nos anos 1970, quando estava para começar a trabalhar no escritório da construtora do amigo Mascarenhas, João Carlos estava assistindo à TV num sábado à tarde, em sua casa da Granja Viana, quando viu um pianista, Antonio Guedes Barbosa (1943-1993), tocando muitíssimo bem e achou que poderia fazer ainda melhor. Juntou, na cabeça, a imagem do pianista na TV e o retorno vitorioso de Éder Jofre e, num desabafo, tirou um peso de dentro do peito:

"Se ele conseguiu recuperar o título, por que não posso recuperar minha antiga forma como pianista?"

Numa fração de segundo, tomou a decisão de voltar a tocar piano. Ligou para o amigo no sábado mesmo para dizer que não ia mais trabalhar com ele, e começou a preparar o seu retorno para valer. Era o ano de 1976.

Mas quem é esse pianista?

Na verdade, desde os domingos na casa do amigo Mascarenhas, em 1973, o piano vinha ocupando mais e mais espaço no seu dia a dia. Até que, em 2 de novembro de 1977, o jornal *O Estado de S. Paulo* publicava a primeira matéria na imprensa que revelava a possibilidade de João Carlos voltar ao piano. O próprio título já dava o tom: "João Carlos Martins constata que sua vida é mesmo o piano". Em determinado momento da reportagem, o jornal informa que ele garantiu que "não vai precipitar nenhum passo rumo ao antigo caminho", o que era uma boa notícia, considerado seu espírito um tanto rebelde. João Carlos também não deixou de ressaltar a importância da arte para colocar o nome do Brasil, com dignidade, no exterior, tese que ele, volta e meia, defende com muita garra.

De tanto querer voltar a tocar, João foi buscando saídas para os problemas que continuava a ter na mão direita, como lá trás, em 1958, quando aprendeu a enganar o próprio biorritmo para fazer as mãos tocarem com mais desenvoltura. Ele mesmo conta:

"Meus estudos evoluíram. Desenvolvi uma nova forma de estudar, recorrendo a um dedilhado que utilizava um pouco menos o dedo mais fraco. Após seis meses, percebi que ninguém conseguia notar uma única diferença nesta nova forma de tocar."

O próprio jornal conta que ele já tinha começado a se preparar com concertos patrocinados pela Secretaria da Cultura do Estado – Max Feffer (1926-2001) era o secretário – e acompanhado pela Orquestra Jovem do Estado de São Paulo, regida pelo maestro Diogo Pacheco. Foram oito concertos, em diferentes cidades do interior paulista, sob o comando do amigo Diogo.

Pelo menos uma saia justa, com doses razoáveis de ironia e humor, aconteceu nessa fase de aquecimento dos motores. Como havia praticamente oito anos que ele estava fora do mundo da música, dos recitais e dos concertos, o nome "João Carlos Martins" desapareceu do cenário cultural brasileiro, onde, na verdade, nunca tinha sido muito presente, pois ele fazia muito mais sucesso nos Estados Unidos. O nome de João tinha sumido também do cotidiano dos jovens músicos da orquestra do maestro Diogo Pacheco. Tanto que, no concerto de estreia na cidade de Lorena, João Carlos estava particularmente nervoso, porque ia usar pela primeira vez em público o novo dedilhado que preservava o seu dedo anular. Depois do concerto, escutou o desabafo de um dos adolescentes da orquestra: "Quem é essa droga de pianista que o Diogo Pacheco quer lançar?". Só mesmo a cabeça de artista ou a mania de perfeição para protegê-lo nessas horas, porque a reação de João foi do mais puro espírito esportivo:

"Aqueles meninos nunca tinham ouvido falar de mim. E o pior: estavam absolutamente certos, porque eu toquei mal mesmo."

Construindo mais um retorno

A revista *Veja* também começou a falar da volta de João Carlos com uma notinha bem simpática, com foto, relembrando que o pianista brasileiro chegou a vender, a partir de 1964, um milhão de discos com a gravação feita nos Estados Unidos de *O cravo bem temperado*.

Outros concertos foram marcados Brasil afora, além dos concertos-treinos com Diogo Pacheco e dos dias e meses de uma rotina de estudo de até treze horas diárias que, assim, o deixaram bastante seguro para dar o passo seguinte.

Em janeiro de 1978, João Carlos ligou para o seu empresário nos Estados Unidos, Jay Hoffman, e, anos depois da última conversa, comunicou ao velho amigo:

"Estou pronto! Pode marcar o meu retorno ao Carnegie Hall."

A imprensa começa a anunciar mais um retorno do pianista, como nesta nota da revista *Veja*.

Aos 20 anos de idade — doze dos quais dedicados a tocar piano —, ele se apresentou no Carnegie Hall de Nova York. Em 1964, vendia, só nos Estados Unidos, mais de 1 milhão de cópias do "Cravo Bem Temperado" de Bach. A carreira de **João Carlos Martins** estava definitivamente consagrada, quando um acidente com seu braço direito, em 1970, conduzia sua atividade para a área dos negócios. Agora, porém, ele está recuperado. E há algumas semanas, com uma sólida situação financeira, 37 anos, três casamentos e quatro filhos, voltou a dedicar-se ao piano oito horas por dia. Martins já tem convites para gravar outra vez nos Estados Unidos. Por enquanto, vem se apresentando em cidades do interior paulista: "Sei que preciso começar tudo de novo", diz ele. "Esse é um risco que só agora vou avaliar."

Martins: de novo ao piano

Carnegie Hall. O eterno refúgio

"Eu achava que era louco, agora tenho certeza."

Já está na história e no folclore da música clássica o que João Carlos conta sobre sua chegada ao Carnegie Hall na noite de 24 de setembro de 1978, quando subia novamente ao seu palco querido, depois de quase oito anos. Ele pegou um táxi na porta do seu hotel um pouco mais cedo para evitar o *rush* de Nova York. Mesmo assim o trânsito travou a duas quadras do teatro. Imediatamente ele consultou o motorista – em Nova York, taxistas sempre sabem de tudo – sobre as razões do engarrafamento.

O motorista, por sua vez, ouviu o galo cantar, só não sabia que o galo estava ali, do lado dele:

"Parece que hoje vai tocar um pianista muito famoso." João Carlos conta que, a seu modo, ficou surpreso lá dentro do veículo com o elogio. Enquanto o táxi avançava devagarzinho, ele não resistiu e revelou ao taxista que ele era o pianista. O motorista adorou a ideia de ter o astro daquela noite em seu carro e, quando deixou João Carlos na porta dos fundos do teatro, por onde entram os artistas, ele fez questão de sair do carro e dar um abraço no pianista famoso. João entrou no teatro iluminado com a certeza ainda maior de que tudo ia dar certo.

Enquanto subia os degraus em direção ao camarim, ele sorriu ao se lembrar da reação do empresário Jay Hoffman quando disse que já estava pronto para voltar ao Carnegie Hall. Inicialmente, ele tomou um susto com a novidade, em seguida ponderou que João não tocava em Nova York havia quase oito anos e, na esperança de que o amigo pianista desistisse da ideia, Hoffman o convidou para tocar para ele antes de tomar uma decisão. E lá foi João Carlos para Nova York mostrar ao velho amigo o que ele mesmo chamou de reinvenção de sua carreira.

É lógico que Hoffman se rendeu à reinvenção, mas com as devidas precauções. Como estava com mais vontade de se dedicar à escrita do que de empresariar o pianista brasileiro, ele fez João Carlos assinar um documento em que deixava bem claro que, depois da apresentação de retorno no Carnegie Hall, ele não seria mais o empresário do brasileiro. Tomou a iniciativa de lhe apresentar outros empresários, mas o pianista não se conformava e ficava repetindo: "Jay, você é o cara, você é o cara!". Mais do que o documento, Jay prometeu solenemente que não seguiria mais com João.

Jay Hoffman é um típico cidadão norte-americano, pacato e sereno, apesar de trabalhar no burburinho de Nova York. Foi ele que cuidou de toda a carreira de João Carlos desde 1961, quando estava na plateia para conhecer o pianista brasileiro que arrasou em seu primeiro concerto em Washington, e, desde então, passou a ter plena consciência das ousadias do seu pupilo.

Em agosto de 1966, por exemplo, Hoffman ligou para João Carlos e perguntou se ele tocaria o *Concerto para piano e orquestra*, de Aaron Copland (1900-1990), importante compositor e maestro norte-americano. Naquela época – recém-saído de uma cirurgia no cotovelo – João Carlos estava tocando de tudo, porque queria se autoafirmar. Embora nunca tivesse visto o concerto, confiou no seu taco e respondeu que sim, que tocaria sem nenhum problema. Aí veio a bomba:

"Então, daqui a dez dias você vai substituir o pianista Earl Wild, no Hollywood Bowl, com o próprio Copland regendo a Filarmônica de Los Angeles para 20 mil pessoas", avisou o empresário.

Aparentemente, João Carlos não se abalou e pediu, com toda calma, que Jay enviasse as partituras pelo voo noturno da Varig, porque ele não as tinha no Brasil. Na manhã seguinte, ele mesmo foi ao Aeroporto Internacional de São Paulo – Congonhas, na época – para pegar com um passageiro o material enviado. Ainda no aeroporto, leu o concerto e, percebendo a complexidade, comentou para si mesmo:

"Eu achava que era louco, agora tenho certeza."

Como não dava para voltar atrás, partiu para mais uma maratona:

"Estudei a partitura diuturnamente e quando cheguei a Los Angeles me tranquei para continuar a decorá-la."

Dias depois, no ensaio geral em Los Angeles, com o próprio maestro-compositor no palco, chegou a ter algumas falhas de memória. Então, o maestro Copland, do alto de seu pedestal, deu a ordem expressa ao solista para, naquela noite, usar as partituras na estante do piano. Como João sempre tem uma piadinha pronta para essas horas de sufoco, ele disse, sorrindo, ao maestro:

"Creio que vou perder a partitura cinco minutos antes da apresentação."

O concerto foi um sucesso, João Carlos "perdeu" as partituras, tocou de memória, não falhou nem uma única vez e as 20 mil pessoas o aplaudiram de pé. No dia seguinte, mais uma vez os críticos se desmancharam em elogios. Mais uma missão cumprida! Mais uma superação bem-sucedida. Além, é óbvio, de conquistar preciosos créditos com o seu empresário.

O que Jay Hoffman não sabia é que, depois do telefonema de janeiro, João Carlos continuou a se preparar. No Brasil, cada concerto e cada recital um pouco mais importantes também eram considerados como uma espécie de retorno de João Carlos Martins à sua carreira. No fundo, essas apresentações eram só um aquecimento para ele, pois o retorno mesmo seria tocar no Carnegie Hall.

O primeiro desses concertos "preparatórios" foi no Rio de Janeiro, na sala Cecília Meireles, em 19 de abril de 1978, com o *O cravo bem temperado*. Interpretando apenas Bach, João Carlos ainda tinha pela frente seis concertos, uma apresentação no Festival de Campos de Jordão e recitais em Belo Horizonte e em Porto Alegre. Num concerto em São Paulo, em julho, João Carlos abandonou Bach e atacou de Mozart, e foi recepcionado por elogios de dois críticos, Caldeira Filho, do *Estadão*, e Enio Squeff, da *Folha de S.Paulo*. Squeff chegou a escrever que foi "uma interpretação matemática de Mozart". Um treino e tanto para a volta ao Carnegie Hall.

Entusiasmado com essa volta, João Carlos desabafou à repórter Beatriz Schiller, do *Jornal do Brasil*, em matéria publicada no mesmo dia do retorno aos palcos americanos:

"Voltar exigiu disciplina e trabalho das sete da manhã às quatro da tarde. Estudar é maravilhoso. São incríveis as coisas que a gente vai descobrindo dentro da música."

"Ele não é o tipo de pessoa previsível..."

Em 23 de setembro de 1978, véspera do grande retorno ao Carnegie Hall, João Carlos tomou café da manhã com Rudolf Serkin (1903-1991), um dos grandes pianistas dos velhos tempos, já no final da carreira, mas ainda um exemplo para as novas gerações. A conversa com Serkin trouxe a João Carlos a paz de espírito que ele estava precisando para controlar a ansiedade da apresentação no dia seguinte. Saiu do encontro embevecido:

"Serkin me fez ver que a música é um ato de fé e que nós, músicos, somos, à nossa maneira, missionários imbuídos de uma missão quase divina".

Ao acordar no dia 24 de setembro, data da reestreia, João Carlos tinha a exata noção da importância daquela apresentação para o presente, que ia se dar logo mais à noite, e para o futuro da sua carreira, pois já estava compromissado com Heiner Stadler, produtor musical da Tomato Records, gravadora da moda nos Estados Unidos, para gravar a obra completa de Bach para piano, uma aventura que começaria em outubro. Uma das condições acertadas com o produtor: para a empreitada se realizar, o retorno ao Carnegie Hall teria de ser um grande sucesso.

Não seja por isso. Ele ia interpretar no "seu" palco o primeiro volume de *O cravo bem temperado*, que já tinha virado seu amuleto, de tanta sorte que tinha lhe dado em apresentações históricas pelo mundo. Mas bem no último ensaio, no dia do recital da volta, João Carlos levou um tombo e machucou muito a mão... direita, lógico. Mais uma vez, as pequenas e grandes tragédias davam o ar da graça. A coisa foi tão feia que Hoffman até quis suspender a apresentação, mas João Carlos não deixou o empresário cancelar o espetáculo em hipótese alguma e se trancou no camarim para uma longa sessão de imersões da mão em água quente-água fria, atividade que ele podia dizer que já estava acostumado, depois de tantos anos se cuidando. Mesmo com a mão inchada, ele já se dirigia para o palco quando Hoffman o chamou para dar uma espiada no público através da cortina.

Como era um recital – só o piano no palco – e por causa da enorme procura de ingressos, Hoffman autorizou a colocação de 300 cadeiras no próprio palco que, somadas aos 2.800 lugares fixos da plateia, totalizavam 3.100 espectadores. Ao ver todos os lugares ocupados, João Carlos teve um único pensamento: tocar como nunca, mesmo com a mão inchada e dolorida.

Em momentos de pressão quase insuportável, as pessoas reagem de diferentes maneiras. Em outras ocasiões, João já reagiu tentando fazer piada, mas ele conta que naquela noite no Carnegie Hall, se inspirou na imagem de um touro enfrentando o toureiro, buscando forças para enfrentar o grande momento de tensão dali a instantes. Era o enfrentamento do touro usando apenas a sua coragem contra a espada do toureiro, dos auxiliares, dos urros da torcida. Tudo e todos contra o touro, que precisaria lutar e resistir muito para não morrer...

A crítica foi novamente unânime. George Stevenson, da respeitada *Broadway Magazine*, escreveu:

"Quando o teatro inteiro, de pé, gritava bravo, senti que João Carlos voltava com total comando de sua arte. Um pouco sem graça com tamanha ovação, ele olhou para o piano no qual, por duas horas, havia enlevado a mim e aos demais membros da plateia, como nunca. Poderia haver melhor retorno?"

João Carlos também acha que seu retorno não poderia ter sido melhor, até porque ele considera essa apresentação de

A volta ao Carnegie Hall, em 1978, criou uma tal expectativa que foi preciso colocar 300 cadeiras no palco.

1978 uma das grandes interpretações de sua carreira, como se ele quisesse mostrar, inclusive a si mesmo, a sua incansável capacidade de reagir, de se superar. Afinal, foram dez minutos de aplausos e ele teve a forte impressão de que, de repente, superar as dificuldades o motivava ainda mais.

O título de um texto memorável escrito por Hoffman para uma fotobiografia de João Carlos já deixava claro que o touro conseguiria vencer o embate: "*Broken promise*", ou "Promessa quebrada". O sucesso do retorno de João Carlos foi tão impressionante que Jay Hoffman quebrou a promessa que tinha feito e continuou para sempre com seu pupilo.

Nesse mesmo texto, Hoffman decifrou um pouco da personalidade do pianista:

"Primeiramente, sua personalidade e sua forma de tocar não são nada ortodoxas – ele não é o tipo de pessoa previsível. Portanto, tudo é como se fosse pela primeira vez. A abordagem que ele tem é muito romântica e é exatamente como as pessoas gostam, ou seja, seu jeito de interpretar Bach é muito, muito emocional."

Bingo! João Carlos Martins, definitivamente, não é uma pessoa previsível. Um pouco mais do que isso, "ele é surpreendente", garantem os amigos. Tanto que, em abril de 2015, ao entrar na sede da União Brasileira Israelita de Bem-Estar Social (Unibes), em São Paulo, onde faria uma apresentação para 600 crianças em celebração aos 100 anos da instituição, João foi recepcionado por uma senhora pronta para lhe dar um abraço e que, ao vê-lo, disparou:

"Como vai, João? Lembra de mim?"

O que é lembrar de uma pessoa para quem decorou a obra completa de Bach, não é verdade? Pois não é nada de mais mesmo, e ele respondeu de bate-pronto, sorrindo:

"Acho que nos vimos em Nova York...", e deu um afetuoso abraço em Anita Schwartz, presidente do conselho da Unibes e que estava na plateia do histórico retorno ao Carnegie Hall em 1978. Ela, inclusive, tem guardadas as fotos de João Carlos naquela época, em Nova York. Durante a apresentação, Anita se emocionou muito ao ver o amigo tocando piano para a criançada com o mesmo semblante concentrado, como se estivesse em pleno Carnegie Hall...

O gol

"O gol de Martins no Carnegie Hall" foi o título da matéria publicada no *Jornal do Brasil* em 26 de setembro de 1978, dois dias depois da apresentação histórica que contou com 300 pessoas no palco, e que, com certeza, deixou João Carlos bem contente com a metáfora futebolística. A apresentação repercutiu ainda em vários jornais brasileiros, como demonstram as manchetes a seguir:

"A vitória do pianista brasileiro", *A Notícia*, Rio de Janeiro.

"Pianista brasileiro lota o Carnegie Hall nos EUA", *Notícias Populares*, São Paulo.

"Martins volta ao palco sob verdadeira ovação", *Jornal de Brasília*.

"João Carlos Martins toca no Carnegie Hall", *O Estado de S. Paulo*.

"João Carlos Martins desafia o azar", *Folha de S.Paulo*.

"A volta, depois de 12 anos. Com todos os dedos", *Jornal da Tarde*, São Paulo.

Como os jornais de Nova York estavam em greve, as críticas mais importantes foram veiculadas pelo rádio e pela TV. Ivan Weissman, da CBS News, avaliou que "Martins, em uma única noite, recupera os anos perdidos e se estabelece como um dos maiores pianistas da atualidade". Bob Sherman, da rádio do *The New York Times*, declarou que estava "enlevado como nunca fui antes em minha vida".

O *Washington Post*, em uma nota bem discreta, afirmou que o pianista brasileiro tocou para uma ovação da plateia e complementou: "*He is back*". Exatamente. João Carlos Martins estava de volta ao seu palco, ao seu piano, ao seu público. De volta aos aplausos, aos gritos de bravo, aos apelos de bis, alimento dos artistas.

Já em São Paulo, João Carlos conversou bastante com o crítico João Marcos Coelho e falou abertamente sobre o retorno em grande estilo e sobre sua carreira até aquele momento:

"Devo ter feito já uns 1.200 concertos na minha vida e apenas umas dez vezes me senti realmente acima do mero ato de tocar, me transportando para uma outra esfera, em que artista e público se fundem através dos sons. Pois é, no recital do Carnegie Hall isso aconteceu."

João Carlos contou ao jornalista que chorou em cada uma das sete vezes que voltou ao palco, e que agradeceu a Deus, não pelo recital, "mas por ter me dado energia durante o ano inteiro para estudar no ritmo em que estudei". Ele chegou até a inovar nessas voltas ao palco, porque resolveu mandar beijinhos para o público e acredita que a plateia gostou.

Durante todo o ano que antecedeu o retorno ao Carnegie Hall, João Carlos dormiu com uma frase martelando em sua cabeça, era a opinião de um crítico paulista expressa numa carta recebida por seu pai: "É ridículo o João Carlos fazer o público ouvi-lo. Ele é um pianista totalmente liquidado depois que cortou o nervo". Depois da apresentação no Carnegie Hall, João Carlos finalmente pôde dormir sem ser assombrado pela frase-pesadelo e o crítico teve de engoli-la a seco.

Mais entusiasmo com o retorno, impossível! João Carlos comprou um piano Steinway de cauda inteira, que era usado por Vladimir Horowitz (1903-1989) em alguns concertos. Horowitz é considerado, inclusive por João Carlos, um dos maiores pianistas de todos os tempos. E João conseguiu do

Ministro da Fazenda a isenção dos impostos de importação para levar a preciosidade para sua casa, na Granja Viana.

Com o sucesso da apresentação no Carnegie Hall, João Carlos enfim acertou com o produtor musical Heiner Stadler a gravação das obras completas de Bach. Contudo, o projeto acabou se arrastando por muitos anos, por causa das tragédias que teimavam em acontecer na vida de João, incluindo até um assalto em Sófia, na Bulgária, quando faltava pouquíssimo tempo para a conclusão do trabalho. No fim das contas, o projeto passou por três gravadoras: Tomato Records, gravadora que acabou enfrentando dificuldades financeiras; Arabesque Records, uma das mais conceituadas da época e, finalmente, Concord Records, a principal gravadora de jazz dos Estados Unidos, que criou o selo Concord Concerto para ter a obra de Bach gravada com exclusividade por João Carlos.

Mesmo perseguido por todo tipo de tragédia, não faltaram lances pitorescos e bem-humorados na vida de João. Por exemplo, um dia antes do concerto do Carnegie Hall, as emissoras americanas CBS, NBC e ABC exibiram uma reportagem que mostrava João Carlos no Central Park fazendo embaixadas e contava como foi o fatídico acidente de 1965, quando uma pedra entrou no seu cotovelo em uma queda durante uma partida de futebol. A reportagem foi exibida para milhões de americanos durante um *flash* de três minutos. No dia seguinte, ainda no hotel, João Carlos recebeu um telefonema de um fã ítalo-americano que, sem dúvida, foi de uma franqueza absoluta:

"Olha, o recital foi maravilhoso, incrível! Mas o que me fascinou também foi o teu controle de bola. Que habilidade, hein?!"

Aliás, a revista *Manchete* resumiu de maneira formidável tal união entre esporte e arte: "Em Nova York, João Carlos Martins mostra que recuperou a forma. Para o piano e o futebol".

Capítulo 12

Uma nova maratona: a gravação da obra completa de Bach

"Pô, Ricardão, procura no Google!"

É raríssimo um estudioso não considerar o alemão Johann Sebastian Bach (1685-1750) o mais completo compositor da história da música clássica. Acredita-se que ele tenha composto mais de mil peças para vários instrumentos. No final do século XVIII, sua obra musical para teclado, coral, vocal e peças instrumentais – ambas sacras e seculares – foram redescobertas por uma plateia nova e mais sensível, admiradora de sua qualidade e de seu espírito único. Ao longo de sua carreira, trabalhou em diferentes cortes. Em Köthen, onde o príncipe se interessava muito por música de instrumentos, Bach compôs as suas melhores obras instrumentais, como os *Concertos de Brandenburgo* e as *Suítes Orquestrais*, bem como o primeiro livro de *O cravo bem temperado*, uma de suas obras mais conhecidas.

Intérpretes de Bach garantem que sua música é inspirada por Deus e que é na sua obra religiosa que tudo se torna mais emotivo e mais libertador. João Carlos vai um pouco além e acredita que o gênio alemão "é a síntese de tudo que aconteceu na música antes dele. É também o profeta de tudo o que viria a acontecer, pois influenciou os principais compositores do Classicismo, do Romantismo e do Modernismo, como Beethoven, Mozart, Brahms, Chopin. Influências da sua genialidade também podem ser sentidas em músicas da atualidade não clássicas, como o jazz", fato reiterado pelo grande jazzista americano Dave Brubeck (1920-2012). No final da vida, Bach, já quase cego, compôs as *Suítes para violoncelo*, consideradas a prova de fogo de qualquer grande intérprete desse instrumento.

João Carlos lembra que Bach foi redescoberto no século XIX por Mendelssohn (1809-1847), que difundiu pelo mundo a genialidade do compositor alemão. João Carlos considera Bach "o único computador com alma da história, e Deus jogou fora a fórmula. Quem sabe, no futuro, Bill Gates consiga fabricar um computador com alma...".

Bach, João Carlos Martins e as obras completas

Em 1979, um ano depois do retorno aos palcos pelo Carnegie Hall, João Carlos estava prestes a iniciar um projeto único no mundo: a gravação das obras completas de Bach para teclados. Mas o que era para ser um trabalho leve e repleto de alegria, tornou-se, em alguns momentos, um verdadeiro flagelo, quase um pesadelo nas mãos de um produtor musical alemão com um nível de exigência bem acima da média. Heiner Stadler – o produtor – recebeu de João Carlos Martins – o pianista – apelidos impublicáveis.

No final, tudo acabou em pizza, e o alemão, hoje, só recebe do brasileiro elogios à tenacidade e à busca pela perfeição, dois importantes ingredientes que também fazem parte do cardápio do virtuoso pianista. Por decisão de João Carlos Martins, Heiner, que esteve muito doente, recebe *royalties* das vendas das obras completas.

Como produtor musical da antiga gravadora americana Tomato Records, quando ouviu a interpretação de João Carlos da obra de Sebastian Bach, Heiner fez do pianista brasileiro uma obsessão muito particular. Ele garante que "nunca tinha ouvido nada que chegasse perto do brilho e da exuberância das interpretações de João Carlos", como ficou registrado na fotobiografia bilíngue, português-inglês, editada no Brasil pela Fundação Carlos Chagas.

Entusiasmado com a ideia que foi crescendo dentro da gravadora, Heiner afirmou ainda que se adaptou rapidamente "à grandiosidade e à exuberância de João Carlos – parte do seu talento e da sua personalidade estonteantes que revelavam muito da sua forma de tocar piano". E que raramente encontrou um músico tão determinado e esforçado como ele. Enalteceu, ainda, outras qualidades do pianista, como a mágica de ter "encontrado o equilíbrio ideal entre suas origens latinas com o que eu descreveria como um senso musical prussiano de ordem e organização".

Diante de tantas boas impressões que nutria por João Carlos Martins, Heiner lhe propôs algo nunca antes realizado: a gravação da obra completa de Sebastian Bach para teclado.

João Carlos achou a ideia espetacular, topou na hora e logo tratou de viabilizar o início das gravações. De um projeto que, inicialmente, demandaria seis anos para ser finalizado, acabou levando 17 anos no total, por causa das interrupções provocadas pelas tragédias do cotidiano e por algumas outras prioridades pontuais do pianista brasileiro.

O produtor escolheu para as gravações o auditório Little Bridges, da Pomona College, na cidade de Claremont, na Califórnia. Erguido em 1915, o auditório sempre foi reconhecido pela acústica perfeita. A energia circulante na cidade também deve ter somado muitos pontos favoráveis para a escolha de Claremont para uma empreitada desse porte.

Claremont fica a 50 quilômetros de Los Angeles, no rumo das montanhas. Com 35 mil habitantes, de acordo com o senso de 2010 – em 1973, deveria ter algo em torno de 12 mil – é uma típica cidade de estudantes. Foi eleita, em 2007, o quinto melhor lugar dos Estados Unidos para se viver. Em virtude de seu enorme contingente de doutorados (PhD), e de um número incalculável de árvores, mereceu uma frase bem bacana que faz mais sentido em inglês, por causa da rima produzida: "The City of Trees and PhDs" (algo como "The City of Tris e Pieidis") que, em português, vira uma frase comum: a cidade das árvores e dos doutores.

E foi lá que, no verão americano de 1979, o virtuoso João Carlos Martins começava a realizar o seu sonho maior: gravar as obras completas de Bach, promessa que chegou a fazer ao pai.

A foto de João Carlos tocando no auditório dá a dimensão do intenso mergulho que ele estava apenas iniciando. E que ninguém pense que estar ali, sozinho naquele palco com aquele pé direito de catedral, poderia ser um indicativo de solidão... De jeito nenhum! Basta observar a impressionante concentração de João Carlos, que nem está sentado num banquinho convencional, mas numa cadeira baixinha mesmo, como ele gosta. Até a sua

Em 1979, na cidade de Claremont, na Califórnia, João Carlos iniciava um projeto pioneiro: a gravação das obras de Bach para teclado. Um projeto que demorou 17 anos para ser concluído.

postura sentado ao piano é diferente. Ele sempre fica mais confortável sentado em bancos mais baixos, com as pernas de quem tem mais de 1,80m formando um ângulo de quase 45 graus e não os 90 graus esperados. Ele, inclusive, já chegou a serrar, com as próprias mãos, uma cadeira até que ela ficasse na altura ideal.

Intercalando com apresentações em teatros do mundo inteiro, era ali na cidade de Claremont, naquele auditório de acústica perfeita, que João Carlos, durante os primeiros quatro anos do projeto, voltava para reencontrar a sua razão de ser como artista, diante da possibilidade real e concreta de deixar um legado único para a humanidade e para a arte universal.

De 1979 a 1983, João Carlos, em longas e incansáveis sessões – ele estava emocionado com o projeto – conseguiu gravar a metade das peças de Bach, o que correspondia a 11 dos 21 CDs programados. Na época já se usava CD, e a gravação das obras completas em Claremont foi uma das primeiras grandes experiências da indústria fonográfica americana no formato digital. Existiam pouquíssimos equipamentos digitais na época, em todos os Estados Unidos.

Ele sempre gostou de tocar em bancos mais baixos.

Pianista e produtor resolveram gravar a obra de Bach na seguinte ordem: as *Seis partitas*, *O cravo bem temperado*, *Variações Goldberg*, *Invenções a duas e três vozes*, o *Pequeno livro de Anna Magdalena Bach* (Ana foi a mulher de Bach, e este livro deu início à paixão do menino João Carlos pelo compositor alemão), *Concerto italiano*, *Overture francesa*, *Suítes francesas* e a coleção dos seis e doze *Pequenos prelúdios*.

Quando perguntei a João Carlos sobre o significado histórico de tais obras e se ele poderia detalhá-las – uma das dezenas de perguntas sobre o trabalho de Bach que cheguei a fazer – ele me olhou com um certo desânimo e disparou: "Pô, Ricardão, procura no Google!".

Procurei, achei e dou algumas dicas de cada uma dessas obras para você ter uma ideia um pouco mais ampla da genialidade de Johann Sebastian Bach. Depois de explicar o sentido da obra, conto as dificuldades da dupla João Carlos-Heiner para gravá-las.

O material teórico foi importado do site <www.concertino.br>, com a devida autorização da sua diretora, a pianista e pesquisadora Elza de Moraes Fernandes Costa.

As *partitas*

Bach começou a trabalhar nas *partitas* em 1723 e depois de muitas interrupções foi terminá-las em 1731. "*Partita*" é o nome italiano para "suíte" que, por sua vez, significa uma composição instrumental com sequência de movimentos de caráter diverso. A cada ano surgia uma nova *partita*, até que finalmente, em 1731, a coleção estava completa. A edição em fascículos das *partitas* conquistou o público e Bach as reuniu sob o título *Exercícios para teclado*. Como bom pai de família e administrador prudente, ele as publicou por conta própria, arcando com todas as despesas. A coletânea das *partitas* foi publicada em três ocasiões e a primeira, chamada de *Opus 1*, foi dedicada "ao deleite dos amantes da música". A terceira e última compilação de suítes são, seguramente, o produto mais maduro de Bach nesse campo. Sua energia estrutural, riqueza de ideias e a beleza sonora da sua escrita para teclado são de uma perfeição quase insuperável.

A gravação das *partitas*: "É que tem um problema aqui..."

Encerrada a gravação da última *partita*, Heiner Stadler dispensou o equipamento digital de gravação que estava sendo requisitado para outro trabalho em Salt Lake City, a mil quilômetros de distância, e foi ouvir o último trecho gravado. Eram 11 horas da noite de uma sexta-feira no país que criou o *slogan* "*Thank God it's Friday!*" – em bom português, "Graças a Deus é sexta-feira!" –, ou seja, quando todo mundo geralmente sai de casa para se divertir e tomar todas, o produtor musical foi avaliar a gravação e entendeu que tinha um problema técnico na *partita* n.º 6. João, por outro lado, achou que não tinha nada de errado, mas, como produtor produz e pianista toca, a última palavra sempre é do produtor; e ele tomou a decisão de regravar o trecho avariado.

João Carlos não gostou nem um pouco dessa decisão e deve ter saído de perto disparando, em português mesmo, alguns nomes nada recomendáveis para um *gentleman* que, naquele momento, já estava de saco cheio, muito cheio, das exigências do alemão.

Como aquilo que não tem remédio, remediado está, lá foram eles regravar. Mas faltava o equipamento que já tinha sido despachado para Salt Lake City, o que definitivamente não era um problema. Heiner mandou sua equipe ir atrás da aparelhagem, que chegou de volta ao auditório às três da manhã, com o compromisso de retornar à estrada uma hora depois.

Já mais calmo diante do inevitável, a reação do bem-humorado João Carlos, até para aliviar a panela de pressão que reinava no ambiente, não podia ser outra. Os técnicos comentavam que só tinham uma bala na agulha e João respondeu:

"Só temos uma bala da agulha? Então, deixa comigo!" E, no melhor estilo John Wayne, meia hora depois a sexta *partita* estava pronta e finalizada.

O cravo bem temperado

O cravo bem temperado foi o livro de cabeceira de muitos compositores e ficou conhecido como o *Antigo Testamento* da música erudita. É uma coleção de prelúdios e fugas escrita nos 24 tons maiores e menores, explorando as possibilidades de toda e qualquer tonalidade. O problema do temperamento tornou-se vital à medida que as implicações harmônicas do mundo da composição de Bach para teclado ocupavam-no mais e mais. As suas obras para órgão do início do período de Weimar nos mostram essa grande corrente harmônico-emocional. Os instrumentos de teclado mais antigos haviam se tornado frustrantes, já que não podiam ser afinados em todas as tonalidades. Numa análise mais rápida, o sistema temperado unificou, na afinação, um Ré sustenido com um Mi bemol, que na realidade teriam uma pequena diferença, dificilmente captada pelo ouvido humano. Musicalmente, a regularidade estrutural dessa obra engloba, também, uma gama extraordinariamente grande de estilos. Os prelúdios são formalmente livres.

A gravação de O *cravo*: "É que tem uma corda reverberando..."

O cravo bem temperado, a obra mais famosa de Bach, foi gravada meses depois e também houve alguns problemas. No primeiro volume – são dois, no total –, foi constatado que uma corda estava reverberando no piano, justamente numa nota central. E quem constatou? O produtor musical.

Tudo que havia sido gravado em três dias precisaria ser regravado em apenas um, pois, das 48 horas de que ainda dispunham, 24 seriam usadas para trocar o piano. João Carlos aproveitou a "folga" de um dia e levou a mulher e os filhos para a Disneylândia, o parque original que, assim como a cidade de Claremont, fica nos arredores de Los Angeles.

O objetivo, além de levar os quatro filhos para a Disney, era que ele pudesse relaxar um pouco... Só que, conforme conta Daniela, a filha caçula "ele estava muito nervoso, impaciente com as filas dos brinquedos, que é o que mais tem na Disney, e, se não bastasse, na hora de ir embora a gente não conseguia achar o carro naqueles estacionamentos monstros do parque". Foi Patrick, o filho que mora nos Estados Unidos, que, num lance de sorte, acabou localizando o carro, senão corriam o risco de ficar ali até de noite esperando o estacionamento esvaziar.

Depois do "descanso" na Disney, já na sexta-feira – novamente uma *Friday* – e último dia para a gravação, João Carlos chegou ao auditório pouco antes das 6 horas da manhã, com toda a disposição do mundo, brincando com os técnicos. No fim da tarde, mais dois CDs já estavam prontos. E como foi a comemoração? Com uma partida de futebol com os técnicos! E sobre a carga intensa de trabalho, um comentário do próprio João:

"O trabalho exaustivo das gravações era o que menos me importava. Eu tinha voltado para o piano. E poucas vezes na vida me senti tão feliz."

Sobre as outras obras, que não tiveram problemas na gravação, eu poderia fazer com você o mesmo que João Carlos fez comigo: "Pô, procura no Google!", mas eu já dei uma bela indicação: <www.concertino.com.br>.

Chega de tragédias? Infelizmente, não...

Vamos ver se alguém adivinha: por que os três últimos conjuntos da obra de Bach não foram gravados na sequência? É que em 1983, em um dos pontos altos da sua carreira, tocando como nunca, gravando como nunca, João começava a ser vítima de mais uma das inúmeras tragédias do cotidiano, que o perseguiam desde os 3 anos de idade.

Ele começou a perceber que, mais uma vez, seus dedos não o obedeciam com a precisão que ele exigia, como já tinha acontecido antes; embora, dessa vez, fosse algo novo, pelo menos no nome: LER (Lesão por Esforço Repetitivo), uma síndrome que afeta músculos, nervos e tendões, decorrente de um esforço repetido continuamente e que costuma afetar esportistas, digitadores e músicos.

Além disso, João Carlos precisava fazer uma escolha: ou continuava a gravar as obras completas com o produtor alemão ou, mesmo com LER, preparava-se para os festejos dos 300 anos do nascimento de Bach, que seriam comemorados dois anos depois, em 1985, no Carnegie Hall. Bem, nem precisa dizer que o Carnegie Hall venceu e João Carlos interrompeu a gravação das obras completas para se preparar, na medida do possível, para as homenagens a Bach. Fez uma pequena cirurgia, muita fisioterapia e descansou as mãos por seis meses.

Mesmo com a LER o acossando, ele trocava ideias com outros pianistas sobre a síndrome e acabou se apresentando com a American Symphony Orchestra na comemoração dos 300 anos, sob a regência da maestrina JoAnn Falletta. O sucesso foi o mesmo dos velhos tempos, tanto de público como de crítica.

Com o agravamento da LER, João foi obrigado a fazer mais uma longa interrupção na carreira, dessa vez de oito anos (1985 a 1993). Oito anos nada agradáveis, pois ele exercitou a sua prática equivocada de "não dizer não a ninguém" e se deixou levar pelo que seu irmão mais velho, o jurista Ives Gandra, chama de "cabeça de artista".

Ai, que saudades do alemão

Durante o período em que ficou afastado do piano, João acabou se envolvendo com políticos e suas politicagens, e só conseguiu sair do inferno em que tinha se metido em 1993, quando retomou as gravações das obras completas com o produtor Heiner Stadler, que virou uma tábua de salvação e até mesmo um anjo, perto dos políticos que João teve de tourear. Em nome da contenção de custos, as gravações foram transferidas da Califórnia para a cidade de Sófia, na Bulgária, lembrando que metade da obra já havia sido registrada.

Depois de oito anos afastado do piano, João Carlos se impôs 14 horas de estudo diário para retomar a forma e o ritmo. Recuperado, gravou em apenas três dias o primeiro CD. Seguiu nesse ritmo e, em um ano, entre idas e vindas e cumprindo uma rígida rotina de trabalho, faltavam apenas quatro CDs para completar, pela primeira vez na história, a gravação completa das obras de Johann Sebastian Bach.

Só que na noite de 20 de maio de 1995, depois de se irritar com as exigências descabidas do produtor musical, que ficava insistindo "você pode mais, você pode mais...", João largou a gravação às 23 horas e decidiu voltar para o hotel Sheraton, a pé mesmo. No caminho, sempre superexigente consigo, João ficou se perguntando se poderia mesmo dar mais de si e resolveu seguir para a casa de uma amiga, a pianista Angela Tosheva, para conversar um pouco. Andou dois quilômetros, atravessou uma praça cheia de ciganos e, na casa da amiga, ficou estudando até pouco mais de uma da madrugada. Voltava para o hotel pelo mesmo caminho quando foi abordado por dois indivíduos que queriam assaltá-lo. Em vez de ficar quietinho e deixar os ladrões levarem seu dinheiro, João Carlos, instintivamente, se defendeu, chutou um dos assaltantes, tentou fugir e não deu outra: levou, bem na cabeça, uma pancada com uma barra de ferro. Serve para a Bulgária, para o Brasil e para qualquer outro lugar: ao ser assaltado, não reaja! Tarde demais.

Ele chegava a tocar 21 notas por segundo, mas não conseguia nem segurar uma xícara de café...

Internado num hospital em Sófia, os amigos dispararam o alarme mundial e, em quatro dias, João foi transferido para os Estados Unidos, a princípio para Nova York. Lá, o trágico diagnóstico: sequelas sérias no lado esquerdo do cérebro, o que significavam mais problemas no lado direito do corpo.

Na verdade, mais do que isso. João teve de ser transferido para o Jackson Memorial Hospital, em Miami, para se tratar com o Dr. Bernard Brucker, especialista em reprogramação cerebral. Exatamente, reprogramação cerebral! Afinal, todo mundo aí já sabe que as variantes nunca foram simples na combinação dos fatores saúde e carreira na vida de João Carlos Martins.

Dr. Brucker, em Miami, tenta convencer João Carlos a fazer o tratamento completo.

No premiado documentário *A paixão segundo Martins*, dirigido por Irene Langemann, todo o tratamento é narrado em detalhes, incluindo o desabafo e a incredulidade do médico de Miami diante da reação de João Carlos, quando começou a se sentir melhor. Em entrevista concedida ao jornalista Paulo Henrique Amorim, disse o Dr. Brucker:

"Quando o senhor João Carlos chegou até nós, sua mão direita estava em péssimas condições. Ele nem conseguia abrir ou fechar a mão. Na verdade, todo o seu lado direito estava seriamente prejudicado: ombro, cotovelo, pulso, dedos. Normalmente, começaríamos a trabalhar pela ordem, primeiro o ombro, depois o cotovelo e, para finalizar, a mão. O senhor João Carlos não quis começar pelo ombro. Ele disse assim: 'Meu problema não é no ombro, é nas mãos, então vamos começar com as mãos'. Tentamos de todo jeito convencê-lo de que, sem seu braço, a sua mão não ia servir para nada. Ele respondeu: 'A mão eu posso repousar sobre o teclado. E o que me interessa são os dedos'". E tanto fez o "João sedutor" que convenceu o médico a começar o tratamento pelas mãos, "que acabaram reagindo após oito meses, desenvolvendo um sistema motor apuradíssimo. Depois de um ano, ele voltou a tocar piano tão bem quanto antes. Aí ele disse: 'Está ótimo assim, não precisa de mais nada'. Saiu e foi tocar no Carnegie Hall. Do cotovelo nem tratamos. Resultado: ele podia tocar maravilhosamente bem, mas não conseguia sustentar uma xícara de café".

A felicidade de tocar, no entanto, durou pouco porque, sem o tratamento completo, João Carlos começou a sentir dores insuportáveis na mão direita, seguidas de espasmos que davam as ordens aos dedos e às mãos, que se tornavam, portanto, independentes de sua vontade. Era a distonia instalada. Diante de qualquer esforço que fizesse, mesmo que fosse o simples ato de falar, o cérebro reagia despertando dores na mão. O quadro era o seguinte: João iniciava uma simples conversa com amigos e cinco minutos depois começava a lacrimejar, porque, ativado pelo esforço de falar, o cérebro enviava sinais de dores insuportáveis para a mão. Imagine a surpresa e o susto dos amigos ao perceberem que João Carlos, de repente, começava a... chorar! Como sempre tem uma piadinha para ilustrar as suas tragédias, ele conta que chegou a escolher uma trilha sonora para a ocasião: "Let me *cry* again" ["Deixe-me chorar novamente"], parodiando a trilha original: "Let me *try* again" ["Deixe-me tentar novamente"].

Brincadeiras à parte, João lembra que a aflição e o constrangimento eram tamanhos que ele acabou se fechando em casa, abatido, como se estivesse enfrentando uma repetição do *bullying* que sofreu na infância. Era a mesma sensação que sentia quando criança, que o deixava apavorado com as brincadeiras na escola por causa de seus problemas de saúde, naquela época a fístula que escorria pus pelo seu pescoço.

A distonia é devastadora e pode ser definida como uma condição neurológica que afeta um ou mais músculos em alguma parte do corpo, provocando contrações musculares indesejadas e involuntárias. A distonia focal das mãos é um dos tipos mais comuns em adultos. Os dedos parecem ter vida própria e se mexem, se esticam, se contraem sem que o dono deles dê o comando. Além disso, ocorrem fortes dores, como no caso de João Carlos. A distonia costuma atingir pessoas que exercem atividades que exigem movimentos muito controlados, refinados e constantes (música, cirurgia, escrita...).

As luzes vão se apagando...

Conforme o relato do Dr. Brucker, João Carlos, assim que se sentiu melhor, saiu quase correndo do Hospital de Miami rumo à sua zona de conforto que era o Carnegie Hall, onde o virtuoso brasileiro sempre se refugiou. Só que, em maio de 1996, prestes a completar 57 anos de idade e 49 de piano, ele entrava no Carnegie Hall pela última vez como pianista. Solou com a maestrina JoAnn Falletta à frente da American Symphony Orchestra o *Concerto para mão esquerda*, de Ravel, e repetiu o que já tinha se transformado em sua trilha sonora, o *Concerto para piano e orquestra*, de Alberto Ginastera.

Ao deixar o palco e o prédio do Carnegie Hall naquela noite, João Carlos provavelmente ficou muito emocionado ao se afastar do seu estimado refúgio. Se virasse para trás, para contemplar o número 881 da Sétima Avenida, certamente seria tomado por uma enxurrada de lembranças das muitas alegrias que ali viveu desde 1962 quando, a pedido de Eleanor Roosevelt, encantou pela primeira vez o mundo musical de Nova York com uma apresentação histórica, solando o mesmo concerto de Alberto Ginastera com que se despediu naquela noite.

Recordaria com doçura do seu retorno em 1978, depois de ter sido obrigado a interromper mais uma vez a carreira. Ao desviar o olhar para a entrada dos artistas, iluminada apenas pelas luzes da rua, buscaria na memória a alegria e o abraço do motorista de táxi ao descobrir que o congestionamento da região naquele 24 de setembro de 1978 foi causado pelo seu passageiro que voltava ao Carnegie Hall. Recordaria as 300 cadeiras que o empresário Jay Hoffman colocou no palco e do público que foi ao delírio. Uma enxurrada de lembranças traria, em um segundo, todos os concertos que realizou no Carnegie. Aplausos, gritos eufóricos: *Bravo!*, abraços, críticas favoráveis, pedidos de autógrafos e os assédios de sempre. Esse mundo um tanto caótico é e sempre será objeto de desejo dos artistas. E João Carlos Martins o teve em doses cavalares ao longo da carreira de virtuoso.

Em 2010, o empresário Jorge Gerdau preparou mil caixas com os 21 CDs da obra completa de Bach e as distribuiu para formadores de opinião em todo o Brasil.

Ao virar a esquina e desaparecer na noite de Nova York – a cidade que nunca dorme – João Carlos teria a certeza de que, naquela noite, as luzes da sua carreira de pianista também estavam se apagando, mas nem por isso seria um dia menos inesquecível. Nem que fosse pelo outro lado da moeda, já que se tratava da sua última apresentação como pianista no querido, desejado e tradicional Carnegie Hall, fundado em 1891. Naquela noite, João Carlos experimentou uma das maiores ovações de sua carreira.

E não nasceu ainda a pitonisa que poderia prever que, onze anos depois, em 6 de janeiro de 2007, ele voltaria a fazer história, no mesmo palco dos seus sonhos, agora como maestro.

De volta a Sófia

Ele se despediu do Carnegie Hall, mas não de Johann Sebastian Bach; tanto que voltou a Sófia, ainda em 1996, para concluir as gravações das obras completas. Faltavam quatro CDs, que foram gravados no período de um ano.

Ao retornar à Bulgária, João Carlos sintetizou o seu estado de espírito quando os jornalistas perguntaram por que voltar a Sófia depois de tudo o que passou, do assalto e da pancada que levou na cabeça:

"Não deixo uma tragédia me consumir. Minha regra é superar a tragédia, e retornar a Sófia representa mais uma batalha vencida."

Assim, de um jeito ou de outro, com interrupções, tragédias pessoais e alguma irritação com o produtor musical, João Carlos Martins levou 17 anos para entregar ao mundo a gravação das obras completas de Johann Sebastian Bach. Nenhum outro pianista se atreveu a tanto.

CAPÍTULO 13

Será que tem alguma coisa em comum entre J. S. Bach e J. C. Martins?

"A imaginação é mais importante que o conhecimento."
(Albert Einstein)

Johann Sebastian Bach nasceu em 21 de março de 1685, em Eisenach, Alemanha, em uma família de músicos. Duzentos e cinquenta e cinco anos depois, em 25 de junho de 1940, nascia, em São Paulo, Brasil, João Carlos Martins, numa família em que o pai era apaixonado por música clássica e todos os três irmãos tiveram uma passagem importante pela música. O irmão José Eduardo também é um virtuoso do piano.

João Carlos e o canadense Glenn Gould são considerados pela crítica os maiores intérpretes de Bach de todos os tempos. Estudiosos observam que, ao passo que João Carlos imprimiu em suas interpretações de Bach um romantismo sem precedentes, Gould reforçou um lado matemático e cartesiano também embutido na obra do grande compositor alemão.

Apesar da enorme distância temporal, espacial e das diferenças culturais, é bem possível que um olhar mais atento e curioso seja capaz de desvendar alguns comportamentos comuns entre o compositor alemão e o intérprete brasileiro.

Essa, por assim dizer, pesquisa partiu de uma imensa curiosidade do jornalista Ricardo Carvalho, autor desta

No desenho genial de Milton Glaser, Bach se encosta no muro com um cartaz sobre João Carlos, comentando a gravação das obras do compositor alemão para o piano.

biografia, e foi inspirada em uma declaração genial de Albert Einstein, que ilustra o subtítulo deste capítulo: "A imaginação é mais importante que o conhecimento". E por que não dar asas à imaginação? Por que não ousar um pouquinho que seja, lançar dúvidas, mesmo que para colher algumas tempestades? Não custa nada supor, idealizar, projetar...

Então, será que a vida e o comportamento de Sebastian Bach nos séculos XVII e XVIII têm algum paralelo, alguma semelhança com a vida e o comportamento de João Carlos Martins, um dos seus principais intérpretes, nos séculos XX e XXI, além de os dois se chamarem João, evidentemente? E se tiver, será mera coincidência ou um caso de sincronicidade, conforme postula o respeitado psicanalista Carl Gustav Jung (1875-1961)? Para ele, tudo no universo está interligado por algum tipo de vibração, e duas dimensões, física e não física, mantêm algum tipo de sincronia (sintonia) que faz certos eventos isolados parecerem repetidos em perspectivas diferentes. Ou será que estariam corretas outras teses que defendem a ideia de que virtuosos têm desempenhos parecidos na vida profissional e pessoal, mesmo com os devidos descontos dos 255 anos de diferença? Ou será que Bach teria sido apenas uma fonte inesgotável de inspiração, muito além das partituras? Instigado pelo novo contexto, voltam à cena alguns fatos sobre a vida de João Carlos que já foram registrados nesta biografia.

Aos 16 anos, João Carlos interrompeu as apresentações para adquirir mais repertório e retornou dois anos depois. Aos 25 anos, foi a primeira grande interrupção propriamente dita de sua carreira, por causa do acidente no braço direito durante a partida de futebol no Central Park. Daí para frente foram pelo menos cinco interrupções e foram necessários 17 anos, no total, para concluir a gravação das obras completas de Bach.

Sebastian Bach levou oito anos (de 1723 a 1731) para compor as suas seis *partitas*, e muitos estudiosos consideram que nelas Bach expõe todo o seu virtuosismo e refinamento técnico na composição para teclado. O processo de criação da obra foi interrompido algumas vezes em virtude das inúmeras ocupações e tarefas do compositor. Ao vê-las prontas, Bach as reuniu em um único volume sob o título *Exercícios para teclado.2*.

Bach e as leituras × João Carlos e as partituras

Sempre interessado em aprender cada vez mais, conta-se que certa vez Bach pediu emprestado um livro de música ao seu irmão mais velho, Johann Christoph, que negou o pedido. Como ele queria muito ler o livro, logo encontrou uma solução engenhosa. Depois que os irmãos dormiam, Bach ficava a noite toda estudando o tal livro e, como não podia acender velas, lia à luz do luar.

As leituras de João Carlos Martins sempre foram mais dirigidas às partituras. Com apenas 10 anos, quando a família toda já estava dormindo, ele descia as escadas cuidadosamente, pé ante pé, abria vagarosamente o piano, colocava aquela faixa que protege as teclas em cima do próprio piano, se sentava no banquinho e, com o pedal abafador acionado, passava um tempo, que parecia infinito, dedilhando sozinho suas partituras preferidas sem incomodar a família. Ou será que eles sabiam das escapadas noturnas do menino, mas o deixavam livre para se divertir acompanhado da melhor música clássica?

Genialidade sentimental

A religiosidade era o mais importante traço cultural da época de Bach e exercia influências muito marcantes em toda a sociedade. A própria obra de Bach espelha tamanha influência. Ao mesmo tempo, ele fazia questão de ensinar tais peças a seus discípulos. Um dos alunos, Christian Gottlieb Ziegler, chegou a destacar que os ensinamentos de Bach o faziam tocar além da partitura, inspirando um sentimento maior. Bach se orgulhava muito em dizer que compunha para "o deleite dos amantes da música".

Segundo o dicionário Houaiss da Língua Portuguesa, "sentimento" ou "sentimental" se refere às pessoas que se comovem facilmente, que são por demais sensíveis... Se Bach, com sua obra, tocava fundo a alma das pessoas de seu tempo, João Carlos Martins, com sua interpretação do compositor alemão, impressionou toda uma geração de críticos e amantes da boa música. Tocar Bach com romantismo se tornou a marca registrada do pianista brasileiro. Em seus concertos, ele mesmo diz que tem como objetivo o mesmo sentimento de Bach: "o deleite dos amantes da música".

Bach e a luta incessante contra a cegueira

O hábito de estudar livros de música sob a luz do luar, escondido do irmão mais velho, quando era criança, certamente contribuiu muito para a degradação dos olhos do compositor alemão, que sofreu a vida toda de miopia. A visão debilitada, contudo, não impediu uma impressionante e fecunda produção musical. Já bem mais velho, Bach procurou um médico, o inglês John Taylor, para fazer uma delicada cirurgia em seus olhos, provavelmente de glaucoma. A cirurgia não deu certo, Bach ficou praticamente cego, mas ainda assim se submeteu a uma segunda intervenção do médico, o que agravou seu estado geral e provocou um ataque de apoplexia que lhe tirou os sentidos e os movimentos. Uma curiosidade: o compositor Händel (1685-1759), contemporâneo de Bach, foi operado por esse mesmo médico e também ficou cego.

João Carlos e a eterna busca pela recuperação

Pelo menos três coisas são constantes na vida de João Carlos, pela ordem: piano, médicos e cirurgias! Médicos entraram na vida dele aos 3 anos, quando estranhas convulsões começaram a acometer o menino, provocando desmaios que nunca foram decentemente diagnosticados. Aos 7 anos, ele fez uma pequena cirurgia no pescoço para retirar um cisto, mas um erro do médico o obrigou a conviver com uma fístula por quase dois anos e, por causa da vergonha que sentia do pus que vazava do ferimento, ele se tornou um garoto cada vez mais sozinho e isolado. Aos 75 anos de idade, João Carlos ainda continuava a pesquisar soluções para os seus problemas de saúde relacionados à volta ao piano. E olha que, entre pequenas e grandes intervenções médicas, ele contabiliza 22 cirurgias em sua vida.

Hiperativos?

Características do hiperativo, de acordo com o senso comum e com uma pitada clínica:

- São capazes de fazer – e bem – várias coisas ao mesmo tempo. Para alguns, realizar cinco, seis tarefas simultaneamente é quase um tédio... Bom mesmo é fazer nove, dez coisas de uma vez!
- Conseguem focar adequadamente em todas as tarefas que lhe dão prazer realizar, não importa quantas sejam.
- Não sentem o tempo passar, porque trabalhar também é um grande prazer.
- São normalmente muito criativos e sempre estão em busca de novos desafios.
- São movidos a entusiasmo pelo que fazem, que se torna sua prioridade absoluta, mesmo em detrimento da família.
- Ao contrário do que se imagina, hiperativos têm uma memória absurda, mas desde que tenha a ver com o seu objeto de desejo e trabalho.

Uma certa hiperatividade em Bach

Incansável, e com um permanente desejo de estudar, aprender e ensinar, Bach produziu uma obra impressionante. Além de compositor, foi organista, cravista, violinista, regente, diretor de serviços musicais da Igreja – um cargo da maior importância – e professor de crianças.

Um pesquisador americano chegou a calcular quanto tempo seria necessário para Bach conseguir escrever todas as suas obras, além de dar aulas, servir à Igreja e, ainda por cima, ter 20 filhos. O pesquisador chegou à conclusão de que, por mecanismos ainda incompreendidos, só mesmo Bach, e ninguém mais na história da humanidade, poderia ter feito tudo isso em 65 anos de vida. Questionado sobre o segredo de tanto talento, Bach respondia sem hesitar: "Eu trabalhei duro".

Uma certa hiperatividade em João Carlos

Uma coisa é certa: João Carlos Martins está sempre fazendo alguma coisa, da dedicação sem limites ao piano ao controle das contas da casa. Ele sabe tudo a respeito da sua Bachiana Filarmônica, da rotina dos músicos à escolha de quadros para as paredes da sede da Fundação. Quando teve de interromper a carreira de pianista, procurou o que fazer fora da música e acabou não se dando bem ao sair do seu raio de interesse e se aventurar na política e na direção de empresas. Gosta de se meter em tudo, e que o digam roteiristas, diretores de documentários e de filmes e até o motorista, que tem de ouvir uma série de pitacos na hora de escolher as rotas de fuga do trânsito de São Paulo. Ao longo da carreira, João Carlos chegou a se dedicar horas e horas a fio ao piano todos os dias, absolutamente focado em seus estudos, o que, em parte, contribuiu para os problemas que foram atacando suas mãos e dificultando a sua dedicação ao instrumento.

Em 2015, aos 75 anos de idade, empenhado em voltar aos teclados, chegou a ficar horas ininterruptas fazendo exercícios absolutamente repetitivos para recuperar, por exemplo, o movimento dos dedos da mão esquerda. Questionado sobre tanta dedicação, ele costuma responder que é a sua razão de viver. Há quem diga que possa ser uma certa... obsessão. E, afinal, qual é mesmo a diferença entre os dois conceitos, "razão de viver" e "obsessão"?

Nas palavras do próprio maestro: "Razão de viver é trazer 10 mil crianças para este mundo incrível da música clássica".

CAPÍTULO 14

Se tocar piano com duas mãos já é complicado... Imagine só com uma!

"Eu vou voltar a tocar piano..."

O que será que leva um pianista, hoje em dia também maestro, que já foi aplaudido e admirado em todo o mundo, sobrevivente de uma série de problemas de saúde, alimentar, aos 75 anos de idade, um desejo tão forte de voltar ao piano, nem que seja apenas com a mão esquerda? Em 1970, em Washington, João Carlos já havia assombrado a crítica com a sua interpretação do *Concerto para piano para mão esquerda*, de Ravel. Com o agravamento permanente do estado de suas mãos, principalmente da direita, em 2000 ele voltou à carga com a mão esquerda.

A história do surgimento dos virtuosos da mão esquerda talvez possa ajudar a explicar essa atração pelo retorno ao piano, que também está ligada ao desejo secreto de nunca se afastar dos palcos, dos aplausos, do reconhecimento.

E tudo indica que, para variar, João Carlos estava preparando mais um retorno, agora em 2015, pelo caminho mais desafiador, pois, em vez de se apresentar com o concerto de Ravel que ele já conhece de trás pra frente, estaria inclinado a interpretar uma obra ainda mais complexa e mais difícil. Chegou a tocar a *Transcrição para a mão esquerda dos estudos de Chopin*. Transcrição, no caso, quer dizer que outro compositor pegou os originais de Chopin e os reescreveu apenas para a mão esquerda.

O compositor e pianista polonês Leopold Godowsky (1870-1938), que entrou para a história como o "apóstolo da mão esquerda", foi quem fez essas transcrições. De acordo com o professor e pianista Helder de Araujo, que defendeu uma tese sobre o assunto na Universidade de São Paulo (USP), "Godowsky foi visto como incomparável em sua especialidade. Sua mão esquerda era efetivamente igual à direita e passagens da mais extrema acurácia e rapidez podiam ser executadas com a mais absoluta clareza de detalhe". Além de expandir a técnica da mão esquerda, Godowsky fixou um ápice estético na transcrição para o piano. Uma das concepções do músico era a de "conceder habilmente para a mão esquerda os sons idealizados para ambas as mãos".

Portanto, ao pretender voltar com um concerto para a mão esquerda, João segue uma antiga tradição de mais de dois séculos. Aliás, mesmo quem é do ramo se surpreende ao descobrir que existem pelo menos 5.000 peças escritas para a mão esquerda, por mais de 340 compositores! E olha que esses dados são de 2005, presentes na tese de doutorado de Helder de Araujo. Entre os muitos agradecimentos de praxe das teses, um deles vai para "o pianista João Carlos Martins e à sua abençoada e atribulada carreira...".[1]

Aliás, desde quando parou de tocar oficialmente, em 1998, João Carlos só pensa em retornar ao piano. Ele, inclusive, já foi a vários médicos no Brasil e também nos Estados Unidos, e acabou ancorando a sua esperança no consultório do renomado neurocirurgião brasileiro Paulo Niemayer Filho.

João é muito grato a Niemayer: "Ele conseguiu, com o tratamento e uma cirurgia no cérebro, o milagre de deixar a minha mão aberta, me dando a oportunidade de tocar

[1] A tese é de uma riqueza extraordinária e vale a pena ser acessada na internet: <http://goo.gl/lCTZa1>. Acesso em: out. 2015.

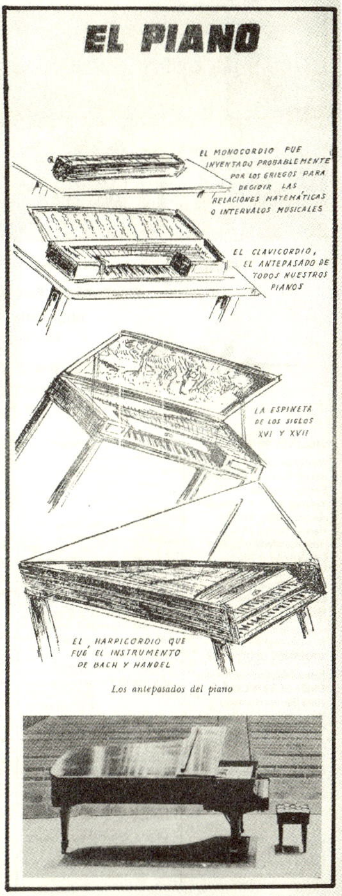

A evolução do piano, como saiu no programa do concerto que João Carlos fez em Lima, Peru, e, por isso, traz as legendas em espanhol.

profissionalmente por exatos quatro meses. Infelizmente, por conta de meus mecanismos genéticos, os problemas retornaram e a mão esquerda voltou a fechar".

A evolução do piano

O assunto é razoavelmente complexo, mas a tese do professor Helder explica que somente a evolução do piano e a sua modernização mecânica já fizeram o instrumento ter outro desempenho, permitindo o surgimento de virtuosos. João Carlos lembra que Bach costumava dizer que "o verdadeiro instrumento de teclado deveria ter a clareza do cravo e o pulmão de um órgão", afirmação que provavelmente orientou o desenvolvimento dos grandes pianos da atualidade. A ilustração ao lado mostra a evolução do piano ao longo do século.

Segundo o professor Helder, "o instrumento alcançou a sua mocidade e a sempre crescente classe média constituiu não somente um mercado florescente para a compra e venda de pianos como também a audiência vital para os concertos. Em 1840, Paris era um centro cultural e econômico. Executantes surgiam de muitas partes da Europa para 'vencerem' em Paris, e, em seguida, se propagarem".

No entanto, é bom que se diga que a receptividade ao piano não foi uma unanimidade. Em 1843, Heinrich Heine (1797-1856), poeta alemão e crítico impiedoso, censurava com recorrência a vitória da máquina (o piano) sobre o espírito, bem como a busca incansável da fama e do sucesso e da própria relação dos pianistas e virtuosos com a imprensa francesa da época.

Entra em campo a mão esquerda

A primeira obra exclusivamente para a mão esquerda foi composta bem antes dessa polêmica, em 1770, por Carl Philipp Emanuel Bach (1714-1788), segundo filho de Johann Sebastian Bach.

Alexander Dreyschock (1818-1869), pianista da Boêmia, e o italiano Adolfo Fumagalli (1828-1856) foram os primeiros pianistas conhecidos a realizarem execuções públicas com a mão esquerda, deixando o público e os críticos europeus assombrados.

Os estímulos ou problemas que levam compositores e pianistas a se dedicarem a peças para a mão esquerda são os mais variados, conforme explica o professor Helder, que fez um levantamento indicando algumas causas e os pianistas e compositores afetados por elas: exploração e exibição técnica – Dreyschock, Fumagalli; fadiga ou cansaço da mão direita – Alexander Scriabin (1872-1915); desafio composicional e técnico – Godowsky, Béla Bartók (1881-1945), perda temporária ou permanente de movimentos da mão direita – João Carlos Martins, Leon Fleisher, Gary Graffman, Otakar Hollmann (1894-1967), Lionel Nowak; ausência da mão ou do braço direito – Siegfried Rapp (1915-1982), Géza Zichy (1849-1924), Paul Wittgenstein (1887-1961) e a brasileira Sigrid Nepomuceno (1896-1985), filha do compositor Alberto Nepomuceno (1864-1920).

O desespero

Muitos dos problemas mencionados anteriormente estão relacionados ao que os franceses chamavam de *maladie d'écrivan*, ou doença do escrivão, que atualmente atende pelo nome de uma sigla: LER (Lesão por Esforço Repetitivo). Um dos mais pungentes exemplos dessa relação quase demoníaca entre piano e (im)possibilidades é o do jovem Alexander Scriabin (1872-1915). Estudante do Conservatório de Moscou, ele estava determinado a tocar as complexas fantasias "Islamey", de Mily Balakirev (1837-1910), e "Don Juan", de Franz Liszt (1811-1886), e alugou uma casa no campo para se afundar nos estudos. Resultado: tendinite na mão direita e a palavra do médico de que ele nunca voltaria a tocar com a mesma eficácia. Somente anos depois, Scriabin conseguiu recuperar alguns movimentos da mão direita e se tornou um compositor bastante profícuo. Em 1891, ele escreveu em seu diário:

"Vinte anos de idade, a lesão em minha mão aumentou. O acontecimento mais importante de minha vida. O destino me testa em minha missão. Obstáculo para alcançar a meta tão desejada: fama, glória. Obstáculo, nas palavras dos doutores, insuperável. Primeiro fracasso sério de minha vida. Primeira reflexão séria, princípio da autoanálise. Dúvida sobre a impossibilidade de ficar bem, um estado mental perturbado. Primeira meditação sobre o valor da vida, da religião, Deus. Uma contínua fé Nele – Jehovah mais que Cristo, creio. Ardentes orações, visitas à igreja... Grito contra o destino, e novamente, Deus."[2]

Em 1958, João Carlos Martins, aos 18 anos, foi vítima desse mesmo desespero quando não conseguiu voltar ao palco do Theatro Municipal de São Paulo para o tão esperado bis,

---

2 BOWERS, Faubion. *Scriabin, A Biography*, v. 1, p. 168. (citado na tese de Helder de Araujo. Diponível em: <http://goo.gl/lCTZa1>. Acesso em: out. 2015).

por causa das fortíssimas dores que atacavam sua mão direita, e amparado pelo pai, Seu José, sussurou: "Pai, eu não consigo voltar para o palco", enquanto segurava a mão lesionada.

O desespero quase o venceu também em outro episódio, quando, aos 29 anos, inconformado com tudo que o cercava, João Carlos quase sucumbiu a um suicídio.

O piano e a mão esquerda no Brasil

Para contar como as composições para a mão esquerda começaram em terras brasileiras, Helder de Araujo ressalta que o piano chegou ao Brasil em 1808 com D. João VI e a corte portuguesa que fugia de Napoleão. Pianos ingleses foram importados e apenas a nobreza tinha acesso a eles. Um órgão foi instalado na Capela Real.

Em 1816, com a chegada do pianista austríaco Sigismund von Neukomm (1778-1858) – integrante da comitiva francesa para reatar relações diplomáticas com a corte portuguesa após a guerra – e sua permanência no país até 1821, a música clássica gozou de um grande impulso e até de uma certa popularização, especialmente da obra de Joseph Haydn (1732-1809) e Wolfgang Amadeus Mozart (1756-1791). Von Neukomm deu aulas ao príncipe D. Pedro, à D. Leopoldina e à princesa Isabel. Deu aulas também para Francisco Manuel da Silva, autor, anos depois, do "Hino Nacional". Além disso, foi o compositor da primeira peça para piano composta sobre um motivo nacional intitulada *O amor brasileiro*, datada de 3 de maio de 1819, um lundu brasileiro (lundu é um gênero musical e uma dança folclórica de origem afro-brasileira criada com base nos batuques dos escravos). O original está na Biblioteca Nacional da França.

Em carta a uma amiga de Paris, Von Neukomm põe a boca no trombone em relação ao Brasil:

"Sou lisonjeado e bajulado, porém não me deixam sair daqui... e me dão tão pouco dinheiro que jamais terei condições de pagar o meu retorno à Europa. Aqui temos uma multidão de pessoas que têm o atrevimento de se dizerem professores de música, não há, entretanto, um único que seja sequer medíocre. Eu estou bastante satisfeito de desfrutar aqui de certa celebridade – entre os cegos, o caolho é o Rei – e todos insistem para que eu aceite alunos, mas a música está ainda a tal ponto na infância neste país, que não se percebe que três lições dadas por um homem que domina a sua arte valem mais que doze outras à maneira deste país. Eu me recuso a fazer o triste papel de professor primário em um país onde o pagamento não pode, de maneira alguma, compensar o tempo despendido."

Ele faz um único elogio a uma aluna de 16 anos que teria enorme capacidade técnica, mas não diz o nome dela.

Somente no Segundo Império surgem instituições musicais no Brasil. Com o apoio direto de D. Pedro II, estabelece-se a Academia Imperial de Música, a Ópera Nacional e o Conservatório Imperial. Em 1867, com a fundação do Clube Haydn, e, em 1882, do Clube Beethoven, o Rio de Janeiro contava com, pelo menos, 40 professores particulares de piano e, como a confirmar a sua vocação musical, berço da bossa nova nas décadas de 1950-1960, ela já era chamada, em meados do século XIX, de "a cidade dos pianos".

Já na capital paulista, Luigi Chiaffarelli (1856-1923), professor de piano na Itália e na Suíça, um dos fundadores do Conservatório Dramático e Musical de São Paulo, tornou-se o mais disputado professor de piano "das abastadas donzelas da recente República", conforme aponta o autor da tese, que destaca ainda que essa iniciativa artística só foi possível por causa do "incentivo de alguns barões do café". Em fins do século XIX, na *Belle Époque* de São Paulo, frequentavam a casa

Sigrid Nepomuceno, com 17 anos, foi a primeira intérprete, no Brasil, de solos escritos para a mão esquerda.

de Chiaffarelli, músicos como Camille Saint-Saëns (1835-1921) e Pablo Casals (1876-1973).

Ciente do seu compromisso artístico, sob a batuta do professor Chiaffarelli surgiu uma alta linhagem de pianistas brasileiros, como Antonieta Rudge (1885-1974), Guiomar Novaes (1894-1979), Francisco Mignone (1897-1986), Souza Lima (1898-1982) e Magda Tagliaferro (1893-1986).

A moça da foto, Sigrid Nepomuceno, foi, aos 17 anos, a primeira intérprete brasileira de solos escritos para a mão esquerda. Como a menina nasceu sem o braço direito, seu amoroso e dedicado pai – sempre um pai –, o pianista e compositor Alberto Nepomuceno, para atender a vocação da filha, começou a escrever peças para a mão esquerda quando Sigrid ainda tinha 9 anos. A primeira delas é de 1906.

Se o DNA tiver alguma influência sobre a vocação das pessoas, nada mais natural que Sigrid seguisse na carreira, já que sua mãe era a exímia pianista norueguesa Walborg Rendtler Hermansen Bang. Nepomuceno e Walborg se conheceram em Viena, durante uma aula de piano em 1891. O casamento foi em Oslo, Noruega, em 1893, e eles tiveram quatro filhos.

Sigrid nasceu em Petrópolis, em 1896. Estudou piano e canto em casa e em Paris e, de volta ao Brasil, começou a fazer recitais públicos em 1919. Quem conta é o professor Helder:

"Executava com técnica segura e grande naturalidade, somente com sua única mão. A estreia com *Noturnos de Nepomuceno*, para a mão esquerda, ocorreu em 27 de outubro de 1919, no Rio de Janeiro. A pianista foi ovacionada pelo público presente e foram bisados um dos *Noturnos* e mais três outras peças."

À frente do Instituto Nacional de Música, Alberto Nepomuceno promoveu a reforma do "Hino Nacional Brasileiro", com a adaptação vocal oficial. Nacionalista, ele se meteu em inúmeras contendas com os críticos da época, pois defendia, por exemplo, que as óperas brasileiras deviam ser cantadas em português, enquanto os críticos eram a favor do italiano. É autor da célebre frase que sintetiza muito bem sua luta: "Não tem pátria um povo que não canta em sua própria língua". Nepomuceno também fez a transcrição do "Hino Nacional Brasileiro" para a mão esquerda, em 1909, para que sua filha pudesse tocá-lo.

Uma curiosidade: trechinho da partitura do "Hino Nacional Brasileiro" transcrito para a mão esquerda.

A última obra composta por Camargo Guarnieri (1907-1993) – então já com mais de 80 anos – foi para a mão esquerda, somando-se às mais de 700 peças elaboradas por ele que é, provavelmente, o segundo compositor brasileiro mais tocado no mundo. O primeiro é Villa-Lobos. Pouco antes de morrer, Guarnieri recebeu o prêmio Gabriela Mistral, sob o título de maior compositor das Américas. No acervo do compositor, a obra para a mão esquerda consta como *Estudo de número 18.*

Mário Ficarelli (1935-2014) é um dos mais completos compositores da música clássica do Brasil, e desafiado pelo pianista

João Carlos Martins a compor para a mão esquerda, deu como resposta "Reverence", uma homenagem a Bach e ao próprio João Carlos. Outros compositores brasileiros também atenderam ao pedido de João Carlos, como José Carlos Amaral Vieira e o seu "Prelúdio grandisonante", composto em 2001. Outro expoente brasileiro, o carioca Ricardo Tacuchian, compôs "Aquarela" para a mão esquerda, mas João Carlos ainda não teve a oportunidade de executá-la.

Capa do CD com João Carlos tocando apenas com a mão esquerda.

CAPÍTULO 15

Música e futebol: as duas paixões de dois pianistas

"Pela primeira vez, músicos deste calibre organizam de maneira sistemática suas carreiras." (João Marcos Coelho, crítico)

Em 21 de agosto de 2015, em um almoço memorável, João Carlos Martins e seu velho e querido amigo, o pianista Arthur Moreira Lima, fecharam a programação musical do próximo espetáculo que estavam querendo apresentar em outubro de 2015: *150 anos de música.* O nome foi inspirado no fato de cada um completar 75 anos de vida em 2015 (os dois são de 1940).

Dividir o palco não é novidade para eles, que desejavam repetir o sucesso de uma ousadia que cometeram na década de 1980, quando realizaram a performance *Bach meets Chopin* – assim em inglês mesmo – pois foi nos Estados Unidos que a apresentação foi um grande sucesso. Em 2015, será Bach que encontra Chopin, que encontra o argentino Astor Piazzolla, que encontra o brasileiro Tom Jobim!

Em setembro de 1981, no Lincoln Center, em Nova York, os dois colocaram seus pianos de cauda frente a frente e executaram o ousadíssimo recital *Bach encontra Chopin.* Eles reuniram os prelúdios do alemão Sebastian Bach, da era Barroca (fim do século XVII), e os do franco-polonês Frédéric Chopin, da era Romântica (primeira metade do século XIX).

Só mesmo uma reforçada dose de ousadia e muita coragem para juntar as obras de dois compositores de perfis tão distintos, mas cujas composições podem se tangenciar. João Carlos ressalta que "Bach era um homem de família. Já Chopin era chegado a uma boêmia. Os dois, gênios da música. Chopin admirava muito a genialidade de Bach e, assim como o compositor alemão, escreveu 24 prelúdios, explorando todas as tonalidades. A música tem essa enorme capacidade de unir pessoas, mesmo de épocas e trajetórias tão diferentes...".

Vinte anos depois de *Bach meets Chopin*, em 2011, os dois voltaram a se encontrar no Lincoln Center, com João Carlos já como maestro. Era a segunda vez que ele regia o solo do amigo pianista. Em seu pódio, com os braços levantados e pronto para dar sequência ao concerto, olhava fixamente o solista, aguardando apenas o momento preciso para a orquestra assumir. O virtuoso, ao piano, em perfeita cumplicidade com o amigo maestro, ao perceber que estava se aproximando o final da *cadenza* (cadência), fez

Alegres, maestro e solista se cumprimentam como jogadores de basquete.

uma piruetinha com a mão, devolvendo de bandeja o comando do concerto ao maestro. João Carlos sorriu, Moreira Lima também, e a orquestra entrou no momento preciso.

Naquela noite memorável, o maestro João Carlos Martins e o virtuoso Arthur Moreira Lima cumpriram o programa que começou com "Jesus alegria dos homens", de Bach, e contou com a magistral "Bachianas brasileiras número 7", do brasileiro Heitor Villa-Lobos (1887-1959). No fim do concerto, João pediu licença ao amigo solista, sentou-se no banquinho e, com três dedos, tocou "Cinema paradiso", de Ennio Morricone, trilha do filme de mesmo nome. Sempre que pode, João Carlos se aproxima do piano para tocar "Cinema paradiso", que tem um significado muito especial para ele. João tomou conhecimento da melodia em 1998, quando foi operado da mão direita em Miami, "encerrando oficialmente" a sua carreira de pianista profissional.

Ao fim do concerto, maestro e solista, à frente do palco, sob os aplausos efusivos da plateia que duraram mais de cinco minutos, cumprimentaram-se como jogadores de basquete, ou como dois meninos especialmente felizes: os braços erguidos e as palmas das mãos se encontrando no ar.

Então, vamos conquistar a América

Para entrar nos Estados Unidos com a iniciativa *Bach meets Chopin* seria preciso o aval de um empresário artístico respeitado e reconhecido, como Jay Hoffman, que havia anos estava à frente da carreira de João Carlos.

Hoffman organizou o primeiro concerto em Nova York, que teve lotação esgotada. Depois de algumas semanas, o concerto foi repetido por mais três dias, também com lotação esgotada. O empresário americano ficou muito impressionado com o magnetismo do espetáculo, com o encontro sob medida

Capa do LP que entrou para a história como um disco de vanguarda.

dos prelúdios que tinham uma diferença de cerca de 100 anos entre si.

Seis dias antes do primeiro espetáculo em Nova York, Moreira Lima e João Carlos fizeram uma pré-estreia no Teatro Maksoud Plaza, em São Paulo. No meio da apresentação, João Carlos teve um desmaio em pleno palco, diagnosticado pelo médico como sintoma de estafa, nada mais natural diante do esforço permanente que ele estava empreendendo em seu mais recente retorno ao piano. E o que fazer? Cancelar a apresentação em Nova York? Quem tomou a decisão não foi João Carlos, foi Moreira Lima: "Cancelar? De jeito nenhum, garoto. [dirigindo-se a João] Você caiu aqui e, se tiver que cair lá, vai cair. Mas vamos tocar!".

No dia da estreia no Lincoln Center, o próprio *The New York Times* antecipou a crítica, elogiando a coragem e o pioneirismo da iniciativa, na palavra do crítico Allan Kozinn. À noite, o teatro estava completamente lotado, e não apenas de *ordinary people*, as pessoas comuns. Grandes pianistas americanos resolveram dar o ar da graça para saber como ficaria aquela comunhão de prelúdios entre Bach e Chopin, e puderam desfrutar do sucesso junto com os dois virtuosos brasileiros.

Beatriz Schiller, do *Jornal do Brasil*, escreveu uma longa reportagem sobre *Bach meets Chopin* e revelou que os virtuosos foram a Nova York sem nenhum apoio oficial e que o nosso país "não está abrindo os olhos para um tipo de exportação muito valiosa: a de seus valores culturais". Ela também se referiu ao fato de que nada tão representativo do Brasil tinha acontecido nos últimos 10 anos em Nova York.

O crítico da *Folha de S.Paulo* João Marcos Coelho foi quem melhor registrou a estratégia dos dois virtuosos:

"Pela primeira vez, músicos desse calibre organizam de maneira sistemática suas carreiras, dentro de projetos minuciosos, elaborados, visando cobrir espaços maiores que o comportamento quase caça-níqueis de seus colegas, geralmente preocupados apenas em assegurar o recital do mês que vem."

Em reportagem do *Jornal da Tarde*: é a alegria pelo sucesso de uma ousadia: juntar Bach e Chopin!

E, agora, o futebol

Entre outras afinidades, além do amor pelo piano, os dois amigos compartilham uma verdadeira paixão pelo futebol. E foi na linguagem futebolística que, ao fim do primeiro ato do recital duplo, agradecendo a ovação, Moreira Lima comentou com o parceiro:

"No segundo tempo, vamos valorizar a bola no meio do campo sem arriscar mais nada, porque a noite está garantida!" O recado era claro. Não precisavam se arriscar, pois o sucesso estava garantido. Só que, no fundo, eles queriam mais e, na volta ao palco, entregaram-se aos prazeres dos gols, deixando a cautela de lado e se arrojando como nunca. Ao fim do concerto, foi a vez de João Carlos sussurrar, em meio aos aplausos:

"Se já estávamos ganhando de 5 a 0, por que não ganhar de 10 a 0?"

Os dois seguiram com o espetáculo mais ao norte, e na apresentação em Toronto, no Canadá, Emil Gilels (1919-1985), um dos grandes pianistas do século XX, foi vê-los tocar. Logo bateu nos dois uma certa apreensão, que culminou com um comentário de Moreira Lima, antes do concerto:

"Será que o homem não vai achar que fraturamos as estruturas originais, que tomamos liberdade demais com os textos sagrados? Será que ele vai anular o nosso gol de placa?" Tudo indicava que não, tanto que, depois do espetáculo, lá estava Gilels na fila de cumprimentos.

Anos depois, Arthur Moreira Lima falou das suas sensações sobre a experiência, agradavelmente guardadas na memória. Foi, para ele, um lindo espetáculo "os dois pianos no palco e a música brotando em singular estéreo". *Bach meets Chopin* foi gravado em LP (vinil) pela Arabesque Records, repetiu o sucesso das apresentações ao vivo e entrou para a história como um disco de vanguarda da música clássica.

Carioca bem-humorado, Moreira Lima foi listando as coisas em comum com o amigo João Carlos. Os dois nasceram em 1940, foram se especializar no exterior – João, nos Estados Unidos, e ele, Artur, na União Soviética, atual Rússia. No futebol, Moreira Lima tem um pouco mais de sorte, pois sua paixão é pelo Fluminense, enquanto João Carlos sofre o diabo com a sua Portuguesa de Desportos, que foi, no passado, um grande celeiro de craques, mas, de uns anos para cá, tem sido alvejada mortalmente pela irresponsabilidade de seus dirigentes. Em 2015, a Portuguesa foi rebaixada para a segunda divisão do Campeonato Paulista e estava na terceira divisão do Campeonato Brasileiro.

Mais uma afinidade: o nome dos dois virtuosos têm o mesmo número de letras: 17, um número cabalístico eternizado pelo personagem Vadinho, de Jorge Amado, em *Dona Flor e seus dois maridos*. Boêmio por excelência e conquistador incorrigível, Vadinho se perdia nas noites da cidade de Salvador, na Bahia, com mulheres, bebida e com o jogo de roleta clandestino, e só apostava no 17, preto.

CAPÍTULO 16

A música, o poder e a política

"Agora que conheço bem o mundo da política, quero fazer tudo para voltar ao piano."

O único registro mais delicado, ou mais ingrato, ou mais devastador, embora obviamente involuntário, envolvendo o amigo Arthur Moreira Lima é o fato de ele ter sido o principal elo entre João Carlos Martins e o seu maior algoz: Paulo Maluf. João comeu o pão que o diabo amassou por conta de sua relação com Maluf.

Tudo começou em 1979, quando João Carlos recebeu um telefonema do amigo Moreira Lima, que estava voltando ao Brasil depois de uma turnê em Israel. Ele contou que estava separado da mulher e que iria continuar sua carreira internacional, mas com um pé em São Paulo. Também disse que gostaria de iniciar um trabalho de democratização da música clássica e que sabia que o governador de São Paulo tocava piano e, quem sabe, não seria esse um primeiro caminho para o desenvolvimento do seu projeto musical.

Como João Carlos nunca soube muito bem como dizer não – muito menos para os amigos –, ligou para o Palácio dos Bandeirantes e conseguiu marcar uma audiência com o governador recém-eleito indiretamente, Paulo Maluf.

E o "João sedutor" fez tudo direitinho, argumentando que, mesmo sendo Moreira Lima um homem de esquerda, São

Paulo só teria a ganhar com a presença de um músico como ele residindo quatro anos no Estado.

Maluf, que não é bobo nem nada, topou na hora e pediu para João avisar Moreira Lima que a TV Cultura iria contratá-lo. Foi neste momento que João Carlos subiu no cadafalso:

"Fiquei muito feliz, agradeci e fui me retirando, mas, ao chegar à porta, me virei e perguntei timidamente: dá para arrumar esse contrato para mim também?"

É lógico que Paulo Maluf não iria perder a oportunidade de manter em dívida consigo um pianista internacional com a projeção de um João Carlos Martins. Maluf arrumou o contrato e, anos depois, arrumou também muita confusão na vida do pianista.

Maluf, pela segunda vez...

Para ajudar um outro amigo, o maestro Isaac Karabtchevsky, que queria sua Orquestra Sinfônica Brasileira (OSB) tivesse uma presença mais forte em São Paulo, João Carlos também arregaçou as mangas. Para isso, foi buscar o apoio de quem? Paulo Maluf, outra vez...

Ligou para o governador e falou da ideia:

"Já que você toca piano, Maluf, tem uma peça, *Hexameron*, para seis pianos que tem um trecho de Chopin que é bem fácil, o que você acha de tocar ao lado dos cinco maiores pianistas brasileiros regidos por Isaac Karabtchevsky?"

É lógico que Maluf adorou a ideia e, naquela noite mesmo, João ligou para os outros quatro pianistas: Jacques Klein (1930-1982), Nelson Freire, Arthur Moreira Lima e Antonio Guedes Barbosa. A quinta parte seria preenchida por João Carlos e o trecho fácil por Maluf. Os virtuosos acharam a coisa toda meio engraçada, mas mesmo assim toparam, já que era para ajudar

Karabtchevsky. Rapidamente prepararam o concerto, que foi, finalmente, realizado. A crítica não perdoou, e Enio Squeff, da *Folha de S.Paulo*, abaixo do título "Cinco pianistas salvam o sexto", afirmou que o concerto "mostrou que o governador tocando o que seria fácil nas mãos de um principiante, mesmo assim não deixou de se atrapalhar". O objetivo dos cinco virtuosos foi, no entanto, alcançado: a Orquestra Sinfônica Brasileira passou a tocar regularmente em São Paulo.

A política na vida do pianista

O primeiro contato do pianista João Carlos Martins com a política teve tudo a ver com o seu trabalho de músico. Aos 26 anos, em 1967 – um ano e pouco depois do acidente no Central Park, quando teve de retornar por um longo período ao Brasil – ele assumiu a presidência da Comissão Estadual de Música, enquanto a atriz Cacilda Becker (1921-1969) era nomeada presidente da Comissão Estadual de Teatro. Era a primeira vez que João Carlos assumia um cargo público, e ele lembra com muito carinho do que acabou ajudando a viabilizar:

"Consegui transformar o Conservatório de Tatuí, hoje de respeito internacional, em uma realidade e iniciar, timidamente, no Hotel Toriba, o Festival de Inverno em Campos do Jordão." O Festival de Campos do Jordão é considerado o mais importante da América Latina, e começou oficialmente em 1970 com um concerto da pianista Magda Tagliaferro. Três anos depois, o maestro Eleazar de Carvalho implantou o sistema de cursos de musicalização.

Foi em 1990 que Paulo Maluf voltou a rondar a vida do pianista, que, mais uma vez, tinha sido obrigado a interromper a carreira, procurava o que fazer e acabou aceitando o convite de um vizinho com quem jogava futebol nos finais de semana, Ettore Gagliardi, para ser seu sócio na construtora Paubrasil, que tinha acabado de pedir concordata. O próprio João gosta de contar como as coisas aconteceram:

"Quando assumi, a empresa tinha apenas seis funcionários e um ano depois já tínhamos 600 trabalhando numa obra na cidade de Cubatão. A Paubrasil, na época, ganhou um prêmio de responsabilidade social por conta do tratamento que dávamos ao nosso pessoal. Como filho de português, eu cuidava de não atrasar nenhum pagamento e anotava tudo num caderninho parecido com aqueles que os patrícios usavam nas padarias."

Mas como em casa de ferreiro o espeto é de pau, João Carlos, mesmo sendo irmão de um dos grandes advogados tributaristas do país, Ives Gandra, não o consultou e acabou vivenciando um caos tributário. Pensando em fechar a empresa por causa das dificuldades que o país atravessava e desejoso de retornar ao seu hábitat natural, a música, João Carlos foi procurado por quem? Paulo Maluf e seu fiel escudeiro, Calim Eid (1923-1999).

Maluf estava se candidatando ao governo de São Paulo nas eleições de 1990, precisava fazer caixa para a campanha e resolveu procurar João Carlos para que ele o ajudasse na tarefa de correr o chapéu, já que tinha muito prestígio. O próprio João admite que caiu no canto da sereia de Calim Eid: "Ele me disse que, como eu não podia seguir a minha carreira de pianista, como Secretário da Cultura poderia fazer uma revolução cultural". João topou entrar na roda, sabendo que teria de emitir notas fiscais para obras não realizadas e destinar o dinheiro para a campanha de Maluf. Os contatos eram feitos apenas com empresas privadas. João Carlos conta que, no dia seguinte à eleição, procurou Calim Eid para dizer que não ia mais continuar na política:

"Estou escrevendo um artigo para o jornal *DCI* [*Diário do Comércio e Indústria*] dizendo que não tenho interesse em ser Secretário da Cultura e que, agora que conheço bem o mundo da política, quero fazer tudo para voltar ao piano."

Maluf perdeu, Luiz Antonio Fleury Filho, protegido do ex-governador Orestes Quércia (1938-2010), ganhou. Tempos depois, quando fiscais da Receita Federal entraram na sua sala de sócio-diretor na construtora Paubrasil, pedindo uma série de documentos relacionados à emissão de notas fiscais sobre serviços teoricamente não realizados, João Carlos não podia imaginar que, naquele momento, teriam início aqueles que foram os tempos mais sombrios da sua existência.

Nem todos os problemas de saúde que teve de enfrentar o atormentaram tanto quanto este imbróglio, batizado pela imprensa de "escândalo Paubrasil". O que também não ajudou muito foi Paulo Maluf ter conquistado uma absoluta unanimidade contra ele perante a opinião pública, de modo que todos que se aproximaram de Maluf foram tragados por um verdadeiro tsunami.

João Carlos foi processado e o seu irmão mais velho, o advogado Ives Gandra Martins, aconselhou os advogados de defesa a contar toda a verdade. João foi absolvido no Supremo Tribunal Federal em 1996.

Ives acredita que a raiz do problema está na própria personalidade do irmão artista. Depois de sofrer o diabo com uma infinidade de problemas de saúde durante a infância e a adolescência, o que o fez se trancar em casa e se dedicar apenas ao piano, veio o sucesso retumbante que alcançou no mundo inteiro; mas com a carreira interrompida, João Carlos estava, de repente, como um peixe fora d'água, dirigindo uma empresa de construção civil. Basta adicionar a isso a dificuldade em dizer não, que logo fica pronta a receita! O próprio Ives conta como foi:

"O João Carlos é um artista, tem cabeça de artista e nunca poderia ter se metido a ser empresário. Ele foi vítima das circunstâncias, até porque não sabe dizer não para ninguém, embora seja uma pessoa intrinsecamente muito generosa.

Resumindo a história, ele era sócio de uma empresa de construção – a Paubrasil – e foi convencido por um candidato ao governo de São Paulo a arrecadar fundos para a campanha política daquele ano, 1990. O meu irmão, inexperiente, crédulo, achou que ficaria tudo bem, e a empresa dele começou a receber dinheiro de doadores e, ao mesmo tempo, emitir notas fiscais como serviço realizado. Tudo orientado pelo pessoal da campanha. Este foi o erro capital. Se ele tivesse me consultado na época, eu o teria proibido de fazer isso, porque, como uma empresa de construção pode emitir a nota fiscal de um trabalho que não realizou? A empresa teria que comprovar com, no mínimo, alguma obra realizada. O que não era o caso, porque o dinheiro estava sendo reencaminhado aos políticos candidatos.

Deu no que deu. Com a primeira fiscalização, que pode ter sido plantada, toda a papelada da empresa foi recolhida pelos fiscais e começou o calvário do meu irmão artista. A sorte do João Carlos é que ele tinha guardado o canhoto dos cheques e todos os recibos e notas fiscais de pagamento, num total de 17 mil documentos, e pôde provar que o dinheiro arrecadado estava mesmo sendo encaminhado para uma campanha política, o que não era proibido na época.

O processo aberto pelo Judiciário percorreu as instâncias e o João acabou absolvido no Supremo Tribunal Federal. Ele conseguiu provar que foi, como empresário, e não corrupto ou desonesto.

Processos, no Brasil, demoram muito tempo, e como ele é uma figura pública, a toda hora o assunto voltava para a imprensa.

Infelizmente, o fato marcou profundamente o João Carlos, que foi apunhalado pelas costas. Até hoje, mesmo absolvido, ele fica desconfortável com o assunto e eu entendo, porque, como eu disse lá no começo, ele tem cabeça de artista e nunca poderia ter se metido nesta coisa de ser empresário."

E quando os ataques da opinião pública se tornaram impiedosos, o zeloso pai, Seu José, já com mais de 90 anos, escrevia uma emocionada carta aos jornais, pedindo clemência para o filho.

Uma paranoia chamada Maluf

Só que, mesmo com a absolvição no Supremo Tribunal Federal (STF), João Carlos continuou sofrendo com o "escândalo Paubrasil" e com a "nuvem negra" chamada Paulo Maluf sobre sua cabeça. Em diferentes entrevistas, João manifestou claramente sua contrariedade ao se sentir injustiçado, particularmente pelos jornais, que nunca quiseram admitir que ele foi absolvido no Supremo. Muitas vezes, em conversas com amigos ou visitas, em sua própria casa, João Carlos, sem que ninguém perguntasse, engatilhava o assunto e tentava explicar o que tinha acontecido, para o silêncio respeitoso da audiência, que, muitas vezes, não tinha a menor ideia do que se tratava. Era ele mesmo, pressionado pela paranoia Maluf, que acabava retornando ao escândalo Paubrasil. Mas, afinal, João, o que é Paulo Maluf na sua vida? "É um cadáver enterrado no meu peito."

Com sua obsessão pelo poder, Maluf acabou se elegendo, em 1992, prefeito de São Paulo. O tempo passou e quatro anos depois, em 1996, em uma das suas voltas ao piano, João Carlos consultou o Secretário da Cultura da Prefeitura, sobre a possibilidade de realizar o concerto no Teatro Municipal:

"Ele consultou o prefeito e retornou que o Teatro não tinha data. O meu retorno então se deu sabe onde? No Carnegie Hall!".

Em 1982, João Carlos assumiu por 10 meses a Secretaria de Cultura do Estado. A nomeação foi bem recebida pela opinião pública e criou expectativas pela inovação de um artista renomado virar Secretário da Cultura. João topou, viveu o sonho de ter um cargo executivo, fez alguns trabalhos importantes. Iniciou o tombamento de dois teatros representativos da cultura paulista, o Oficina e o Teatro Brasileiro de Comédia (TBC). Tombou também a Serra do Japi através do Conselho de Defesa do Patrimônio Histórico Arqueológico, Artístico e Turístico (Condephat), órgão da sua pasta. Para esse tombamento, contou com a ajuda do geógrafo Aziz Ab'Saber (1924-2012), do advogado Modesto Carvalhosa e do arquiteto e urbanista Benedito Lima de Toledo.

Antônio Abujamra entra em campo

João se recorda que a necessidade de tombar o TBC surgiu pela mão de Antônio Abujamra, ator e autor falecido em abril de 2015. É uma história bem típica de artistas. Começa com uma das condições de João Carlos para aceitar o cargo de Secretário da Cultura: poder levar um piano para o gabinete... e assim foi feito.

Estava João Carlos estudando no seu gabinete de trabalho, quando viu a porta se abrir e, sem ser anunciado, entrava sala adentro Antônio Abujamra e seu jeitão que ocupava logo o espaço, onde quer que estivesse ou chegasse. O próprio Abujamra contou como conseguiu o tombamento do TBC:

"Eu era diretor do Teatro Brasileiro de Comédia, naquela grande fase. Só que eu não tinha dinheiro e tinha quatro salas funcionando... era uma barbaridade, nada dava certo. Mas nós lançamos o Antônio Fagundes e as coisas começaram a andar. Aí, o que aconteceu? Eu não tinha dinheiro para comprar o teatro e o dono do prédio disse que ia tirar a gente de lá e abrir um supermercado. Então, eu com a minha astúcia, com a minha canalhice, com a minha *sem-vergonhisse* – como ser artista num país tão trágico como o Brasil – eu peguei todos os documentos do TBC, tudo que tinha sido feito no passado e falei: vou falar agora com o Secretário da Cultura. Peguei os papéis e fui até ele. 'Peraí, não pode entrar, ele está ocupado... não, não...'. Eu falei: 'Vou entrar. Foda-se!'. Abri a porta do gabinete e ele estava tocando piano com as duas mãos, Bach... Eu entrei, sentei numa cadeira ao lado dele, fiquei esperando uma pausa e disse: 'Pode continuar a tocar com a esquerda e, por favor, assine com a direita. Isto aqui é o tombamento do Teatro Brasileiro de Comédia. Se você não assinar, o Teatro vai virar um supermercado'. Ele assinou e o TBC está aí. Muito obrigado!"

Abujamra deixou o gabinete com um sorriso do tamanho da alegria que sentia. Ele, aliás, contou essa história do tombamento do TBC enquanto entrevistava o próprio João Carlos em seu programa Provocações, na TV Cultura de São Paulo, exibido por 15 anos, até a sua morte.

Nesta entrevista, Abujamra levou o já maestro a estridentes e sinceras gargalhadas. Vale a pena saborear aqui alguns trechos:

Abujamra: *O que é a vida para você?*
João Carlos: A vida é o direito de se reinventar, e mais. A vida pode ser levada com a disciplina de um atleta e a alma de um poeta. No momento em que você tem uma missão, acha que recebeu um dom de Deus e fica a sensação que tem de devolver

aquele seu dom para todos. Sempre que você erra, pode ter o direito de se reinventar... E é isto que eu tenho feito em toda a minha vida.

Abujamra: *Então você é capaz de olhar para dentro de si mesmo sem susto?*
João Carlos: Sem susto. Pessoalmente, não acredito naquelas pessoas que são as certinhas, que desde os 5 anos de idade só fizeram as coisas sempre certas. Eu acho que uma pessoa que errou, que corrigiu os seus erros, que, de certa forma, se requalificou para vida, de repente essa pessoa começa a acreditar que ela tem uma missão. Isso é vida para mim!

Abujamra (dando uma risadinha): *Isso não vai fazer com que você acabe num convento?*
João Carlos (às gargalhadas): Não... lógico que não. E eu digo uma coisa, quando eu falo da disciplina de atleta... Em 2007, eu tive que decorar 10 mil páginas de partituras, porque eu não consigo virar a partitura com as mãos assim. Então eu acordo de manhã e começo a andar pela minha sala memorizando as páginas que eu tenho que reger. Ao mesmo tempo já me fizeram a sugestão de colocar um computar que vai mudando as páginas na medida em que eu aciono um pedal. Acontece que a emoção é sempre maior quando você memoriza. Eu nunca desisti das coisas que tenho que fazer. E já fiz não sei quantas cirurgias para recuperar os movimentos das mãos.

Abujamra: *Enlouquecedor!*
João Carlos: É um negócio assim muito forte!

Abujamra: *Você veio aqui para mostrar que nós todos somos medíocres ao teu lado. É isso?* **(João dá uma boa risada)** *Tá bom.*

Tudo bem. Eu quero fazer perguntas mais cruéis para você. O que é mais fácil para você, reger ou fazer a barba?
João Carlos: Reger, reger, todo dia. (Rindo) Alguém te contou isso!

Abujamra: *Não.*
João Carlos: O maior desafio que eu tenho de manhã é fazer a barba sem me cortar. Todo dia me preparo para isso, porque na hora vêm as limitações... Eu tenho uma dificuldade enorme, mas faço a barba. É o primeiro desafio do dia. O segundo desafio é começar a estudar regência... Você tá fazendo música, tá realizando aquilo para o que você nasceu. Fazer a barba? Eu não nasci pra ser barbeiro, entende?[3]

João Carlos e Abujamra voltaram a se encontrar inúmeras vezes, e uma das mais emocionantes foi no dia 1º de maio de 2012, nas comemorações do Dia do Trabalho, quando o maestro e sua Bachiana apresentaram a *Nona sinfonia*, de Beethoven, no Parque do Ibirapuera, e Abujamra, com sua capacidade dramática imbatível, declamou trechos do *Testamento de Heilingenstadt*, mais conhecido como "Testamento de Beethoven".

Escrito em 6 de outubro de 1802, na forma de carta dirigida aos seus dois irmãos, Beethoven expõe toda a angústia e aflição que a surdez lhe provoca. Ele estava isolado na aldeia de Heilingenstadt, na Áustria, quando caiu em uma depressão tão profunda que quase culminou em suicídio. Aliás, a sua primeira obra considerada monumental – a terceira sinfonia, *Eroica* – foi publicada logo depois dessa crise existencial.

---

[3] Para assistir à íntegra da entrevista, acesse: <https://goo.gl/dzmLCe>. Acesso em: out. 2015.

Não é, portanto, à toa o tom verdadeiramente heroico e emocionado do testamento interpretado por Abujamra, cuja íntegra é a seguinte:

"Ó Homens que me tendes em conta de rancoroso, insociável e misantropo, como vos enganais. Não conheceis as secretas razões que me forçam a parecer deste modo. Meu coração e meu ânimo sentiam-se desde a infância inclinados para o terno sentimento de carinho e sempre estive disposto a realizar generosas ações; porém considerai que, há seis anos, vivo sujeito a uma triste enfermidade, agravada pela ignorância dos médicos. Iludido constantemente, na esperança de uma melhora, fui forçado a enfrentar a realidade da rebeldia desse mal, cuja cura, se não for de todo impossível, durará talvez anos! Nascido com um temperamento vivo e ardente, sensível mesmo às diversões da sociedade, vi-me obrigado a isolar-me numa vida solitária. Por vezes, quis colocar-me acima de tudo, mas fui então duramente repelido, ao renovar a triste experiência da minha surdez!

Como confessar esse defeito de um sentido que devia ser, em mim, mais perfeito que nos outros, de um sentido que, em tempos atrás, foi tão perfeito como poucos Homens dedicados à mesma arte possuíam! Não me era, contudo, possível dizer aos Homens: 'Falai mais alto, gritai, pois eu estou surdo'. Perdoai-me se me vedes afastar-me de vós! Minha desgraça é duplamente penosa, pois além do mais faz com que eu seja mal julgado. Para mim, já não há encanto na reunião dos Homens, nem nas palestras elevadas, nem nos desabafos íntimos. Só a mais estrita necessidade me arrasta à sociedade. Devo viver como um exilado. Se me acerco de um grupo, sinto-me preso de uma pungente angústia, pelo receio que descubram meu triste estado. E assim vivi este meio ano em que passei no campo. Mas que humilhação quando ao meu lado alguém percebia o som longínquo de uma flauta e eu nada ouvia! Ou escutava o canto de um pastor e eu nada escutava!

Esses incidentes levaram-me quase ao desespero e pouco faltou para que, por minhas próprias mãos, eu pusesse fim à minha existência. Só a arte me amparou! Pareceu-me impossível deixar o mundo antes de haver produzido tudo o que eu sentia me haver sido confiado, e assim prolonguei esta vida infeliz. Paciência é só o que aspiro até que as parcas inclementes cortem o fio de minha triste vida. Melhorarei, talvez, e talvez não! Mas terei coragem. Na minha idade, já obrigado a filosofar, não é fácil, e mais penoso ainda se torna para o artista. Meu Deus, sobre mim deita o Teu olhar! Ó Homens! Se vos cair isto um dia debaixo dos olhos, vereis que me julgaste mal! O infeliz consola-se quando encontra uma desgraça igual à sua. Tudo fiz para merecer um lugar entre os artistas e entre os Homens de bem.

Peço-vos, meus irmãos, assim que eu fechar os olhos, se o professor Schimith ainda for vivo, fazer-lhe em meu nome o pedido de descrever a minha moléstia e juntai a isto que aqui escrevo para que o mundo, depois de minha morte, se reconcilie comigo. Declaro-vos ambos herdeiros de minha pequena fortuna. Reparti-a honestamente e ajudai-vos um ao outro. O que contra mim fizestes, há muito, bem sabeis, já vos perdoei. A ti, Karl, agradeço as provas que me deste ultimamente. Meu desejo é que seja a tua vida menos dura que a minha. Recomendai a vossos filhos a virtude. Só ela poderá dar a felicidade, não o dinheiro, digo-vos por experiência própria. Só a virtude me levantou de minha miséria. Só a ela e à minha arte devo não ter terminado em suicídio os meus pobres dias. Adeus e conservai-me vossa amizade.

Minha gratidão a todos os meus amigos. Sentir-me-ei feliz debaixo da terra se ainda vos puder valer. Recebo com felicidade a morte. Se ela vier antes que realize tudo o que me concede minha capacidade artística, apesar do meu destino, virá cedo demais e eu a desejaria mais tarde. Entretanto, sentir-me-ei contente pois ela me libertará de um tormento sem fim. Venha quando quiser, e eu corajosamente a enfrentarei.

Adeus e não vos esqueçais inteiramente de mim na eternidade. Bem o mereço de vós, pois muitas vezes, em vida, preocupei-me convosco, procurando dar-vos a felicidade.

Sede felizes!

Heiligenstadt, 6 de outubro de 1802.

Ludwig van Beethoven."[4]

No leito de morte, Beethoven expressou a sua vida dedicada à arte: "Eu sei que fui um artista".

Os militares fazem um "pedido" e João reage

Como secretário da Cultura em plena Ditadura (1982), João Carlos conta como foi sua reação quando chegou um pedido dos militares que queriam porque queriam que o Secretário da Cultura proibisse a realização de um ato em favor das mulheres, promovido pela "subversiva", modo como os dois coronéis do antigo Serviço Nacional de Informação (SNI) se referiam à atriz e empresária teatral Ruth Escobar, dona de um longo currículo de serviços prestados à dramaturgia brasileira. João Carlos deu a resposta em uma linha:

"A única coisa que cancelei na vida foram os concertos que não pude dar."

O ato foi realizado e, antes que o nome dele fosse para a lista negra, o pai do médico Roberto Kalil, amigo de João

---

[4] Disponível em: <www.concertino.com.br>. Acesso em: out. 2015.

e do general-presidente João Batista Figueiredo (1918-1999), entrou em campo e limpou a barra do pianista-secretário e, agora, subversivo.

Além de tombar teatros e permitir atos subversivos, o "João sedutor" em exercício no gabinete da Cultura também fez dois amigos maestros voltarem às boas. Um, Eleazar de Carvalho, maestro-titular da Orquestra Sinfônica do Estado de São Paulo (OSESP), e o outro, Diogo Pacheco, maestro-assistente da OSESP.

João chamou os dois ao gabinete e, sentados lado a lado, pareciam, com todo respeito, dois garotos que brigaram no recreio e estavam na frente do diretor da escola. Ambos usavam o secretário para falar um com outro, até que Eleazar

O prestígio de João Carlos na imprensa americana como pianista era tanto que, em 18 de agosto de 1982, o *The New York Times* chegou a realizar uma reportagem sobre ele como Secretário da Cultura de São Paulo. Diz a manchete: "Pianista famoso luta para salvar o patrimônio histórico de São Paulo".

THE NEW YORK TIMES, WEDNESDAY, AUGUST 18, 1982

Famed Pianist Fights to Save São Paulo's Heritage

By WARREN HOGE
Special to The New York Times

SAO PAULO, Brazil — Owners of ornate old town houses along this city's most expensive thoroughfare have been staging predawn demolition raids on their own homes to forestall a zealous new state official's campaign to have the properties declared untouchable in the name of historic preservation.

The official, João Carlos Martins, who is one of the world's leading concert pianists, has tackled his new job as State Secretary of Culture with the same gusto he displays in addressing his specialty, Bach, on the keyboard.

"He has brilliance, drive and force," Harold C. Schonberg once wrote in The New York Times of a performance by Mr. Martins in New York. This and other reviewers' descriptions of Mr. Martins's artistry, — "passionate subjectivity," "fireworks in all directions" — could just as aptly apply to his approach to the world of bureaucracy.

The outspoken 42-year-old musician made it a goal when he took over the culture secretariat in June to save some of the 31 fanciful mansions and palaces that remain tucked between the steely skyscrapers along Avenida Paulista.

A Prestige Address

The 1.4 mile-long boulevard, envisioned by its turn-of-the-century designer as a New World Champs-Elysées, was once home to coffee barons and immigrants, largely Arab and Italian, who made fortunes off the Brazilian land, but today it is the prestige address of banks and businesses. Avenida Paulista real estate now fetches up to $60,000 a square foot.

The state of Saō Paulo, which is responsible for nearly half of Brazil's gross national product, is the center of a development-minded Brazilian mentality that has little use for relics from the past. Mr. Martins, by contrast, is an admirer of antiquity and is fond of saying that in his own field the most significant 20th-century contributions have been made by Frank Sinatra and the Beatles.

The city of Saō Paulo, more populous than New York and virtually unzoned,

The New York Times/Warren Hoge

João Carlos Martins outside a São Paulo house destroyed by its owner before it could be declared a historical site.

"They look like victims of an aerial bombardment," said Modesto Carvalhosa, a lawyer who specializes in heritage cases. On the gate to one of the toppled estates, an anonymous critic left the one-word comment "absurdo" with the "S" transformed into a dollar sign.

One owner offered the excuse that she had never received the official notice. Mr. Martins confirmed the claim, say-

Benedito Lima de Toledo, an architect and urbanist who is also working on the new bill, conceded that the homes in question owed more to architectural caprice than convention, but he said that did not diminish the need to save them.

All but one of the speakers agreed that there had to be indemnification for the owners. "We can't subordinate so-

and made a lot of money.

In 1977, after intensive physical therapy, he went back to the piano and has since surpassed the prominence in the field he once had. In September he begins a North American tour with a recital at Alice Tully Hall, and he is in the midst of an 18-disk project to record Bach's complete keyboard works by the composer's tricentennial in 1985

de Carvalho, com seu jeitão, resolveu atender aos apelos do secretário da Cultura:

"Se for para o bem da Nação, diga ao povo que falo com ele!", remedando a célebre declaração de Dom Pedro no Dia do Fico: "Se é para o bem de todos e felicidade geral da Nação, estou pronto! Digam ao povo que fico".

Grande parte das realizações do secretário da Cultura foi publicada em alentada reportagem no *The New York Times*, tal a história de glória do pianista brasileiro nos Estados Unidos, que permanecia viva na memória afetiva da imprensa americana.

CAPÍTULO 17

O convite para ser maestro foi feito de madrugada. E não dava para recusar!

"Ei, Jão, eu vou te ensinar a reger."
(Maestro Eleazar de Carvalho)

De 1950, quando tinha apenas 10 anos e apareceu pela primeira vez nos jornais como um pianista promissor, a 1998, quando realizou seu último concerto, em Londres, foram 48 anos de reconhecimento, aplausos, muita badalação, problemas sérios de saúde, é verdade, mas também o prazer interior e incomensurável de, como artista, ser reconhecido no mundo inteiro.

Depois da cirurgia "definitiva", nos Estados Unidos, em 1998, que seccionou o nervo ulnar da mão direita, o mundo do pianista virtuoso desabou, e João, mais uma vez e de uma hora para outra, não tinha o que fazer no seu dia a dia. Dessa vez, no entanto, tinha duas certezas: nunca mais seria empresário nem se meteria com política. Seu desejo era permanecer no mundo da música, sua grande paixão, e isso era o que ele amava e sabia fazer.

A vida toda, João Carlos respirou música, acordou com música, depois de dormir com música. E foi exatamente por dormir com a música que ele acabou, por assim dizer, se salvando. Ele costumava ter muitos pesadelos, até que um dia, muito mais do que um pesadelo ou um sonho, João Carlos teve uma visão. Um velho e querido amigo, além de ídolo, o chamava para seguir uma nova carreira na música. Era o já falecido maestro Eleazar de Carvalho (1912-1996) convidando João Carlos Martins para ser... maestro! "Vem cá, Jão [como ele chamava o João], que eu vou te ensinar a reger", teria dito Eleazar no sonho.

João Carlos trabalhou com os maiores maestros do mundo e nunca passou pela sua cabeça sair do banquinho do piano e subir ao pódio do regente. Mas aquele convite era irrecusável, especialmente em se tratando de Eleazar de Carvalho, que acompanhou a carreira de João Carlos desde o início, inclusive no seu concerto inaugural no Teatro Colombo, em 7 de maio de 1954. Encantado com o que viu, Eleazar celebrou a raridade de um pianista com as qualidades daquele garoto. Tão raras que o maestro o convidou para se apresentar, aos 14 anos, com a Orquestra Sinfônica Brasileira (OSB), que ele próprio regia.

João Carlos solou o *Concerto para piano e orquestra K595*, de Mozart, "considerada a obra-prima do grande compositor vienense", de acordo com as palavras de Eleazar escritas no convite para o concerto, que foi realizado em 28 de agosto de 1954, no Teatro Cultura Artística de São Paulo. Além de guardar até hoje o programa do concerto autografado pelo maestro, João conservou a manchete do jornal que anunciava a apresentação.

Maestro reconhecido em todo o mundo – foi o único brasileiro a reger a Filarmônica de Berlim e as mais importantes orquestras do mundo – Eleazar tem origens muito simples, é filho de uma índia tabajara e de um pastor protestante, e descobriu a música por meio da Banda dos Fuzileiros Navais, onde conseguiu entrar, ainda jovenzinho, para tocar tuba. Aproveitou que já estava por ali mesmo e seguiu carreira como militar da Marinha brasileira. O Exército e a Marinha sempre acolheram milhares de brasileiros mais pobres e sem muita chance

"O pequeno fenomeno do teclado"

JOÃO CARLOS MARTINS DARÁ RECITAL, CONVIDADO POR ELEAZAR DE CARVALHO

Dia 28 a nova apresentação do virtuose de 14 anos — Elogiado por Camargo Guarnieri e Guiomar Novais — O bispo de Botucatu considera-o "um milagre de Deus" — Espanto e admiração da critica especializada

João Carlos Martins, o fenomeno do teclado que vem revolucionando os meios musicais de São Paulo, apresentar-se-á no proximo dia 28 em novo recital, desta vez especialmente convidado pelo maestro Eleazar de Carvalho e com acompanhamento da Orquestra Sinfonica Brasileira.

Já a esta altura poucos desconhecem esse mocinho de 14 anos, ar sisudo e oculos de aro de tartaruga que, como disse um critico, deixou de fazer parte do grupo de "crianças-prodigio" para impor-se como uma individualidade. A critica especializada tem acolhido suas apresentações com um misto de espanto e entusiasmo que se traduz em cronicas cheias de admiração.

O PARECER DOS ARTISTAS

A FOLHA DA NOITE publicou, não faz muito tempo, a primeira entrevista de João Carlos Martins. Ficou-se sabendo então que ele era aluno do prof. José Kliass e que começara a estudar piano aos 9 anos de idade. Alfred Cortot, sempre tão sobrio em suas apreciações e pouco amigo de crianças-prodigios, capitulou quando o ouviu tocar e afirmou que ficara deveras impressionado com os "dons evidentes desse jovem pianista". Camargo Guarnieri, nome que dispensa apresentação, disse que poucas vezes ouvira em sua vida pessoas tão dotadas como João Carlos. E a pianista Guiomar Novais Pinto expendeu sua opinião nestes termos entusiasticos: "Considerando tantos dons que Deus te concedeu, faço ardentes votos que continues, com entusiasmo e perseverança, a lapidares teu talento para que sejas um dos maiores artistas do mundo!"

"BOMBA" NOS MEIOS MUSICAIS

A primeira apresentação de João Carlos como recitalista, em São Paulo, deu-se a 7 de maio ultimo. Foi verdadeira "bomba" nos meios musicais. Um menino de 14 anos surgia como grande pianista, capaz de igualar-se ou até mesmo sobrepujar os idolos consagrados do teclado.

Depois veio o V Concurso Internacional de Musica "Pró Arte" em Teresopolis, e o sucesso se repetiu. O critico de um jornal de Recife resumiu as opiniões gerais quando escreveu em sua cronica: "Um pequeno fenomeno! Coisa extraordinaria!"

O bispo de Botucatu, d. Henrique G. Trindade, esteve em casa de João Carlos e, depois de ouvi-lo interpretar varias peças, classificou-o como "um milagre de Deus" e ofertou-lhe um livro de sua autoria. Pelo que tudo indica, João Carlos está a caminho de se tornar um nome nacional.

O CONCERTO DO DIA 28

O concerto do dia 28 proximo será em homenagem à Associação Cristã de Moços e se realizará no grande auditorio do Teatro Cultura Artistica, às 21 horas. A Orquestra Sinfonica Brasileira, sob a regencia do maestro Eleazar de Carvalho, e tendo como solista João Carlos Martins, apresentará a "Sinfonia n.o 1 em Mi Bemol Maior K. 16", de Mozart, a "Guaratuja", de Nepomuceno, a "Scherezade", de Rimsky-Korsakov e o "Concerto para piano e orquestra em Si Bemol Maior K. 595", de Mozart. Este ultimo será apresentado em primeira audição em São Paulo. Isso se deve ao entusiasmo do maestro Eleazar que, ouvindo João Carlos tocar, fez-lhe um convite especial.

Da esquerda para a direita, João Carlos Martins, a nova "bomba" dos meios musicais, a pianista Guiomar Novais e o prof. José Kliass

O maestro Eleazar de Carvalho e João Carlos Martins. O regente da Orquestra Sinfonica Brasileira ficou entusiasmado com o jovem virtuose.

Camargo Guarnieri, que aparece na gravura ao lado de João Carlos Martins, disse que poucas vezes ouviu pessoa tão dotada como o pianista de 14 anos

Aos 14 anos, João Carlos foi convidado para solar com o maestro Eleazar, que 50 anos depois o convidava, em sonho, para ser maestro.

de estudar. Só depois dos 25 anos de idade, Eleazar entrou na universidade para estudar música. Acabou se formando maestro e também foi um competente cantor, conforme revela seu filho, o violinista Sergei Eleazar de Carvalho.

Ousado, Eleazar juntou algum dinheiro e foi para os Estados Unidos disposto a estudar com Serge Koussevitzky (1874-1951), fundador da Filarmônica de Boston, uma das mais importantes do planeta. Mas, conforme contou a viúva Sônia Muniz em uma entrevista,[5] as inscrições para o curso com o maestro russo já estavam encerradas e, então, Eleazar inventou que era um enviado especial do governo brasileiro para conseguir se aproximar do maestro, e o abordou assim:

"O meu governo pede que o senhor me dê cinco minutos do seu tempo. Se o senhor vir que eu não tenho talento, eu volto para o Brasil e vou viver da caça e da pesca."

Muitas vezes, esse tipo de ousadia acaba dando certo, e o russo, que talvez não estivesse muito acostumado com essa afoiteza própria de latinos, concedeu-lhe os cinco minutos e passou a Eleazar uma partitura que o brasileiro já tinha regido e sabia de cor: *A grande páscoa russa*, de Rimsky Korsakov (1844-1908). Haja sorte! Eleazar regeu, agradou e, quando terminou, Koussevitzky disse a seu assistente: "Ponha o nome dele na lista de alunos do curso". E assim Eleazar de Carvalho se tornou maestro-assistente da Filarmônica de Boston, aluno de Koussevitzky, e chegou a partilhar a assistência com o maestro Leonard Bernstein (1918-1990), que, por sua vez, chegou a se tornar regente da Filarmônica de Nova York.

No Brasil, para sobreviver, Eleazar continuava seguindo com a carreira militar e foi diretor musical do Cassino da Urca, no Rio de Janeiro, a principal casa de espetáculos do início da

---

[5] Disponível em: <http://goo.gl/TAJqqx>. Acesso em: out. 2015.

década de 1940, onde se apresentavam os grandes artistas da época, como Carmen Miranda (1909-1955).

Quando seu filho com a pianista Sônia Muniz nasceu, em abril de 1976, o nome escolhido não poderia ter sido outro: Sergei, em homenagem ao mestre russo. Sergei Eleazar de Carvalho, que aos 5 anos de idade ainda não sabia ler o alfabeto, mas já lia partituras.

Se, como diz o provérbio, o amor com amor se paga, João Carlos devolveu o carinho e o apoio que recebeu do maestro Eleazar de Carvalho, convidando para a sua Bachiana o jovem e talentoso violinista Sergei Eleazar de Carvalho. João convidou o filho de seu querido amigo para tocar em um dos seus primeiros concertos como regente. Sergei foi um dos solistas do *Concerto para quatro violinos em si menor*, de Vivaldi, e chegou a ser o *spalla* da Bachiana em algumas apresentações. Em outras, deixou a estante do violino para subir ao pódio do maestro, comovendo João Carlos com a lembrança do velho e querido amigo maestro Eleazar de Carvalho.

Sergei também se lembra de como o pai e João Carlos eram amigos próximos e conta que chegou a ver, várias vezes, os dois se comunicando das janelas de seus respectivos apartamentos, que ficavam de frente um para o outro, como se estivessem em navios distantes, pois se "falavam" piscando luzes, como se faz na Marinha. Ele só não tem a menor ideia do que eles "", se é que "diziam" alguma coisa, já que não se tem notícia de João Carlos ter feito algum curso de Código Morse por luzes...

"Vamos reger os prédios"

Quando decidiu aceitar o "convite" onírico do maestro Eleazar de Carvalho, João Carlos começou a entender os primeiros movimentos da nova profissão com o maestro e amigo Júlio Medaglia.

O próprio Júlio conta que a grande vantagem do João Carlos, como aluno de regência, é que ele já sabia tudo de música, partituras e, mais ainda, da estreita relação dos músicos com um maestro. Medaglia destacou também o papel fundamental de João Carlos ao trazer Bach para os nossos dias.

Mas nem por isso a primeira aula deixou de ser *sui generis*. Convidado pelo amigo João, Júlio Medaglia foi à casa dele para as primeiras conversas e, nesse dia mesmo, colocou João Carlos para reger. Como assim, reger na primeira aula? Exatamente! E com um agravante: "Vamos reger os prédios que estão aí fora", sentenciou o experiente maestro.

João Carlos mora numa cobertura no Jardim Paulista, com uma ampla vista das dezenas de prédios da região. Medaglia colocou um banquinho bem na frente do janelão do apartamento, fez João Carlos subir nele, colocou um CD no aparelhinho de som e pediu para João reger. Mas... reger o quê?

Com a palavra, Júlio Medaglia:

"O João Carlos passou a vida debruçado sobre 88 teclas do piano, com as mãos, obviamente, voltadas para baixo, e ele precisava, como primeiro gesto para ser maestro, colocar as mãos para cima, olhar para a frente e encarar, em vez de 88 teclas, 88 músicos! Nada melhor, então, do que ele reger os prédios em frente à sua janela, porque a relação dele com a música, como maestro, passaria a ser totalmente diferente. Os seus olhos, que, como pianista, viam e ouviam a música se fazer a 30 centímetros, iriam, agora, ter que perceber a movimentação de 88 músicos, a distâncias que poderiam chegar a 10, 15 metros de onde ele estava, no pódio do regente, e as mãos costumeiramente viradas para baixo teriam que se voltar para cima."

Esta foi a primeira orquestra que João Carlos regeu: os prédios em frente ao janelão do seu apartamento. Primeiro professor: maestro Júlio Medaglia.

O experiente maestro, ali como professor, repetiu a "regência de prédios" por duas ou três vezes. João Carlos desceu do pódio/banquinho e os dois conversaram muito sobre as técnicas de regência, que Medaglia considera um verdadeiro artesanato. E ele vai ainda mais longe: defende que o trabalho do maestro tem que ser emoção pura, senão vira matemática, vira simples razão... E dá como exemplo o maestro Zubin Mehta, mestre em conduzir sua orquestra ao ápice da emoção.

E, por falar em emoção, a transição de pianista para maestro foi coroada de maneira muito especial quando a viúva de Eleazar de Carvalho, a também pianista Sônia Muniz, entregou, num gesto simbólico e solene, a batuta de regência do marido a João Carlos.

CAPÍTULO 18

A mania de lançar novos talentos

"Se estudar, este menino vai ser um dos maiores violinistas do mundo."

A mania de ajudar os outros está sempre presente na vida do e maestro. Em 20 de julho de 2015, por exemplo, João Carlos e Gel, seu motorista, saíram cedinho para pegar a estrada rumo a Ribeirão Preto, onde João Carlos iria reger, à noite, a Sinfônica do Theatro Pedro II, o terceiro maior teatro de ópera do Brasil, fundado em 1930, com capacidade para mil lugares.

João Carlos foi convidado pela orquestra para fazer uma única apresentação, com ingressos vendidos a R$ 200,00, para que os R$ 200.000,00 arrecadados fossem divididos entre os músicos, que estavam sem receber salário havia sete meses. O convite foi feito ao maestro porque, segundo os músicos da orquestra, apenas ele, João Carlos, conseguiria lotar o teatro. Aliás, o teatro e a praça em frente, porque pelo menos 500 pessoas não conseguiram ingresso e ficaram na praça na esperança de que sobrasse algum lugar.

João também se especializou em lapidar diamantes brutos, descobrindo e dando chance a crianças e jovens com talento nato.

Um rápido passeio pela história da música erudita vai encontrar, em diferentes séculos, dezenas de exemplos de crianças prodígio. Dois deles talvez possam representar a síntese mais vistosa deste fenômeno: o austríaco Johannes Chrysostomus

Wolfgangus Theophilus Mozart, ou simplesmente Mozart, no século XVIII (1756-1791), e o alemão Jakob Ludwig Felix Mendelssohn Bartholdy, ou apenas Mendelssohn, no século XIX (1809-1847). Além de terem vivido muito pouco – Mendelssohn morreu aos 38 anos e Mozart aos 35 – a trajetória musical dos dois tem importantes pontos em comum, que começam exatamente na precocidade: Mozart, aos 5 anos, não só tocava piano como já compunha músicas; e Mendelssohn, aos 12 anos, já regia orquestras sinfônicas. Ambos tiveram apoio total e irrestrito da família no desenvolvimento precoce de seus talentos.

Assim também foi com João Carlos, que contou com o apoio integral do pai e aos 8 anos já tocava Beethoven, aos 13 recebeu o reconhecimento da comunidade musical erudita e aos 18 ganhou o Festival Pablo Casals, na época o mais importante encontro de música clássica para jovens talentos, deslanchando a sua carreira internacional. Diante de tanto apoio que recebeu ao longo da carreira, João Carlos se impôs a missão de encontrar diamantes brutos para serem lapidados.

"Vamos ver se você sabe cantar mesmo"

Quando o rapaz franzino, de origem simples, afrodescendente, criado pelos avós na cidade de Barrinha, no interior de São Paulo, tocou a campainha do apartamento do maestro João Carlos Martins, em abril de 2009, ele estava muito nervoso. Afinal de contas, ia entrar na casa de um mito da música clássica mundial para mostrar o seu canto.

Ao ser levado para a sala principal, onde fica o piano de cauda, João Carlos o recebeu com muito carinho e o rapaz ficou ainda mais nervoso ao ver ali ninguém menos que o padre Marcelo Rossi e o bispo Fernando, combinando uma apresentação de João Carlos no impressionante Santuário Mãe de Deus, onde o padre Marcelo recebe milhares de pessoas para a missa de domingo, que é transmitida pela Rede Globo para todo o Brasil.

Bem típico do seu jeito de fazer tudo ao mesmo tempo, João Carlos recebeu do rapaz a partitura de uma obra de Hendel, "Ombra mai fu", deixou o padre e o bispo ali do lado para também assistirem à prova de fogo e o levou para perto do piano: "Vamos ver se você sabe cantar mesmo!".

João Carlos tocou e o rapaz de Barrinha cantou... Assim que terminou o exame, o maestro o aprovou com uma pergunta: "Você pode cantar amanhã à noite para duas mil pessoas no Clube Pinheiros?".

É lógico que o tenor Jean William, na época com 23 anos, podia cantar no dia seguinte. E quase não dormiu naquela noite de tanta emoção, porque sentiu que a sua vida não seria mais a mesma. E não foi mesmo, já a partir do dia seguinte, porque logo cedo João Carlos lhe telefonou, perguntando se ele poderia cantar no teatro do Centro de Integração Empresa-Escola (CIEE) naquela tarde, antes da apresentação no Clube Pinheiros.

Jean William, o tenor apresentado por João Carlos: "Eu tinha um pouco de vergonha de voltar ao palco para o bis".

É lógico que ele podia e, assim, se apresentava pela primeira vez cantando Hendel ao lado de João, a mesma música do teste do dia anterior. E, à noite, a ovação no Clube Pinheiros foi surpreendente, com duas mil pessoas o aplaudindo de pé! Sem saber, o jovem talento já estava sendo preparado para se tornar o tenor titular da Filarmônica Bachiana-SESI. Bem que ele imaginou que sua vida nunca mais seria a mesma.

Com uma vida de muita simplicidade na pequena cidade de Barrinha, perto de Ribeirão Preto, o garoto cantava na igreja do bairro acompanhado pelo violão do avô, que lhe apresentou ao mundo da música, porque era autodidata de vários instrumentos. Mas o avô era autodidata; o neto, não. E assim, ainda garotinho de tudo, Jean começou a se encantar e se interessar em aprender música na Escola Estadual José Luiz de Siqueira, ainda em Barrinha. Depois foi transferido para a Escola Winston Churchill, na cidade vizinha, Sertãozinho. Prestou concurso para o Conservatório de Música local e passou a se dedicar mais ao canto, sua paixão.

Em 2003, aos 17 anos, passou no vestibular para a Universidade de São Paulo (USP) e começou a cursar canto e arte lírica, dedicando-se cada vez mais à sua carreira de cantor, de tenor. Na medida que foi ganhando fôlego, passou a se apresentar em festivais, como o de Campos de Jordão, e a cantar em casamentos, ganhando seus primeiros cachês, o que lhe permitiu, então, arcar com algumas despesas.

A sabedoria popular diz que "Deus ajuda a quem trabalha", a sorte também deu uma mãozinha na carreira de Jean, porque a sua mecenas, a professora de geografia em escola pública, Júlia Guidi, que o apoiou durante anos, é contraparente de uma conhecidíssima jornalista paulista, Mônica Bergamo, dona de uma concorrida coluna na *Folha de S.Paulo* e que conhece muita gente. Tímido, Jean se armou de coragem e perguntou se ela poderia fazer uma ponte com João Carlos Martins, porque o próprio Jean sabia que o maestro tinha o hábito de ajudar iniciantes. Mônica nem precisou procurar o maestro, porque logo no dia seguinte João Carlos ligou para ela por qualquer motivo, e a deixa foi suficiente para Mônica encaixar o assunto "jovem tenor".

Entre 2009 e 2012, como tenor-bolsista da Bachiana-SESI, Jean calcula que tenha feito mais de 100 apresentações na Sala São Paulo, e também em comunidades, em empresas e até em Nova York, onde cantou no Lincoln Center. Na maioria das vezes, João Carlos o introduzia ao público como um rapaz de origem humilde, criado pelos avós e que batalhou muito na vida para chegar aonde estava. Ao contrário do que muita gente poderia imaginar, essa maneira de ser apresentado sempre foi motivo de orgulho para o rapaz, que chegou a estudar alguns meses na Itália e teve aulas com Luciana Serra, diretora do Scalla de Milão.

No final de 2012, Jean tomou a decisão de deixar a Bachiana e buscar seus próprios caminhos. Tem cantado óperas no Theatro São Pedro, em São Paulo, e também em Belém do Pará e em Milão. É solista do tradicional Coral Paulistano, ligado ao Theatro Municipal de São Paulo.

Da Bachiana levou consigo muitas lembranças, como os permanentes ensinamentos de João Carlos Martins: "Com ele aprendi a dividir o palco com os músicos, a assumir o palco quando era protagonista e a perder minha timidez, porque, na hora de voltar para o bis, eu morria de vergonha e o que eu mais escutava era o João Carlos dizendo: volta logo que o povo está te aplaudindo!".

E Jean William é um nome artístico? É alguma homenagem? Resposta: "Não... é de batismo. Foi minha mãe que gostou do nome". Simples assim.[6]

---

[6] Confira a performance de Jean William em: <https://goo.gl/3fJuSx>. Acesso em: out. 2015.

A voz que faz chorar

O fotógrafo Fernando Mucci, que tem o maior acervo fotográfico de João Carlos, estava sentado na primeira fileira do Teatro Cultura Artística, em São Paulo, quando percebeu que todo mundo na primeira e na segunda fila estava emocionado, assim como ele. Nos aplausos finais, as duas fileiras imediatamente se puseram de pé em sinal de aprovação, exclamando gritos cheios de significado, *Bravo! Bravo!*, que, para os ouvidos dos artistas, soam como doce poesia.

Fernando aproveitou que todo mundo tinha se levantado e escapou em direção ao amigo jornalista, sentado um pouco mais atrás, para dizer que "lá na frente tá todo mundo chorando", como ele também estava. Enquanto isso, no palco, João Carlos abraçava e levantava o braço da jovem soprano Eliane Chagas, que ele estava apresentando ao mundo da música clássica em São Paulo. O jornalista em questão também estava muito emocionado com aquele reconhecimento à talentosa soprano pernambucana que ele mesmo tinha apresentado a João Carlos.[7]

Só quem já foi um solista da categoria dele teria tamanha compostura ao acompanhar uma iniciante em um palco da importância do Cultura Artística. Enquanto Eliane soltava a voz privilegiada, João Carlos a acompanhava ao piano com o semblante concentrado. Ele aguardou os aplausos efusivos se acalmarem, apresentou Eliane ao público – ela permanentemente abraçada a ele – e brincou, dizendo que ela tinha aquele fôlego "porque também toca trombone", o que era verdade. Orgulhoso com o desempenho da tímida Eliane,

---

[7] Confira a performance de Eliane Chagas em: <https://goo.gl/Pf9kyL>. Acesso em: out. 2015.

Enquanto Eliane soltava a sua voz privilegiada, João Carlos a acompanhava ao piano com o semblante concentrado. Só quem foi um solista da categoria dele teria a dignidade de acompanhar assim uma iniciante, em um palco da importância do Cultura Artística.

João resumiu o que estava fazendo ali, abraçado à jovem e promissora soprano: "A nossa missão é lapidar esses diamantes brutos que vão aparecendo".

Depois da apresentação, Eliane foi festejada no camarim pelo ex-presidente Fernando Henrique Cardoso e por Juca Chaves, que notou a enorme semelhança de timbres e emissão de voz entre Eliane e Bidu Sayão (1902-1999), a grande soprano brasileira, lembrando que a música que ela cantou, "Melodia sentimental", foi composta por Villa-Lobos especialmente para Bidu. Juca Chaves ressaltou ainda que a voz de Eliane, além de linda, emocionou a todos.

Um dia, quando um jornalista lhe perguntou por que a voz dela fazia as pessoas chorarem, ela respondeu com toda simplicidade:

"Não sei por quê... Só sei que as pessoas choram..."

Guido, o menino de 10 anos que é promessa de ser um grande violinista.

Eliane é um desses fenômenos que aparecem de tempos em tempos e que, mesmo simples, pobre, do agreste pernambucano, apostou no seu talento e no seu lindíssimo timbre de voz, seguiu no caminho da música com perseverança e deu a volta por cima.

Os meninos violinistas

Em 2014, Guido Santana, um garotinho de 9 anos foi apresentado a João Carlos por Elisa Fukuda, violinista da Bachiana. João Carlos ficou tão impressionado com o talento do menino que poucos meses depois organizou a estreia dele na Sala São Paulo. O maestro também não se cansa de dizer que "se estudar direitinho, Guido vai se tornar um dos grandes violinistas do mundo". Um dia, durante um almoço na casa de João Carlos, sempre acompanhado do pai, Guido garantiu que vai estudar muito para fazer sucesso, mas o menino não queria muita conversa, porque estava se deliciando com o prato que a cozinheira Vilma tinha preparado para ele.

Anos antes, em 2009, João Carlos também foi procurado por outro aluno de Elisa Fukuda, o garotinho Lucas Faria, de

10 anos, que tinha sido levado ao programa do Faustão como um fenômeno do violino. E era mesmo!

João Carlos acolheu o menino e, tempos depois, o maestro o levou novamente ao Domingão do Faustão para contar como tinha sido a apresentação de Lucas nos Estados Unidos. Dessa vez, a participação do menino no programa teve direito até a uma reportagem feita em Nova York, onde João Carlos foi reconhecido na rua e se rendeu a algumas *selfies*. A reportagem também mostrou um trecho do concerto e Lucas, já com 12 anos, como um dos violinistas da peça *Concerto para quatro violinos*, de Vivaldi. Os outros três foram: Elisa Fukuda (solista), Cláudio Micheleti e Ricardo Takahashi.

E já que estava ali, aparecendo para milhões de brasileiros, o maestro não deixou de dar o ar da graça ao provar, para alegria do Faustão, que a música clássica é muito mais conhecida do que se imagina e, dirigindo-se ao auditório, marcou um gol de placa. Cantarolou as primeiras notas de uma música muito conhecida e o auditório, a plenos pulmões, completou a "provocação". O auditório do Faustão havia cantado um trechinho da *Pequena serenata noturna*, composta por Mozart.[8]

Foram 14 minutos e 30 segundos no Domingão do Faustão, e os programadores de TV descobriram que a combinação João Carlos + música clássica + superação dá ibope! Bom para João, que se tornava cada vez mais conhecido. Ele mesmo gosta muito de contar que, como pianista das mais seletas salas de concerto do mundo, nunca chegou a dar um único autógrafo na rua nem nas áreas *vips* em aeroportos do Brasil e do exterior. De 2004 em diante, quando virou maestro casado com o tema da superação, ele não parou de tirar fotos e *selfies*, o autógrafo da era digital!

---

[8] Assista a João Carlos tocando o "Hino Nacional Brasileiro" no Domingão do Faustão: <https://goo.gl/Ydcuz7>. Acesso em: out. 2015.

A menina de Criciúma

Quem estiver na Fundação Bachiana em dias de ensaio vai perceber o passa-passa de uma moça alta, de óculos, sempre simpática e que tem todas as razões deste mundo para viver sorrindo, pelo que conquistou e pela forma como conseguiu a vaga de professora e regente do coro da Fundação.

Quando terminou um concerto em Criciúma, Santa Catarina, em dezembro de 2010, a regente do coro de meninos que tinha feito a abertura do espetáculo, ao conseguir chegar perto de João Carlos, logo perguntou, apesar do nervosismo: "Maestro, meu sonho é cantar numa orquestra. O senhor pode me ajudar?".

Diante do pedido, João Carlos respondeu que, claro, poderia ajudá-la e pediu que a moça ligasse para o celular dele para marcarem um novo encontro. Passou-lhe o número de seu telefone, e a vida quase seguiu naturalmente, não fosse pelo choro da jovem catarinense que, ao chegar em casa, se abraçou com os pais e viu se acender uma luz no fim do túnel ao lembrar dos elogios do famoso maestro, que ela admirava pela carreira de pianista e pelas histórias de superação que via na televisão. A soprano lírico e regente de coro Dyane da Silva Rosa, na época com 25 anos e uma enorme vontade de vencer na vida com o seu canto, acreditou firmemente que aquele poderia ser o dia mais importante de sua vida e foi à luta.

Dyane (se pronuncia "Daiane") não descansou enquanto ficou com aquele pedaço de papel em que tinha anotado o celular do maestro e que parecia lhe gritar: "Liga, liga, liga!!!". Todo dia era aquela ansiedade sem fim cada vez que ela pegava o papel. Uma semana depois das palavras mágicas do maestro, a jovem criou toda a coragem do mundo, respirou fundo e ligou. Caiu na caixa postal: "Deixe o seu recado para [e a voz do próprio João completava] João Carlos Martins". Ela, esperançosa, deixou o recado:

"Maestro, aqui é aquela moça de Criciúma que falou com o senhor sobre cantar na orquestra e o senhor pediu para ligar, lembra?"

Pronto, o mais difícil já tinha passado e, mesmo que ele não ligasse de volta, ela já tinha cumprido a sua parte. Dyane ligou do ônibus a caminho de uma cidade vizinha, onde ia fazer uma apresentação com o coral Vozes de Esperança.

De volta a Criciúma, ao ligar seu telefone, lá estava indicada uma ligação perdida de São Paulo. O coração de Dyane disparou, pois só podia ser ele... E era! Com recado e tudo:

"Oi, tá boa? Recebi sua mensagem. Vamos marcar um dia para eu ouvir você cantar."

Finalmente, o encontro foi marcado, para fevereiro de 2011, em Florianópolis, pouco antes de um concerto que João Carlos faria na cidade. O maestro a recebeu no palco e ouviu atentamente a moça cantar duas músicas, acompanhada por um amigo que foi para tocar piano. "O mio babbino caro", uma ária da ópera *Gianni Schicchi*, de Puccini, sobre uma filha que tenta amolecer o coração de seu pai para que ele ajude a família do rapaz por quem ela está apaixonada. É lógico que Dyane não poderia saber, mas tudo que diz respeito à relação pai e filho tem um apelo especial no coração do maestro, por causa da enorme e marcante presença do pai, Seu José, na vida dele. Dyane sentiu na hora que João Carlos tinha gostado de sua performance.

Em fevereiro de 2012, pouco mais de um ano depois do primeiro encontro, Dyane começava a trabalhar na Fundação Bachiana como professora e regente das aulas de canto do coro dos projetos de musicalização da Fundação. Ela fica com a voz embargada ao falar do maestro, ao agradecer, ao dizer que ele mudou a história de sua vida e contar que vai, em dois anos, cantar na Filarmônica Bachiana.

Será que qualquer semelhança dessas histórias com o histórico de dificuldades e superações do pianista e maestro João Carlos Martins é uma mera coincidência? Será?

CAPÍTULO 19

A fama e os famosos!

"Bach é o Pelé da música clássica, Beethoven pode ser o Maradona!"

Hoje em dia, existem várias maneiras de medir o sucesso de um artista. Uma delas, mais vistosa, é a perseguição dos fãs, que o obriga a tentar se disfarçar com óculos escuros para conseguir sair do hotel ou, se for muito famoso, talvez até precise sair pela porta dos fundos. Também faz parte da construção da imagem de um artista badalado morar numa casa maravilhosa, andar em carros espetaculares e ter um site próprio e perfis nas redes sociais com milhões de acessos e seguidores, mesmo que parte das curtidas seja um pouco *fake*, isto é, falsa. Toda essa badalação, obviamente, faz parte da vida de artista, porque a admiração é um componente indissolúvel da sua relação com o fã que retroalimenta o ego e a carreira.

Na década de 1960, no entanto, o sucesso poderia ser medido também de outro modo, conforme estampava o jornal *O Estado de S. Paulo* de 27 de maio de 1961: a roupa sob medida. E João Carlos não escapou à moda. A foto da página seguinte mostra que o pianista brasileiro se vestia na Casa José Silva, onde eram confeccionadas, inclusive, as casacas para suas apresentações.

A última frase da legenda é um resgate bem interessante da publicidade disfarçada que se praticava na época: "É significativamente honroso para Casa José Silva poder participar dessa mensagem de arte e intelectualidade brasileira".

João Carlos ficou um mês sem falar com o pai por causa dessa propaganda.

Até hoje João Carlos é contra esse tipo de publicidade e lembra que ficou louco da vida com o pai e chegou a ficar um mês sem falar com ele por ter inventado essa história da Casa José Silva para atender ao pedido de um velho amigo.

Outro jeito de avaliar o sucesso, à medida que a carreira de um artista vai deslanchando, é a convivência com outros famosos. E olha que João teve um convívio natural, caseiro, com grandes expoentes da música clássica desde o seu primeiro grande concerto aos 13 anos, quando ainda usava calças curtas.

Aos 16 anos, tocou para Villa-Lobos, o maior compositor brasileiro. Famosos por famosos, João Carlos recebeu, anos depois, elogios rasgados de Leonard Bernstein, maestro que fez escola; de Pablo Casals e seu impressionante *cello*; conviveu com o que há de melhor no jazz na companhia de Dave Brubeck e guarda uma doce lembrança de um encontro com Tom Jobim. Keith Emerson, da banda Emerson, Lake & Palmer, diz que João Carlos foi uma inspiração para a sua carreira. Sem contar a leva de importantes artistas brasileiros que já gravaram com ele: Roberto Carlos, Caetano Veloso, Milton Nascimento, Chitãozinho e Xororó, entre outros.

No campo das artes plásticas e do *design*, recebeu um conselho de Salvador Dalí (1904-1989); o canadense Frank Gehry, um dos maiores arquitetos da atualidade, já assumiu que é fã de carteirinha de João Carlos, assim como o *designer* americano Milton

Glaser, criador da campanha *I Love NY*. Já no lado das artes cênicas, escutou piadinhas de um dos mais influentes e famosos comediantes americanos, Bob Hope (1903-2003); e Marlene Dietrich (1901-1992), consagrada atriz e cantora alemã, revelou que gostou muito de ver o jovem pianista brasileiro.

Sempre atento à carreira do filho, foi o pai de João Carlos que tirou a foto dele com o compositor e maestro Heitor Villa-Lobos.

Na política, no Brasil e no exterior, João Carlos conheceu Ronald Reagan (1911-2004), presidente dos Estados Unidos, e Juscelino Kubitschek (1902-1976), presidente brasileiro. Bobby Kennedy (1925-1968), que foi assassinado quando se candidatava à presidência dos EUA, se encontrou com João Carlos logo depois de um concerto de Mozart para cumprimentá-lo pelo desempenho. A "Dama de Ferro" e primeira ministra da Inglaterra, Margareth Thatcher (1925-2013), escreveu uma longa carta elogiando a gravação das *partitas* de Bach.

No futebol, João Carlos não deixou por menos com Lionel Messi e Pelé. O maestro recebeu Pelé em sua cobertura para a gravação do documentário *A paixão segundo Martins*, produzido na França, e aproveitou para bater uma bolinha com o Rei do Futebol. No terraço do apartamento, eles controlaram a bola com a cabeça e, durante a conversa, o Rei lembrou que os dois têm a mesma idade e escutou o comentário/brincadeira de João Carlos sobre Pelé ter dito que era chamado de "Beethoven do futebol":

"Quando disserem isso outra vez, não aceite o título! Porque Bach é o Pelé da música clássica, Beethoven pode ser o Maradona!"

Outro argentino, o craque Lionel Messi, ao receber de presente um vídeo com 12 dos seus principais gols embalados pela música de Bach interpretada por João Carlos, agradeceu emocionado. Foi o pai de Messi – sempre um pai – que enviou a João a gravação da coleção de gols. Mais de um milhão de pessoas assistiram ao vídeo nas redes sociais em apenas uma semana.[9]

Com o genial Dave Brubeck, ícone do jazz, João Carlos esteve, pessoalmente, em diversos momentos, inclusive no Alasca. Isso mesmo, no Alasca! Quando ainda não se conheciam, os dois foram convidados pelo maestro Donald Johanos (1928-2007), a participar do Festival de Música de Anchorage, a cidade cultural do continente Ártico. O próprio Dave Brubeck conta, na fotobiografia de João Carlos, como foi o primeiro encontro dos dois:

"Levei minha família junto para desfrutar um pouco do lugar e, um dia, Johanos me convidou para assistir ao recital do pianista João Carlos. O que eu ouvi naquele recital foi impressionante. Ali, havia alguém tocando Bach da forma que eu imaginava, alegre e cheio de vitalidade, exuberante."

Ao saber que Brubeck estava na plateia, João Carlos tocou "Blue rondo à la Turk" no bis, música de autoria do jazzista americano. Brubeck ficou muito emocionado com a homenagem, embora aquela canção fosse, a rigor, a única música fora do repertório clássico que João tocava, e que tinha aprendido anos antes com Dick Farney (1921-1987), jazzista brasileiro. Depois do concerto, foram jantar juntos, e um dos filhos de Brubeck arriscou um palpite: "Quando você toca Bach, parece muito com jazz". João corrigiu, sorrindo: "Bem, você quer dizer que jazz é muito parecido com Bach, certo?".

[9] Confira o vídeo em <https://goo.gl/vS05v9>. Acesso em: out. 2015.

Anos depois, em 2 de outubro de 2009, os dois voltaram a se encontrar no concerto *The Meeting* [O Encontro], em Nova York, no Lincoln Center, e o agora maestro João Carlos regeu o solista Dave Brubeck, já com 88 anos, que reconheceu, com muita emoção, o esforço de João para permanecer na música:

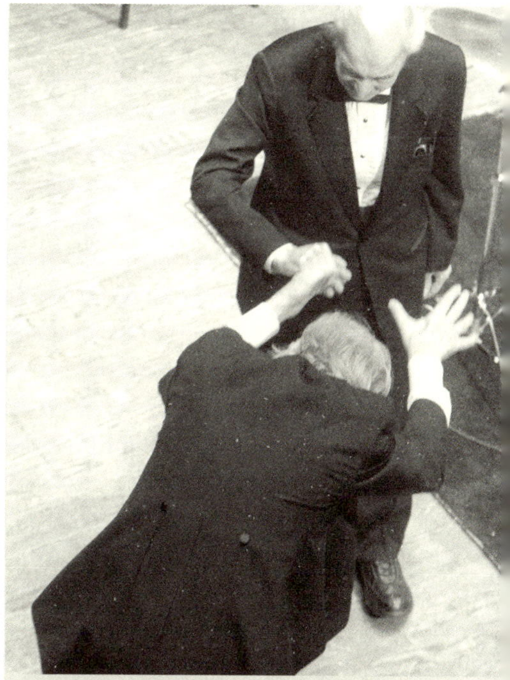

O encontro em Nova York foi memorável. Na foto, João Carlos presta suas homenagens a Brubeck, curvando-se, literalmente, ao grande músico americano.

"Na última vez em que nos sentamos para tocar juntos, cada um no seu piano, meu coração ficou partido, pois sabia como me sentiria se tivesse sido terrivelmente ferido por um ataque sem sentido e criminoso. Ter conseguido colocar sua imensa criatividade musical na regência de orquestras é uma bênção para ele e para aqueles que têm a felicidade de assistir às suas apresentações."

Do concerto no Lincoln Center ficaram alguns registros raros, como João Carlos se curvando, literalmente, ao grande músico americano.[10]

Jazz nos Estados Unidos, Bossa Nova no Brasil. Na casa do maestro Tom Jobim, no Jardim Botânico, no Rio de Janeiro, junto com Arthur Moreira Lima, João Carlos e os amigos

[10] Confira a reportagem sobre Brubeck, que também reconstitui o dia em que João Carlos sofreu o acidente no Central Park, em 1965: <https://goo.gl/qLLtjX>. Acesso em: out. 2015.

passaram uma tarde inteira trocando figurinhas, tocando juntos e se divertindo muito.

E durante um jantar em Washington, enquanto Leonard Bernstein garantia que nunca imaginaria que um piano de parede pudesse se transformar numa orquestra, ao ouvir, pela primeira vez, João Carlos interpretar alguns autores, o irreverente pintor espanhol Salvador Dalí sugeria ao pianista virtuoso que fizesse como ele, que ficou repetindo sem parar que era o maior pintor do mundo e as pessoas acabaram acreditando!

Depois que se tornou maestro e astro da TV, João nunca mais teve paz em aeroportos, ruas, shoppings... o que o deixa muito feliz. Em 2013, foi alçado a "herói do planeta", numa série especial da CNN Internacional. Por essas e outras, João Carlos não pode reclamar muito da sorte!

CAPÍTULO 20

Que tal trabalhar um fim de semana inteiro? E em vários fins de semana?

"Tenho o prazer de apresentar o herdeiro do Luciano Pavarotti."

Vinte e um de março de 2015, um sábado que só iria terminar no fim da tarde do domingo. O dia do maestro João Carlos Martins começou cedinho, com alguns estudos ao piano, depois um banho, o café da manhã, a leitura dinâmica da primeira página dos jornais. Como o Flash, personagem superveloz dos quadrinhos, ele rapidamente desceu para a garagem do prédio e entrou no carro antes mesmo de Gel, seu motorista e filho de Vilma, cozinheira, que há 15 anos trabalha na casa dele.

Sábado de manhã, trânsito camarada, João Carlos chegou às 8h50 na Sala São Paulo para o ensaio das 9h com a sua Orquestra Bachiana, em preparação para o concerto da noite, que contaria com um convidado, o tenor Thiago Arancam. João Carlos dá uma passada rápida no camarim, veste a roupa de ensaio – calça, camiseta polo azul e suspensório branco – e quando chega ao palco a orquestra já está formada. Do pódio, o maestro cumprimenta todos, faz uma ou outra brincadeira para descontrair e inicia o ensaio da primeira parte do concerto.

João deixa a sala mais ou menos ao meio-dia, tempo de chegar em casa, comer alguma coisa e, a pé mesmo, encontrar-se na Tabacaria Ranieri com os amigos do sábado. São advogados, ex-ministros do Supremo e jornalistas que se encontram para jogar conversa fora. Um papo sempre muito animado sobre política, futebol e sobre a Ferrari último modelo que parou no sinal e mal consegue engatar a primeira por causa do trânsito engarrafado.

Da roda de amigos – o único encontro social que frequenta – vai direto para casa e para a cama. Todo dia de concerto, João dorme de uma a duas horas durante a tarde, hábito que adquiriu ainda como pianista, em 1958, quando descobriu que precisava enganar a mão direita, o que conseguia tirando uma soneca antes dos concertos. João Carlos se gaba muito da capacidade de conseguir dormir quando quer e de não precisar de muito sono para recuperar as energias, habilidade que ele comprovou nesse mesmo fim de semana.

Às 16h em ponto, já estava de volta à Sala São Paulo para passar o som, o que, na verdade, era o ensaio geral. Acabou se fechando numa sala com o tenor para fazer as marcações. O cantor solista exige um cuidado especial do maestro. Juntos, precisam acertar direitinho as pausas que a própria interpretação impõe, para que a orquestra não toque na frente nem se atrase. É um trabalho meticuloso, que exige foco, atenção, concentração – e só os dois ficam na sala.

Já às 19h15 – o concerto começaria às 21h – depois de um cafezinho na lanchonete da casa, o maesto reúne orquestra e tenor para a passagem do som. Com a orquestra é rápido. Com o tenor demora mais de uma hora. A todo instante, João Carlos interrompe o ensaio para ajustar a tal paradinha e, finalmente, chegam a um acordo. João Carlos parece querer um pouco mais. Estão programadas quatro árias para Thiago cantar.

Do palco vai direto para o camarim, carregando debaixo do braço as partituras. Às 20h20, a assessora de imprensa abre a porta do camarim para avisar que a equipe da Rede Record chegou para fazer uma reportagem especial. João pede os detalhes e descobre que se trata da história emocionante de uma moça surda que toca flauta e tem dois sonhos: conhecer a Sala São Paulo e o maestro João Carlos Martins. Enquanto a equipe da TV não entra, João pega o caderno com as partituras das árias e começa a reger. De vez em quando, faz alguns sons com a boca para marcar o andamento.

Dez minutos depois, a porta do camarim é aberta e a luz de uma câmera invade o espaço, seguindo uma moça de vestido branco e óculos, que segura o estojo da flauta com a mão direita. Ela para repentinamente na soleira da porta ao se ver frente a frente com o seu ídolo, que a recebe com um sorriso. A moça desaba no choro, as lágrimas se espalham pelo rosto, ela tenta enxugá-las e quase arranca os óculos. O maestro fica enternecido com a emoção e se aproxima dela para acomodá-la num afetuoso abraço. Ela fecha os olhos e o maestro também. Aos poucos, a moça, que se chama Carol, se acalma e aproveita o tempo que tem ali no camarim para contar como foram os últimos 15 minutos, os mais emocionantes dos seus 24 anos de vida. A equipe de reportagem da Rede Record foi buscá-la numa cidade próxima da capital e, quando estavam chegando à Sala São Paulo, vendaram os olhos dela. O que a reportagem não sabia é que a natureza, muitas vezes, compensa as dificuldades apurando outras habilidades. Carol percebeu, ainda no carro, que estava chegando a algum lugar com música, por causa das vibrações que sentiu nos pés e nas mãos, e era exatamente o horário em que a orquestra estava passando o som.

João Carlos pediu que ela tocasse um pouco da flauta. Como a moça vacilou de tão nervosa, ele foi ao seu socorro:

"Não se preocupe que você vai tocar para um maestro, porque não tem nada mais importante do que você sentir o seu instrumento e, se errar, tem amanhã para corrigir. Essa é a nossa vida de músico."

A moça não errou, João a acompanhou no piano do camarim e ela saiu andando nas nuvens, com um beijo do maestro e a certeza de que a vida vale a pena.

Novamente sozinho no camarim – faltavam 12 minutos para o início do concerto – João comenta rapidamente que vivencia emoções assim em vários locais do país e ruboriza um pouco quando escuta que ele se tornou uma referência para as pessoas. Rapidamente, o maestro recupera a concentração, pega as partituras das árias e recomeça a reger. Quando faltam cinco minutos, pede que seu pessoal de apoio chame o tenor e repassa com ele o que era necessário. Thiago já está praticamente pronto para o palco, trajando a casaca e a camisa de abotoaduras com formato da clave de sol, faltando apenas dar o nó na gravata. João ainda está com a roupa de ensaio. Assim que o tenor sai do camarim, faltando três minutos para o início do concerto, ele troca rapidamente de roupa, veste a calça preta, a camisa branca imaculada que comprou nos Estados Unidos, e o motorista-camareiro o ajuda com os botões, já que sua mão enfrenta dificuldades até para fechar a roupa.

O produtor de palco avisa que já foram dados os dois primeiros sinais para o começo do espetáculo, mas João Carlos já não escuta mais nada, porque voltou a concentrar-se nas árias. Ainda faltava completar dois ou três movimentos. Às 21h03, ele fecha o caderno das partituras, olha ao redor, entende que está na hora de ir para o palco. Penteia o cabelo todo branco para trás com elegância, como normalmente os maestros usam, porque, quando se movimentam durante a regência, acabam transmitindo um pouco do ritmo para a plateia, que só os vê pelas costas. Essas coisas fazem parte da vida e paixão dos maestros, que precisam estar sempre alinhados e com os sapatos brilhando, porque numa plateia de duas mil pessoas, são quatro mil olhos espiando, julgando, ao vivo e em cores!

Encarnando mais uma vez o Flash, João percorre com passos largos o corredor que liga o camarim às portas de acesso direto ao palco. No caminho, ainda deu uma palavrinha com dois músicos que estavam ali e, finalmente, se posicionou diante das duas portas. Como se fosse um ritual. Entre os profissionais que se aglomeram aguardando o momento da entrada, paira uma certa tensão nos segundos que antecedem o início do concerto. Mas com certeza não afeta João, que faz isso há mais de 60 anos. Será? Dois funcionários seguram firme na maçaneta de cada uma das portas, o maestro recebe o microfone do produtor, porque gosta de abrir o concerto falando com seu público, e dá, com a cabeça, o sinal para a abertura das portas, no que é imediatamente atendido. As luzes do palco tomam conta de sua figura, ele dá quatro passos e é ovacionado.

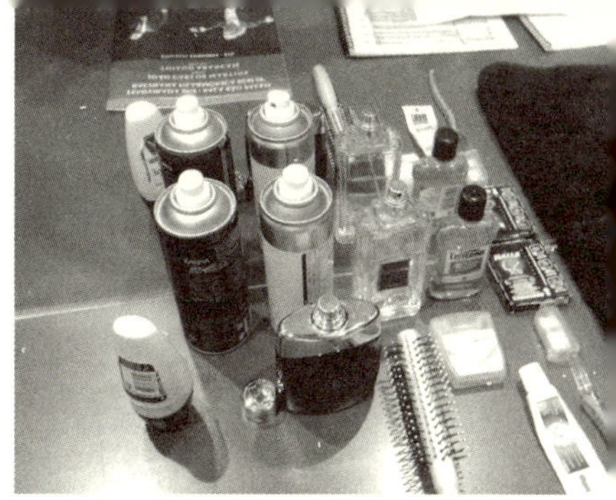

No camarim, João Carlos estuda mais um pouco a partitura. Acima, os produtos que ele usa antes de entrar no palco.

Ali do lado, alguém comentou como seria bom se a entrada no céu fosse algo assim: cheia de luzes e muitos aplausos! Aqueles aplausos emocionantes, a gritaria, as luzes todas focadas nele são, na verdade, o próprio paraíso para o maestro João Carlos Martins, um artista que não pode viver longe do seu público. Aliás, nenhum artista pode...

A música foi tomando conta de cada canto da Sala São Paulo, e a participação do tenor Thiago Arancam levou o público ao delírio, com uma leve predominância dos gritos femininos. Além de esbanjar juventude, ele tem uma voz especialíssima, dramatiza os versos mais fortes das árias e tem um gestual bem marcado, inclusive para agradecer.

Na época com 28 anos de idade e 11 de estrada, Thiago já tinha se apresentado nos principais palcos de ópera de mais de 40 países, e, a cada ária, ele era mais e mais aplaudido, sob os olhares atentos de sua jovem esposa, Michela Rovegno, uma italiana bonita e, aparentemente, protetora e exigente, com quem é casado desde 2009 e vive em Mônaco, na Europa.

Antes do *grand finale*, João Carlos pede o microfone e dedica o concerto a Carol, a flautista surda que ele havia acabado de conhecer. A pedido do maestro, a jovem, que estava em um camarote com a equipe de TV, se levanta, a plateia explode em aplausos e João, feliz da vida, senta-se ao piano para o número final. O jovem tenor se aproxima e o público ouve, emocionado, a "Ave Maria", de Sebastian Bach. E haja aplausos.

Terminado o concerto, maestro e tenor vão direto para o saguão de entrada da Sala receber os cumprimentos e, pelo jeito, o teatro inteiro foi também. O tenor estava visivelmente emocionado e a "culpa" era do maestro, que, tomado também pela emoção, chegou a chorar na interpretação da "Ave Maria":

"Eu não aguentei ao ver o maestro chorando na execução da 'Ave Maria'... Eu nunca vi isso, foi demais", Thiago contou a várias pessoas durante os cumprimentos e as *selfies*.

Ali, no saguão da Sala São Paulo, foram mais de 50 minutos de abraços, muitos beijos e muitas fotos com o tenor e com o maestro. Wilson, assessor de João Carlos que o acompanha desde o começo da orquestra, calcula que são mais de 40 mil fotos por ano!

João Carlos e seu fiel escudeiro, o motorista Gel – é assim que ele gosta de ser chamado – deixaram a Sala São Paulo pouco

No telão da Sala São Paulo, o jornalista Vladimir Herzog, assassinado em 1975. No palco, João Carlos e a Bachiana.

depois da meia-noite, encerrando uma jornada de quase 16 horas, contando a partir da hora em que ele entrou no carro, às 8h.

Em casa, João ficou zanzando pelo apartamento, talvez para diminuir a adrenalina, e às 5h30 já estava no piano se exercitando para o concerto que seria realizado em 15 de agosto, na Sala São Paulo, em homenagem ao jornalista Vladimir Herzog, assassinado há 40 anos nos porões da ditadura. Em 2010, na mesma Sala São Paulo, João Carlos regeu a Bachiana no concerto em celebração ao primeiro ano do Instituto Vladimir Herzog.

"Ele tem 3 anos e meio e já toca violino!"

A rotina da manhã de sábado se repetiu no domingo cedinho, mas em novo endereço: o Colégio Porto Seguro, no Morumbi, que receberia jovens da comunidade de Paraisópolis, próxima do colégio, para o espetáculo da Orquestra Bachiana com João Carlos Martins, o tenor Thiago Arancam e a bateria da Escola de Samba Vai-Vai. Havia cerca de duas mil pessoas, entre convidados da comunidade, alunos e seus familiares.

A rotina também começou às 9h e novamente incluiu a passagem de som da orquestra, mas desta vez sem o tenor, para proteger a voz do rapaz.

Às 11h em ponto, o mestre de cerimônias abriu a apresentação e se seguiram alguns discursos, já que o evento contaria com a entrega de alguns prêmios. Às 11h30, João Carlos foi chamado ao palco e, depois dos aplausos calorosos, resumiu como seria o espetáculo, fazendo uma pausa para apresentar o tenor:

"Daqui a pouco, vocês vão conhecer um cantor brasileiro que faz muito sucesso na Europa como tenor. Eu vou ter o prazer de apresentar a vocês o herdeiro do Luciano Pavarotti, Thiago Arancam!"

Às 11h31, no palco improvisado, João Carlos iniciava a *Sétima sinfonia de Beethoven*. Na plateia, as crianças se divertiam com os movimentos largos do maestro e, no colo dos pais, nas cadeiras ou no corredor central, começaram a imitá-lo, numa cena bastante graciosa. Com a fixação de dar chance a novos talentos, João Carlos chamou ao palco um garotinho

"Quero apresentar o herdeiro do Luciano Pavarotti." Assim, João Carlos apresentou o tenor brasileiro Thiago Arancam, que mora na Europa, em suas apresentações em São Paulo.

bem desembaraçado para cantar "Asa Branca", grande sucesso de Luiz Gonzaga (1912-1989), cantor pernambucano, o Rei do Baião.

Além das árias, o tenor cantou, junto com o público, "Trem das onze", de Adoniran Barbosa, canção que a cada dia se torna o hino informal e carinhoso da cidade de São Paulo. Em agosto de 2015, João Carlos Martins iniciou uma campanha para que "Trem das onze" se torne efetivamente o hino oficial da cidade, e o Catraca Livre, portal de jornalismo cultural coordenado pelo jornalista Gilberto Dimenstein, tomou a iniciativa de fazer a consulta popular. Mais de 90% dos consultados querem o "Trem das onze" como o hino.

Thiago fez o sucesso esperado, a bateria da Vai-Vai fez o público se levantar, João Carlos fez as pessoas chorarem com a interpretação da trilha do filme *Cinema paradiso* e se submeteu, pacientemente, a mais uma maratona de abraços, beijos, fotos e *selfies*.

Com todos os olhos dos presentes voltados para as estrelas do espetáculo, o pequeno João Paulo, de 3 anos e meio, escapou da vigilância da mãe e foi para trás do palco tocar tambores. O menino pedia a baqueta emprestada aos sambistas, que obviamente atendiam à solicitação, e o garotinho se esbaldava. Ele foi a única criança entre as tantas que estavam na plateia que procurou os instrumentos. Será um sinal de DNA musical em João Paulo? A mãe recebeu a pergunta sem surpresa, sacou o celular e mostrou um vídeo curtinho dele tocando... violino!

"Do jeito dele, é lógico, mas ele está tocando", explica a mãe orgulhosa. E é verdade, até o jeito do menino de segurar o violino é especial.

A cena foi rápida, isolada e, de repente, pode valer uma reflexão: quantos artistas não estariam por esse mundão de meu Deus à espera de uma oportunidade, de uma chance para realizar o seu desejo, para colocar o seu talento e a sua vontade à serviço da arte?

O que será que vai acontecer com a jovem flautista surda que esteve com João Carlos na noite anterior? E com João Paulo do alto de seus 3 anos e meio? Por enquanto, o menino João Paulo e a mãe receberam de volta uma mensagem que João Carlos gravou no celular, estimulando a família a continuar e a acreditar na vocação do menininho.

Depois de uma hora com o público, João Carlos deixou o colégio pouco antes das duas da tarde. Após almoçar com amigos, chegou em casa às 17h com a seguinte contabilidade das 31 horas que ficou à disposição dos dois concertos, de sábado às 8h ao domingo às 17h:

Horas dormidas à noite	2h30
Horas dormidas na tarde de sábado	1h30
Estudo de piano em casa	5h00
Ensaios para os espetáculos	9h00
Espetáculos	3h30
Tempo à disposição do público	2h30
Deslocamentos	2h30
Refeições	2h30
Encontro com amigos	2h00
TOTAL	**31h00**

Desde a criação da orquestra, João Carlos se apresenta até cinco vezes por semana ou faz maratonas como essa dos dias 21 e 22 de março de 2015. E onde será que ele, aos 75 anos de idade e 67 anos de carreira, encontra ânimo e energia para uma rotina como essa? O ânimo, ele garante, está na experiência de levar música de qualidade para grandes públicos. Já a energia é renovada nos exemplos de superação que acabam inspirando.

CAPÍTULO 21

Superação ou teimosia?

"Isso tudo me faz ficar melhor como pessoa."

O próprio João Carlos Martins sabe dizer, com razoável precisão, quando o sentido da palavra "superação" começou a fazer parte de sua vida. Foi em 25 de setembro de 1978, o dia seguinte à histórica apresentação no Carnegie Hall, quando 300 pessoas assistiram ao recital acomodadas no palco. João estava em uma das festas costumeiramente oferecidas pelo badalado pianista Misha Dichter, frequentadas pelo *jet set* internacional da música clássica, quando foi abordado por Itzhak Perlman, o maior violinista daquela época, que acabou lhe prestando uma calorosa homenagem:

"Às vezes, não entendo esse nosso mundo... Músicos ficam anos consolidando suas carreiras e você fica sete anos sem se apresentar em Nova York e, de repente, estou assistindo ao noticiário da noite e vejo você tocando no Carnegie Hall com a lotação esgotada e mais 300 cadeiras no palco."

João conta que, nesse momento, o anfitrião, Misha, entrou na conversa:

"O João é uma pessoa que, quando menos se espera, volta com força total, surpreendendo a todos que o conhecem."

Reação de João Carlos a esse diálogo, anos depois:

"Pelo visto, o sentido da palavra *superação* começava a fazer parte do meu dicionário."

Talvez ele não se lembre, mas, na verdade, o pai foi o primeiro a se referir à capacidade de superação do filho. Ainda garoto, lidando com o sério problema da ferida no pescoço, um dia João ouviu de Seu José:

"O impossível só existe no dicionário dos tolos e você vai *superar* este problema."

Por essas e outras, João Carlos passou a ser admirado em grande escala por sua capacidade de superar as adversidades, principalmente a partir de 2004, 26 anos depois da festa em Nova York, quando, vendo-se incapacitado de tocar piano profissionalmente, decidiu continuar no mundo da música seguindo a carreira de maestro.

Aos poucos, a imprensa foi descobrindo a luta do pianista que era considerado um dos maiores intérpretes de Bach de todos os tempos e que chegou a tocar impressionantes 21 notas por segundo, mas que, aos 64 anos, iniciava a carreira de maestro porque, como ele mesmo dizia em tom de brincadeira, sua vida tinha mudado muito e "agora eu toco uma nota em 21 segundos!".[11]

Mesmo assim, sempre que pode, João se entrega ao piano e vai tocando com quantos dedos conseguir, três, quatro, já contando os dedos das duas mãos. Em 2007, durante uma participação no Programa do Jô, o esforço de João Carlos para tocar "Eu sei que vou te amar", de Tom Jobim e Vinicius de Moraes, com apenas três dedos e o rosto crispado de dor, fez o apresentador chorar aos soluços.

A imagem de Jô Soares chorando e João tocando tornou-se uma espécie de síntese do esforço do pianista e maestro em buscar, permanentemente, a própria superação, calcada na

[11] Confira João Carlos tocando 21 notas por segundo em: <https://goo.gl/bBVdjK>. Acesso em: out. 2015.

"E agora, um grande amigo que sempre me faz chorar...", Jô Soares apresentando João Carlos em seu programa.

sua inabalável disposição de sempre acreditar e nunca desistir.[12] Outros programas de televisão também foram buscar o exemplo de persistência e superação de João Carlos. O Domingão do Faustão foi um deles, e o próprio Faustão acabou consagrando o apelido "Maestro do Povo", em homenagem a outra faceta de João: levar a música clássica aos jovens das periferias das cidades. Mas foi o tema de ultrapassar barreiras que acabou originando um quadro no programa do Faustão chamado "Superação". E ninguém melhor que o próprio João para a estreia.

O diretor nacional de programação da Rede Globo, Antonio Zimmerle, que se tornou um bom amigo de João Carlos, garante que o maestro dá um ótimo ibope e defende que "a televisão é a melhor vitrine para um artista ser reconhecido nacionalmente". Ele acredita que a Globo acertou em cheio ao dar esse espaço ao maestro, "porque também é um jeito de levar a música clássica para o povo brasileiro".

[12] Veja esse trecho do Programa do Jô em: <https://goo.gl/QPw9HS>. Acesso em: out. 2015.

E se o maestro já estava se tornando cada vez mais popular, caiu de vez nas graças do público quando desfilou em pleno sambódromo no Carnaval de 2011. Zimmerle lembra que João Carlos, a princípio, rejeitou a ideia de ser o protagonista de um enredo de escola de samba. O diretor da agremiação, Thobias da Vai-Vai, já tinha comprado a ideia e agora só faltava convencer João:

"Foi durante um longo jantar que consegui convencê-lo de que ele, João Carlos, e sua superação, juntos, eram um tema da maior importância para o enredo da escola. Ele acabou se rendendo quando mostrei o que, na verdade, ele já sabia: que a música não tem fronteiras e que seria uma grande homenagem a todos os músicos."

E lá foi João Carlos para a avenida! E deu um show: regeu a bateria e se emocionou muito com os integrantes de todas as escolas paulistas o aplaudindo durante o desfile. Em seus 25 anos de cobertura de Carnaval, Zimmerle garante que nunca se emocionou tanto. Emoção que também tomou conta dele na apuração dos votos, dias depois, quando João estava se apresentando nos Estados Unidos. João Carlos lembra que 40 segundos depois de anunciada a vitória da Vai-Vai, ele, muito emocionado, entrava no ar ao vivo pela Rede Bandeirantes, para uma entrevista de 15 minutos com José Luiz Datena, apresentador da emissora. A Globo já estava atrás dele e, conta João, "cinco segundos depois do Datena, Antonio Zimmerle me ligou, dizendo, com total ironia, que tinha gostado da entrevista do Datena, mas que a Globo queria uma fala minha para colocar no ar de 30 em 30 minutos: 'Obrigado, São Paulo! Obrigado, Vai-Vai! Obrigado, Rede Globo!"

O diretor da emissora também conta que outro momento muito especial foi quando convenceu João Carlos e sua Bachiana-SESI a participarem do Réveillon de 2011, na Avenida Paulista, apresentado a "Ave Maria". Os organizadores tinham programado a entrada da orquestra para as 4h e o próprio Zimmerle exigiu que fosse à meia-noite. Era a primeira vez que a música clássica romperia o ano na tradicional festa em São Paulo.

E quase que o maestro não se apresenta, pois, com a ameaça de chuva, João Carlos comunicou aos organizadores que iria, primeiro, comprar 40 instrumentos novos para a Orquestra, porque a chuva poderia danificar seriamente os instrumentos titulares. Corre para cá, corre para lá, e o próprio Zimmerle conta como foi comovente "ver aqueles dois milhões de pessoas, durante a 'Ave Maria', cantada pelo tenor Jean William sob chuva torrencial, de joelhos, rezando, com as mãos levantadas ao céu! Uma transmissão que foi para o mundo inteiro pela Globo Internacional".

Com sua experiência de 36 anos de televisão, Zimmerle defende a ideia de que as comunidades mais carentes querem mais cultura e espera, um dia, reeditar os antigos Concertos para a Juventude, uma experiência vitoriosa da televisão brasileira nas décadas de 1960 a 1980.

Ele também acredita que o sucesso de João Carlos se deve 100% ao seu carisma, assim dividido: 50% à sua qualidade como músico e os 50% restantes à sua trajetória de superação. "O João é hoje, no Brasil, o melhor exemplo de que o ser humano consegue sempre superar suas dificuldades".

O selinho (beijinho) que Hebe Camargo deu foi nas mãos de João Carlos.

No programa de Hebe Camargo (1929-2012), apresentadora que teve o mais duradouro programa de entrevistas da TV brasileira, uma cena foi marcante: Hebe criou o hábito de dar um selinho em seus entrevistados, mas quando entrevistou João Carlos ela deu o beijinho... nas mãos dele! O próprio João se surpreendeu com a homenagem.

João Carlos tem recebido uma cobertura jornalística bastante generosa dos seus concertos. Em janeiro de 2007, quando a Bachiana se apresentou no Carnegie Hall, tornando-se a primeira sinfônica brasileira a se apresentar no palco mais desejado do mundo, a repórter Lilia Teles estava lá e fez uma matéria para o Jornal Hoje e para o Fantástico.

Na comemoração dos 50 anos da Rede Globo, em 25 de abril de 2015, João Carlos foi o único artista de música clássica a participar do show, regendo a orquestra na execução do "Tema da vitória", com solo de guitarra de Lulu Santos. O hino foi composto pelo maestro Eduardo Souto Neto por encomenda da Rede Globo para ser usado como trilha sonora das vitórias nas corridas de Fórmula 1, mas se consagrou mesmo por embalar a maioria das vitórias de Ayrton Senna.

João Carlos é sempre convidado a participar de eventos que dão muita mídia e alguns o tocam no fundo da alma, como a participação no espetáculo *Somos todos brasileiros*, organizado pelo ator Marcos Frota no Maracanãnzinho, em homenagem à delegação paralímpica. Durante alguns anos, Frota saiu das telas da televisão e dedicou-se ao picadeiro do circo, incentivando o surgimento e desenvolvimento de novos artistas. João lembra que, ao finalizar a regência da *Nona sinfonia de Beethoven*, as luzes do ginásio se apagaram, milhares de velas foram acesas e ele, ao piano, tocou com apenas três dedos o "Prelúdio nº. 1", de Bach, enquanto o violinista Jonathan solava a "Ave Maria", de Charles Gounod (1818-1893). E ainda por cima ele regeu a sua Bachiana para um balé de meninas cegas. Essa apresentação no Maracanãzinho foi uma das mais fortes emoções que João Carlos sentiu em sua carreira de pianista e maestro. Entrevistado por uma emissora de televisão, João, chorando muito, demorou algum tempo para conseguir expressar o que sentia naquele momento:

"Isso tudo me faz ficar melhor como pessoa."

Na Rede Record, no SBT, na Rede Bandeirantes, na RedeTV e na TV Cultura a presença do maestro sempre é muito requisitada. Ele e o assunto da superação, porque todo mundo admira "a volta por cima", tema de um samba de Paulo Vanzolini (1924-2013) que pode ser considerado, com todo o respeito, o hino da superação. Conta a lenda que ele escreveu a música em homenagem ao filho que teve uma morte trágica. O samba diz assim:

Volta por cima

Chorei, não procurei esconder
Todos viram, fingiram
Pena de mim, não precisava
Ali onde eu chorei
Qualquer um chorava
Dar a volta por cima que eu dei
Quero ver quem dava
Um homem de moral não fica no chão
Nem quer que mulher
Venha lhe dar a mão
Reconhece a queda e não desanima
Levanta, sacode a poeira
E dá a volta por cima[13]

Aliás, só por curiosidade, uma rápida consulta ao Google sobre "músicas de superação" registra 697 mil referências. Se a chave de pesquisa for apenas "superação", o número sobe para 6.930.000 referências, isso em abril de 2015.

---

[13] "Volta por cima", de Paulo Vanzolini. Disponível em: <http://goo.gl/b2NaVs>. Acesso em: out. 2015.

A internet proporciona também a busca rápida de frases de personalidades sobre todo tipo de tema: amor, desamor, paixão, beijo, mãe, pai, irmão, esposa, marido, namoro e por aí vai. Mas, como "superação" é um prato cheio, a consulta devolveu 563 mil referências, de inúmeros autores. Alguns exemplos:

> Quando penso que cheguei ao meu limite, descubro que tenho forças para ir além.
> *Ayrton Senna*

> O sofrimento é passageiro. Desistir é para sempre.
> *Lance Armstrong*

> Seja persistente. Supere obstáculos diariamente. O mundo costuma ser cruel com aqueles que desistem.
> *Jufras Menhal*

> Se o plano "A" não deu certo, não se preocupe. O alfabeto tem mais 25 letras para você tentar.
> *Eduardo Costa*

> O insucesso é apenas uma oportunidade para recomeçar de novo com mais inteligência.
> *Henry Ford*

> O êxito da vida não se mede pelo caminho que você conquistou, mas sim pelas dificuldades que superou no caminho.
> *Abraham Lincoln*

> O impossível está a um passo da nossa superação, a partir do momento que nos superamos algo impossível se realiza.
> *Sérgio Pinheiro*

Vários momentos do maestro ao viver uma das mais fortes emoções de sua vida: ser campeão do Desfile das Escolas de Samba de São Paulo pela Vai-Vai.

Mais perto do povo

No Carnaval, o tema "superação" deu o título de campeã à Escola de Samba Vai-Vai, de São Paulo, com o samba-enredo "A música venceu", que conta a vida do maestro João Carlos Martins. O título da música nasceu durante a gravação de um dos vídeos produzidos pela TVM. João Carlos afirma a quem quiser ouvir que a experiência com a escola de samba foi única em sua vida, pela oportunidade que lhe ofereceu de conviver de perto com a cultura popular brasileira, algo que o fato de ser um virtuoso da música clássica e, portanto, frequentar outras paragens, o impedia de conhecer melhor. Vilma e Denise, que trabalham na casa do maestro há anos, garantem que a experiência com a Vai-Vai fez João Carlos mudar muitos hábitos cotidianos e lembram da alegria dele ao receber em casa a turma de sambistas da Escola para discutir cada ponto do desfile, os carros alegóricos, os destaques, a bateria...

No desfile, João Carlos foi tomado por tanta emoção que desceu de seu carro alegórico para, na avenida, reger a própria bateria da Escola, momento que não estava previsto nem no imaginário do mais criativo carnavalesco. Resultado: a Escola Vai-Vai levou o título, com um detalhe. Quando foi anunciada a escola campeã, João Carlos estava nos Estados Unidos, onde a Rede Globo foi encontrá-lo e colocou a sua voz no ar, ainda em meio à gritaria dos diretores da Escola. A Vai-Vai ganhava o desfile e um importante amuleto, pois no Carnaval de 2015, a diretoria da Escola convidou João Carlos para a apuração e, não deu outra, a Vai-Vai ganhou de novo, com um enredo que homenageou uma das maiores cantoras da música popular brasileira: Elis Regina.

Vale a pena transcrever aqui a letra do samba-enredo vencedor do Carnaval paulista de 2011, "A música venceu". A abertura musical do samba é um diálogo lindíssimo e comovente entre violinos e cuicas. Nas duas últimas estrofes, o samba[14] enaltece a capacidade de superação de João Carlos Martins.

> Na sua fé, resistiu
> E a dor da adversidade, suplantou [bis]
> Com muita garra e amor
>
> E assim, na sua força de superação
> Buscou a verdadeira vocação
> Um novo incidente o quis derrubar
> Mas com maestria se pôs a lutar
> Por seu ideal
> Luz da Ribalta que jamais se apagará (apagará)
> E ao som de "Bravos e Aplausos"
> A Saracura agora vem cantar

Na verdade, o tema "superação" ganhou proporções muito maiores do que ele mesmo poderia imaginar. Ao mesmo tempo, João Carlos acabou adquirindo a consciência de que sua luta para lidar e superar as adversidades vem servindo de exemplo para milhares de pessoas. Ele conta que em todos os lugares por onde passa, de restaurantes a aeroportos, em palestras, teatros ou mesmo na rua, as pessoas o abordam para dizer que voltaram a ter esperança depois que souberam tudo o que ele já superou na vida.

Certa vez, em um voo para o Rio de Janeiro, João estava sentadinho em sua poltrona e acabou tomando um susto quando o comandante Dantas, da Gol, depois das informações de praxe, comunicou aos passageiros que estava ali "o grande símbolo

---

14 "A música venceu", de Zeca do Cavaco, Ronaldinho FQ, Fábio Henrique e Afonsinho. Disponível em: <http://goo.gl/wCCE38>. Acesso em: out. 2015

de superação no Brasil, o maestro João Carlos Martins". Os passageiros aplaudiram efusivamente.

Por causa de sua inequívoca história de superação e da exposição na mídia, João Carlos se tornou um dos mais requisitados palestrantes do país, embora raramente possa aceitar, em função de seus ensaios e concertos. Em compensação, está sempre falando sobre o assunto, e brinca, dizendo que, mais do que superação, o caso dele é de teimosia!

CAPÍTULO 22

Joca, Maestro, J.C., dr. João e até João Carlos...

"Ele apontou com a mão direita, eu entrei..." (Gel, o motorista)

Ao longo de sua vida, João Carlos se acostumou a trabalhar em casa na companhia de funcionários aparentados entre si, que estão há anos com ele. Vilma, a cozinheira, e Denise, a arrumadeira, trabalham na casa de João desde janeiro de 2000 e, "estranhamente", não são parentes. Daí em diante, para conhecer os demais funcionários, é só pegar a árvore genealógica de Vilma: Gel, o atual motorista da casa, é seu filho; antes o motorista era seu ex-marido. Brenda, a secretária de João, é irmã de uma das noras de Vilma. Lucilene é a outra nora de Vilma e já trabalhou na casa de João como faxineira. Simone, irmã da cozinheira, também já trabalhou lá como faxineira. O marido de Simone e, portanto, cunhado de Vilma, que também é primo da Brenda, já foi o caseiro. É tanta gente da mesma família, é tanta convivência, tudo junto e misturado, que entre eles cresceu uma relação de amizade que vai muito além da relação profissional. Tanto que, no dia a dia, o maestro João Carlos Martins é chamado pelo pessoal da casa por vários apelidos.

Certa vez, numa véspera de Natal, a família tinha recebido tantos convites que estava difícil contemplar a vontade de todos, e eles ainda não sabiam onde passariam a noite de

24 de dezembro. Resultado: foi todo mundo passar o Natal na casa de Vilma, na cidade de Santo Antônio da Posse, ao lado de Campinas.

Mas, apesar de toda amizade e camaradagem, não chame as meninas para andar no carro que João estiver dirigindo. Como ele dirige só com uma mão e, segundo a secretária, é meio distraído – isso quando não está "regendo" com a outra mão, com largos movimentos no ar – elas já levaram uns belos sustos com o maestro na direção. Certa vez, Vilma estava saindo para ir ao médico, quando João resolveu dar uma carona. Vilma recusou categoricamente, disse que não precisava, etc. e tal, mas João encasquetou. E lá foi a Vilma pegar carona com João... Ao virar a esquina de casa, ele foi desviar de um carro e subiu um pouco na calçada, mas nem ligou e tocou em frente. Duas quadras depois, com o coração aos saltos, Vilma avisou ao "motorista" que o médico era ali naquela esquina. "Aqui? Você tem certeza?", João perguntou, e ela respondeu: "É lógico que é aqui, Joca, ou você acha que eu não sei onde é o meu médico?". Ela desceu, esperou o carro de Joca partir e foi a pé até o endereço verdadeiro, três quadras ladeira acima.

Brenda, que sempre anda para cima e para baixo com J.C. – como ela o chama –, mas com Gel dirigindo, conta que viveu uma experiência única com o João no volante. Em pleno Jardins – bairro onde eles moram – ao fazer uma curva fechada demais, João Carlos acabou arrancando uma lixeira daquelas que ficam presas nos postes de São Paulo, ou pelo menos nos postes do Jardins. Arrancou e ainda arrastou a lixeirinha por alguns metros, fez um único comentário: "Ih, acho que bati...", e sorriu, um pouco sem graça.

Denise, que arruma a casa e passa as roupas, disse que prefere não andar de carro com o dr. João, como chama o maestro, dirigindo e não se fala mais nisso. Ela não quis contar o que aconteceu, mas bem que concordou com a cabeça quando Vilma, com seu jeitão de falar um tom acima, disse que "o Joca não gosta muito de sinal vermelho..." e caiu na gargalhada. Quando – muito mais por curiosidade – perguntei se a carteira de motorista dele estaria vencida ou ainda no prazo, as três imediatamente se olharam, ficaram meio vermelhas e, novamente, caíram na gargalhada! Há fortes indícios de que João Carlos Martins, aos 75 anos, está com a carteira de motorista vencida, e há muito tempo!

Outra experiência traumática com João Carlos na direção aconteceu a caminho da cidade de Paulínea, perto de Campinas. Weiner, oboísta da orquestra, estava dirigindo o carro, ao seu lado estava Fernando Mucci, fotógrafo, meio sonolento por causa de um remédio que tinha tomado, e, no banco de trás, João Carlos estava tirando um cochilo. O fato é que o oboísta/motorista passou a entrada de Paulínia. Quando percebeu, já estava uns bons quilômetros à frente e comunicou o fato aos parceiros que estavam a bordo. João não gostou, porque simplesmente odeia chegar atrasado aos compromissos, e pediu para assumir o volante. Chegaram ao teatro da cidade a tempo, e não se sabe se o fotógrafo conseguiu tirar alguma foto e o oboísta tocar alguma nota, tal foi o susto que levaram com o jeitão do maestro dirigir.

"Ele apontou com a mão direita, eu entrei..."

Se tem uma coisa que João não sente quando está sentado no lugar do carona, ao lado de Gel, seu motorista no dia a dia e camareiro em dias de concertos, é tédio, porque está sempre fazendo alguma coisa. Às vésperas de um espetáculo, por exemplo, João leva para o carro a partitura e estuda o tempo todo, imaginando o som da orquestra e ensaiando o gestual próprio do maestro. Um dia – conta Gel – eles estavam indo para o Aeroporto de Guarulhos; João estava concentrado no estudo, e o motorista também estava superfocado na estrada. De repente, João Carlos, entusiasmado com a regência, fez um gesto mais brusco com a mão direita e Gel entendeu que o maestro queria que ele virasse à direita: "Ele deu o sinal, eu entrei com tudo na Via Dutra, em direção ao Rio de Janeiro". Aí, foi João que não entendeu a "independência" do motorista, que também não disse o que tinha entendido com o gesto. Com tantos mal-entendidos, Gel tratou logo de fazer o retorno e seguir em direção ao aeroporto.

A culpa, no fundo, é do histórico de João Carlos com seu motorista, pois o maestro se comporta como um navegador de provas de *rally*, indicando todos os caminhos para, inclusive, tentar fugir do trânsito caótico da cidade de São Paulo. Na verdade, buscar esses caminhos é mais um passatempo do que fonte de estresse, a não ser que contribua para um possível atraso. Aí, o bicho pega! João não tolera atrasos, não suporta se atrasar nem que atrasem para encontrar com ele. Quem dá a dica é a Brenda: "Vai atrasar para uma reunião com o J.C.? Liga antes do horário e avisa que vai atrasar". Pessoalmente, João toma todos os cuidados para sempre chegar no horário. Se tem um voo ao meio-dia no Aeroporto de Congonhas, ele sai de casa às 9h, mesmo que chegue uma hora e meia antes do embarque.

Outro passatempo do maestro no carro é falar ao telefone, sem abandonar os gestos de regência (há quem chame essa capacidade múltipla de hiperatividade). Denise garante que o dr. João é louco por música, piano e... telefone, de preferência celular, que tem dois. E tem que ser daqueles modelos dobráveis, que abrem e fecham, com teclas salientes. Brenda, por sua vez, afirma, com um doce sorriso quase irônico, que ele avançou muito nos conhecimentos tecnológicos e já estava conseguindo acessar as mensagens de voz e os torpedos…

Aliás, como ele não larga mesmo o osso, em março de 2015 o celular foi incluído no cardápio dos exercícios fisioterápicos a que João Carlos se submete há uns… 200 anos! O exercício consiste em colocar o celular sobre os dedos, com a mão aberta e a palma virada para cima e ali permanecer, com um celular em cada mão, por uns 20 minutos.

Todos esses e outros exercícios de fisioterapia têm um único objetivo: ajudá-lo a voltar ao piano. Exatamente isso. Brenda atestou que de cada 100 palavras que João fala, 99 se referem à volta ao piano. E não é só falar, não, pois ele fica o tempo todo fazendo algum tipo de exercício com a mão e com os dedos. Quando está em casa à tarde e se deita um pouco na cama – coisa que ele adora – e chama a Brenda por algum motivo qualquer, quantas e quantas vezes ela não o surpreende deitado, dedilhando com a mão esquerda sobre o próprio peito… E ela repete exatamente o gesto que ele faz. Mesma coisa com a mão direita, embora ele faça o exercício de tal forma que "isola", com uma espécie de elástico, o dedo médio, que não consegue acompanhar os demais.

Várias vezes ao dia, João se debruça por horas sobre o seu piano para exercitar os dedos da mão esquerda. Eu mesmo já o vi praticar esses exercícios, e não deixa de ser um tanto emocionante acompanhar mais esse esforço do virtuoso João Carlos Martins para voltar ao piano. Nem que seja só com a mão esquerda, "nem que seja só com um dedinho", complementa Denise.

Outra característica de João Carlos, segundo o pessoal que trabalha na casa, é que ele não gosta de ficar sozinho, conforme atesta esta passagem no mínimo inusitada, se não fosse também cômica. Quando está falando ao telefone deitado na cama, João, às vezes, chama Vilma e pede, com gestos – já que está falando – que ela se sente no pé da cama, virada para ele. E ali fica a Vilma esperando, às vezes 10, 15 minutos, até a ligação terminar. João desliga o celular, olha para ela e pergunta: "O que é mesmo que eu preciso falar com você?". A pobre Vilma balança os ombros sem saber o que responder e ele diz alguma coisa como: "Então espera um pouquinho", e emenda uma nova ligação. E se ela faz menção de se levantar para cuidar do almoço que está no fogo, ele, sem parar de falar, faz um gesto para ela permanecer por ali mesmo. Então, Vilma espera mais um pouquinho, se levanta rapidamente, avisa que já volta e vai cuidar da comida. E não é que logo em seguida ela volta para fazer companhia ao patrão, ao amigo, ao pai que ela não teve (e ela se emociona ao lembrar da infância difícil)?

O próprio João considera que, como patrão, ele é 90% fácil de lidar e 10% dificílimo, porque se considera muito disciplinado e quer que tudo seja feito na hora em que pede e, definitivamente, não gosta de ouvir de seus funcionários a frase "depois eu faço...".

Brenda narra um exemplo bem recorrente. Quando João pede que ela envie algum e-mail com urgência, ele fica ali do lado enquanto ela digita e a mensagem é enviada. Só sai de perto depois da confirmação: "Enviada com sucesso".

Quer ver João Carlos louco da vida? Esqueça de avisar que tem conta para pagar. E quem garante é Brenda, que é quem fica mais tempo no escritório da casa com ele: "É o J.C. que cuida da contabilidade da casa".

Um dia, Vilma esqueceu de anotar o telefone de uma pessoa com quem João estava querendo falar. Ele ficou tão bravo que fez Vilma bufar de raiva e correr para o quarto dela. Mas logo ela voltou e foi para o fogão preparar o almoço, até porque João logo arruma um jeito de pedir desculpas. O almoço, naquela dia, tinha um convidado especial. Lucas, neto de Vilma, que João Carlos adotou como seu neto também. Aliás, esse é um hábito recorrente do maestro, que também adotou três irmãos: Marluce Dias, Antonio Zimmerle e Walter Viccione.

Com Brenda, que tem 22 anos de idade e 4 de convivência, as coisas funcionam em outra sintonia. Na hora de reagir às broncas, ela não chora e aguenta firme a barra. Houve um dia, no entanto, que foi ela quem ficou louca da vida. Enquanto estava concentrada no computador, João, sentado atrás dela, falava ao telefone com o Sindicato dos Músicos e começou a elevar o tom de voz, chamando um pouco a atenção da própria Brenda: "Como assim, minha senhora, eu não tenho mais o meu registro... Como é o seu nome? Como? Brenda? Ah, que coincidência... Sei, sei, mas a senhora não pode falar assim comigo... Eu não sei quem disse essas coisas para a senhora. Quem? A Brenda? Quer saber de uma coisa, Dona Brenda? A senhora é tão filha da puta quanto a minha Brenda aqui!!!".

A Brenda do João se virou possessa: "Pô, você tá louco?". Não, o João Carlos não estava louco... João simplesmente se levantou, passou o telefone a ela, "veja você mesma" e saiu rapidamente da sala. Só então a Brenda percebeu que não tinha ninguém do outro lado da linha e gritou para o João: "Um dia ainda mato o senhor".

Como João tem essa mania de brincar falando sério, ele, muitas vezes, chegou perto de arrumar alguns problemas bem graves. Em 2015, no concerto de 40 anos do assassinato do jornalista Vladimir Herzog, o solista norte-americano Robert Levin trocou, três dias antes da apresentação, o seu solo de Liszt para Ravel, e a orquestra não tinha, obviamente, ensaiado. Eis um *frisson*. Assim que soube, João Carlos entrou em contato com Maria Cláudia, sua arquivista de partituras, e comunicou a mudança. Com seu histórico de pegadinhas, a arquivista achou que era mais uma brincadeira do maestro e não foi atrás das partituras. Só foi se convencer mesmo quando o próprio pianista norte-americano entrou na Fundação Bachiana para o ensaio e entregou a ela uma cópia da partitura do concerto de Ravel. Ela tomou um susto, foi atrás e, no palco, na hora do concerto, parecia que nada tinha acontecido...

Muitas vezes, no entanto, João Carlos experimenta do próprio veneno. Numa das festas de fim de ano da Fundação, a sempre animada Geisa, produtora da orquestra, resolveu brincar com ele e, como pretendia tirar férias, despediu-se com um inesperado e bem sério "E por favor, maestro, vê se não me liga nos próximos 15 dias...". O maestro não registrou a ironia e, logo a seguir, com a risada de todos, ficou sem graça ao perceber que era uma brincadeira no mesmo estilo das que ele costuma fazer.

O apoio de Ruby, um cãozinho maltês

Vilma garante que, apesar das broncas profissionais, João não reclama de nada... Nem da correria que é a vida dele. A ponto de, muitas vezes, chegar em casa, deixar a mala, pegar uma outra que já está pronta e sair correndo. Ele já percorreu o Brasil de cabo a rabo com seus concertos, dando uma força para todo tipo de gente, de empresários de alto escalão a trabalhadores rurais, como aconteceu em uma semana de abril de 2015 quando esteve em Poconé, no Pantanal mato-grossense, e falou com grupos de pequenos agricultores, visitou a Fundação Casa e esteve em presídios e tribunais.

De 2004 a maio de 2015, João Carlos realizou uma média de 120 concertos e recitais por ano e visitou cidades do Brasil inteiro. Não é à toa, portanto, que ele adora ficar descansando em sua própria cama, dedilhando um piano imaginário ou falando ao telefone sob o olhar vigilante e cuidadoso da amiga e cozinheira Vilma.

Outra grande curtição de João são os dois – às vezes três – cachorrinhos da raça maltês que podem circular em qualquer lugar do apartamento. Um deles, Ruby, morava nos Estados Unidos, por causa do período em que João também morou lá, mas acabou resgatado e veio para São Paulo.

O mesmo Ruby foi quem deu um grande apoio ao pianista quando ele estava prestes a reestrear no Carnegie Hall, depois da pancada que levou na cabeça na Bulgária. João Carlos estava meio inseguro e chegou a procurar uma igreja em busca de conforto para sua ansiedade. Pediu também que os céus indicassem algum sinal na Terra de que as coisas iriam dar certo. Ao chegar em casa, percebeu que seu cachorrinho o seguiu até o piano e ficou olhando o dono experimentar três posições diferentes para a mão. O próprio João conta como acabou a história:

"Enquanto ele estava me olhando, resolvi procurar uma quarta posição... Aí, o Ruby pulou no banquinho do piano e ficou ali, do meu lado, por duas horas. Foi, para mim, o sinal que eu havia pedido. Minha autoconfiança voltou e o concerto foi um sucesso."

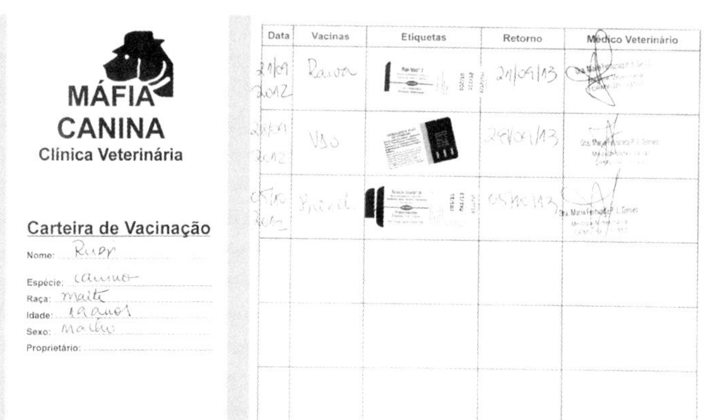
MÁFIA CANINA
Clínica Veterinária

Carteira de Vacinação

Nome: Ruby
Espécie: canino
Raça: maltês
Idade: 12 anos
Sexo: macho
Proprietário:

Data	Vacinas	Etiquetas	Retorno	Médico Veterinário
21/09 2012	Raiva		21/09/13	
24/09 2012	V10		24/09/13	
05/10 2012			05/10/13	

Ficha de vacinação do cachorrinho Ruby, que acompanhou João Carlos por 19 anos!

Quando Ruby morreu, até a Brenda se assustou com o choro sentido de J.C.: "Um choro pra valer, um choro forte". Tempos depois, em 2013, chegava Sebastian (de Sebastian Bach), também um maltês, que logo se acostumou a ficar debaixo do piano, assim como Ruby. Debaixo do piano e da mesa de jantar, com aquela cara de pedinte, ao lado da cadeira de João Carlos, que não resiste e fica distribuindo guloseimas ao cachorrinho, para desespero da Vilma. Sebastian, que alguns amigos chamam carinhosamente de Tião, tem, inclusive, o privilégio de dormir na cama de João.

Apesar das regalias do bichinho, são as meninas que ficam com todos os presentes que João Carlos acaba ganhando: de doces e frutas a garrafas de pinga, de flores a fotografias, de cartas de fãs a bilhetinhos de crianças. Com exceção das crianças, todos os outros presentes são de mulheres, inclusive as cartas apaixonadas. João não as guarda, mas as lê e mais: liga agradecendo as mensagens. Mas as guloseimas são as meninas da casa mesmo que acabam devorando.

Em relação aos fãs, João Carlos tem um outro hábito, no mínimo, insólito: convida para almoçar ou jantar em sua casa pessoas que ele nunca viu na vida e que, muitas vezes, conhece por ali mesmo, nos arredores de seu prédio. Vilma garante que João Carlos não dá muito trabalho para comer. Ele gosta de arroz, ovo, muito peixe, alguma carne, desde que não seja de panela, que ele apenas belisca e, de vez em quando, arrisca um camarão à baiana. Vilma conta um pouco mais sobre os hábitos dele na parte da manhã:

"De manhã cedo, há uns anos, ele costumava comer pão, dois ovos fritos ou mexidos, tomava café e leite em pó Molico. Como ficou um pouco gordinho ['acima do peso', corrige Brenda, por causa da vaidade de João], quer dizer, acima do peso, hoje, ele se contenta com café, leite, um suco e, de vez em quando, um ovo."

Com um detalhe: o café é servido às 5h30, quando ele se atraca com o piano, hábito que vem de muitos anos e que as meninas presenciam desde 2000, quando começaram a trabalhar na casa. Elas acham que de mania mesmo, para valer, João Carlos só tem a coleção com mais de 50 canetas Montblanc, que ele vem colecionando há muitos anos.

Ele se mete em tudo: no documentário, no longa-metragem, na casa dele, na série de TV, no Facebook... e até nesta biografia!

"Lógico, né, João! Senão pra que fazer uma biografia?"
(O autor da biografia)

Quando começamos a conversar sobre este livro, porque não era possível que o pianista que encantou o mundo não tivesse uma biografia que contasse os detalhes de sua vida, suas glórias, seus sofrimentos, ele logo disparou a pergunta:

"Mas... você vai contar tudo?"

"Lógico, né, João! Senão pra que fazer uma biografia?", foi a minha resposta.

Comecei então a entrevistá-lo e, ao mesmo tempo, fui descobrindo as muitas histórias que cercam a vida de um mito, porque, concorde ou não, quer queira quer não, João Carlos é referência de toda uma geração de músicos e amantes da boa música clássica.

A cada dúvida que eu ia tirar pessoalmente, ele começava a falar e, de repente, se interrompia: "Você vai falar disso também?". E novamente eu respondia que sim, e ele, talvez conformado, seguia com os esclarecimentos e com as histórias.

Ficava sempre opinando: "E isso aqui, você vai colocar onde?", "Vou contar agora uma história que nunca contei", e assim por diante. A cada encontro, ele ia se acostumando, ficando mais à vontade, já não se metia tanto e tratou apenas de esclarecer as dúvidas.

Já no filme...

João também experimentou, nesse período, uma grande expectativa: a realização de um longa-metragem sobre sua vida, uma produção da família Barreto, sob a batuta de Paula Barreto e direção de Mauro Lima, o mesmo diretor de *Tim Maia*, filme que fez muito sucesso e virou tema de polêmica com a Rede Globo, que, ao exibi-lo, teria cortado algumas cenas de críticas ao seu contratado Roberto Carlos.

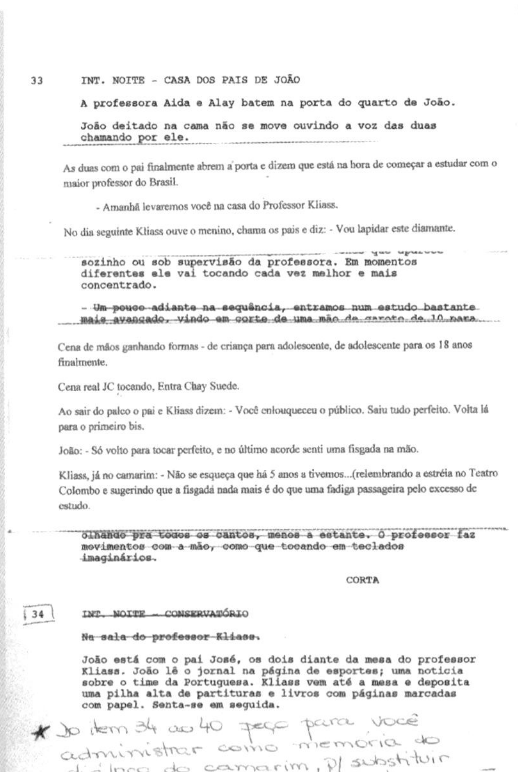

33 INT. NOITE - CASA DOS PAIS DE JOÃO

A professora Aida e Alay batem na porta do quarto de João.

João deitado na cama não se move ouvindo a voz das duas chamando por ele.

As duas com o pai finalmente abrem a porta e dizem que está na hora de começar a estudar com o maior professor do Brasil.

- Amanhã levaremos você na casa do Professor Kliass.

No dia seguinte Kliass ouve o menino, chama os pais e diz: - Vou lapidar este diamante.

sozinho ou sob supervisão da professora. Em momentos diferentes ele vai tocando cada vez melhor e mais concentrado.

- ~~Um pouco adiante na sequência, entramos num estudo bastante mais avançado, vindo em corte de uma mão de garoto de 10 para~~

Cena de mãos ganhando formas - de criança para adolescente, de adolescente para os 18 anos finalmente.

Cena real JC tocando, Entra Chay Suede.

Ao sair do palco o pai e Kliass dizem: - Você enlouqueceu o público. Saiu tudo perfeito. Volta lá para o primeiro bis.

João: - Só volto para tocar perfeito, e no último acorde senti uma fisgada na mão.

Kliass, já no camarim: - Não se esqueça que há 5 anos a tivemos...(relembrando a estréia no Teatro Colombo e sugerindo que a fisgadá nada mais é do que uma fadiga passageira pelo excesso de estudo.

~~olhando pra todos os cantos, menos a estante. O professor faz movimentos com a mão, como que tocando em teclados imaginários.~~

CORTA

34 ~~INT. NOITE - CONSERVATÓRIO~~

~~Na sala do professor Kliass.~~

João está com o pai José, os dois diante da mesa do professor Kliass. João lê o jornal na página de esportes; uma notícia sobre o time da Portuguesa. Kliass vem até a mesa e deposita uma pilha alta de partituras e livros com páginas marcadas com papel. Senta-se em seguida.

★ Do item 34 ao 40 peço para você administrar como memória do diálogo do camarim, p/ substituir

Ao enviar suas sugestões de roteiro para o diretor Mauro Lima, João Carlos, além de rabiscar o que discordava, imprimia, colava e escaneava o que gostaria que fosse mudado.

Nos encontros para falar da biografia, João Carlos começava a conversa dizendo que o roteiro do longa estava ficando ótimo. Mas também deixava claro que tinha dado seus pitacos e garantia que *João* – até então título provisório do filme – iria mostrar a intimidade e a realidade de um artista.

Na TV Cultura

O documentarista José Roberto Walker, que trabalha na TV Cultura, encontrou nos arquivos da emissora um arsenal de imagens antigas da carreira de João Carlos e teve a ideia de montar uma série de quatro programas contando o que os brasileiros pouco sabem: o pianista que João Carlos Martins foi.

O primeiro programa mostrou João Carlos como recitalista, ou seja, sozinho no palco; o segundo, ele solando com orquestras; o terceiro exibiu o concerto de 6 de junho de 2015, quando comemorou, na Sala São Paulo, os seus 75 anos. O quarto episódio foi um documentário com um grande apanhado da carreira dele e que teve *avant-première* no Cine Belas Artes, em São Paulo, com casa cheia às 10h30 de um sábado.

E foi nesse último episódio da série que o diretor José Roberto Walker tratou com muita firmeza um incidente envolvendo, em 2012, o então âncora do programa Roda Viva, Mario Sergio Conti, e João Carlos.

Durante a entrevista, João, respondendo às perguntas dos vários entrevistadores, deu uma geral de sua carreira, falou sobre a escolha de ser maestro para continuar na música e de suas dificuldades para se manter pianista, a ponto de, às vezes, tocar apenas com dois ou três dedos.

O âncora, com certa soberba, encerrou a entrevista com uma postura e uma frase indesculpáveis para um jornalista experiente que, espera-se, seja minimamente respeitoso, particularmente na TV, onde tudo é visto com lente de aumento:

"Vamos ver agora se o professor e maestro faz verdadeiramente música ou um espetáculo circense... Música, maestro!"

Ao citar o circo nesse contexto, Conti estava se referindo ao fato de João tocar piano com apenas dois ou três dedos, o que configurava, para o jornalista, um número de circo em seu sentido pejorativo. Com um piano elétrico à sua frente, João Carlos passou realmente a tocar com dois ou três dedos, exibindo todas as suas dificuldades. Resultado: boa parte dos entrevistadores aplaudiu. Mario Sergio Conti, não. João Carlos conta que, no dia seguinte, Conti ligou, perguntando como poderia se penitenciar da grosseria, e João respondeu apenas: "Vá assistir a um dos meus concertos". Em seguida brinca, dizendo que se esqueceu de enviar o convite!

No documentário, o diretor corta do incidente para uma série impressionante de João Carlos tocando piano em seus áureos tempos, quando chegou a executar 21 notas por segundo e se tornou um dos mais badalados pianistas do mundo.

Por pouco, o jornalista Conti não foi processado por entidades que representam o circo e também pela Associação de Assistência à Criança Deficiente (AACD). A TV Cultura recebeu uma enxurrada de e-mails de protestos.[15]

"E aí, Walker, o João se meteu muito na condução do documentário?" O diretor deu um longo e compreensivo sorriso e saiu pela tangente, dizendo apenas: "Não, imagina que não...", e arrematou: "Ele ajudou muito na escolha das músicas...".

O blog da *Revista Brasileiros* comentou na época o episódio do Roda Viva:

---

[15] Se quiser conferir se o jornalista foi mesmo mal-educado e arrogante, acesse: <https://goo.gl/p0HgpY>. Acesso em: out. 2015.

Internautas criticam programa por desrespeito a João Carlos Martins

A entrevista ao maestro feita pelo programa Roda Viva, da TV Cultura, causou revolta entre os telespectadores e foi assunto nas redes sociais.

O programa Roda Viva, da TV Cultura, veiculado na última segunda-feira, dia 26, causou revolta entre os telespectadores e internautas. O entrevistado, o maestro João Carlos Martins, conhecido por sua história de sucesso e superação, foi alvo de perguntas tendenciosas e desastradas feitas por entrevistadores e do mediador, o jornalista Mario Sergio Conti.

Na clara busca por desqualificar o trabalho social do maestro junto a crianças carentes e de reeditar o vínculo político do maestro com o deputado federal Paulo Maluf, que lhe rendeu um processo por arrecadação ilegal de fundos, acusação da qual foi inocentado por unanimidade pelo Supremo Tribunal Federal, o mediador e os entrevistados se perdem na sua desinformação. [...] "Faz 22 anos e todos os dias eu acordo pensando o que posso fazer para mostrar que sou do bem. Por isso que eu digo que a música me salvou", afirmou.

A cada pergunta, respondida com clareza pelo maestro, fica mais evidente o valor do trabalho de João Carlos para modificar a realidade de quatro mil crianças e adolescentes da comunidade de Paraisópolis de São Paulo, por meio da educação e da música, com o apoio da Fundação Carlos Chagas. E mais claro também que a orquestra criada pela iniciativa dele, que conta com o apoio do SESI São Paulo, presta seu serviço ao levar música erudita gratuitamente a milhares de espectadores. [...][16]

[16] Confira a reportagem na íntegra em: <http://goo.gl/DLV3mL>. Acesso em: out. 2015.

A *Brasileiros* publicou também comentários de internautas veiculados na página da TV Cultura na hora em que o programa estava no ar. Alguns destes comentários:

> O Maestro João Carlos é demais, boas respostas dele para o programa, o admiro sempre!!!
> *Juliana Sousa*

> ABSURDA ESSA ENTREVISTA COM O MAESTRO!! DÁ A IMPRESSÃO DE QUE ARMARAM UMA ARAPUCA. Houve momentos de uma agressividade absurda, conduzida pelo próprio coordenador, que deveria ser ponderado. Um professor espumando ao fazer suas críticas. Querem o quê? Miséria? Que tal mais ponderação? Que tal mais sensatez na montagem desses programas?
> *Jose Carlos Salvagni*

> O Maestro JC Martins está de parabéns, já o apresentador que é um mala e os entrevistadores são nível ZERO!
> *Fábio Santos*

No Facebook...

Os números que envolvem o nome de João Carlos Martins nas redes sociais são simplesmente impressionantes. Mesmo antes de abrir um perfil no Facebook, Maestro João Carlos Martins – Oficial, em maio de 2015, algumas páginas de fã-clubes contavam com 13 mil membros, e 18 mil vídeos sobre ele já haviam sido postados no YouTube. Com sua página oficial no ar, o perfil de João Carlos chegou rapidamente às 18 mil curtidas e seus *posts* diários chegam a atingir 800, 900 curtidas, números que, segundo especialistas, são muito expressivos.

CAPÍTULO 24

Ele decide ajudar a salvar o planeta

"Como é mesmo essa coisa de sustentabilidade?"

Quando me sentei à mesa do café da manhã no Park Central Hotel, numa Nova York chuvosa, no dia seguinte ao primeiro concerto da Bachiana no Carnegie Hall, João Carlos estava com o jornal *The New York Times* aberto sobre a mesa e falava em português ao telefone. Quando me viu, tampou com a mão o bocal do telefone e sussurrou: "É a ministra!". Comemorei, pois com a repercussão do concerto na imprensa dos Estados Unidos e do Brasil, o tema sustentabilidade ganhava mais um pouco de visibilidade na busca pela conscientização, diante das grandes ameaças ambientais ao planeta Terra.

Acomodei minha emoção na cadeira em frente ao João e me deliciei com os dois últimos minutos da conversa. Do lado de lá, a ministra Marina Silva agradecia pelo concerto da noite anterior e, do lado de cá, João Carlos agradecia os cumprimentos e enaltecia a importância de a humanidade se unir em defesa do planeta. Ao desligar, o empresário de João Carlos esticou em minha direção o exemplar do *The New York Times* com a reportagem sobre o concerto da véspera. Na foto, a lembrança do pianista e, no título, a menção ao agora maestro e à sua sinfônica:

"João Carlos Martins, at the piano, with his Bachiana Chamber Orchestra, at Carnegie Hall" [João Carlos Martins, ao piano, com a sua Orquestra sinfônica Bachiana, no Carnegie Hall].

João Carlos estava visivelmente feliz com a matéria no *The New York Times*, e quem não o conhecesse poderia até imaginar que era a primeira vez que o nome dele aparecia em um dos jornais mais importantes do mundo. Só que a primeira vez em que o *The New York Times* registrou a presença do pianista brasileiro na cidade foi 45 anos antes, em julho de 1962, quando o então jovem João Carlos Martins fez sua estreia no Carnegie Hall, iniciando também uma paixão avassaladora pelo palco da casa de espetáculos, paixão muitas vezes renovada em históricas apresentações ao longo da sua carreira de pianista e, depois, como maestro.

E como João, ao longo da carreira, considerou que suas apresentações mais importantes, como se fossem estreias, sempre se realizaram no Carnegie Hall, ele tanto fez que levou a sua Bachiana para se apresentar lá, em 6 de janeiro de 2007, tornando-se a primeira orquestra de música clássica brasileira a se apresentar no mais importante palco dos Estados Unidos, palco onde vivenciou grandes emoções como virtuoso do piano. E, já que estava ali, João Carlos aproveitou para matar a saudade dos velhos tempos e não deixou por menos: terminou seu primeiro concerto como maestro no Carnegie Hall como... pianista. Missão de regente cumprida, ele se dirigiu ao piano, e deve ter feito uma viagem ao tocar, com apenas três dedos, a "Ária da quarta corda", de Bach, e o "Hino Nacional Brasileiro", para a ovação da plateia que lotava o teatro.

Num primeiro momento, a impressão é que João até se assustou com a reação da plateia e sabe-se lá o que passou pela sua cabeça ao se curvar para o agradecimento como maestro, mas com a mão esquerda apoiada no piano... Fazia 10 anos que, ali, naquele palco tão querido, ele não se curvava para agradecer os aplausos. Será que ele se lembrou da primeira apresentação que fez, 45 anos antes, em 1962, aos 21 anos? Como será que funciona a cabeça dos artistas nessas horas, à noite, quando, já no travesseiro, ficam se lembrando de três mil pessoas aplaudindo, felizes, sorridentes, agradecidas.

Depois do concerto, e sem que ninguém precisasse orientá-lo, João Carlos atravessou os corredores, pegou o elevador e logo chegou ao salão nobre do Carnegie Hall para o lançamento, nos Estados Unidos, do programa Áreas Protegidas da Amazônia (ARPA), o maior programa de conservação de terras do planeta. Na época, já eram 46 milhões de hectares protegidos, o correspondente a 46 milhões campos de futebol.

O ARPA é coordenado pelo Ministério do Meio Ambiente brasileiro e tem apoio de ONGs do mundo inteiro. Logo começou a cerimônia, e na abertura foi exibido o vídeo *Chamado da samaúma*, de apenas quatro minutos. A única fala do vídeo é de João Carlos, que, em pouco mais de um minuto, explica, em inglês, que o vídeo destaca a papel protetor da árvore samaúma, que, com 35 metros de altura, é oca e funciona como um tambor reverberador de mensagens floresta adentro.

A inserção do maestro João Carlos Martins no mundo da sustentabilidade começou com uma reportagem no telejornal Bom Dia Brasil, da Rede Globo. Era o ano de 2006 e minha mulher, Marcinha, viu que João Carlos ia levar a sua Orquestra Bachiana para uma apresentação em Nova York com o tema *Amazon Forever*, isto é, Amazônia para Sempre.

Imediatamente, liguei para uma amiga, Christina Carvalho Pinto, que conhece Deus e o mundo e é muito engajada com a questão ambiental. Ela fez a ponte, e lá fui eu almoçar com o pianista e maestro João Carlos Martins. Se tem uma coisa que João Carlos gosta é de receber pessoas em sua casa, e assunto para conversar é o que não falta.

O designer norte-americano Milton Gleiser, o mesmo que criou a marca da maçã para a cidade de Nova York, fez o logotipo da Fundação Bachiana. Depois, João Carlos incluiu a frase "arte e sustentabilidade".

Dono de uma memória impressionante, ele se lembrou de um encontro nosso na TV Cultura, em 1983, quando eu era diretor de jornalismo. Aos pouquinhos, fomos chegando ao tema do encontro. João lembrou que em 1982, quando foi Secretário da Cultura do Estado de São Paulo, promoveu o tombamento da Serra do Japi, ameaçada pela especulação imobiliária, por intermédio do Conselho de Defesa do Patrimônio Histórico, Arqueológico, Artístico e Turístico (CONDEPHAAT), órgão de sua pasta.

Fez então a primeira pergunta sobre o tema da nossa conversa:

"Como é mesmo essa coisa de sustentabilidade?"

Pronto! Ele abriu a porta, eu entrei e falei com muito entusiasmo sobre as teses de sustentabilidade, expliquei os perigos dos efeitos do aquecimento global e tanto falei que ele, convencido, não só concordou com o esforço mundial que precisa ser implementado, como decidiu inserir no logotipo da Fundação Bachiana a frase "Arte e Sustentabilidade". João Carlos Martins entrava no mundo da sustentabilidade pela porta da frente.

"Você escreve a letra e eu, a música!"

Veio então a RIO+20, em 2012, evento para celebrar a RIO-92, quando os dirigentes de mais de 200 países se reuniram pela primeira vez no Rio de Janeiro para debater as grandes questões e os problemas ambientais que ameaçam o planeta.

Mais uma vez procurei João Carlos, já na crista da onda como maestro, instigando-o a participar do evento. Dei, inclusive, a sugestão de chamar para um almoço a ministra do Meio Ambiente, Izabella Teixeira, e a diretora do Programa das Nações Unidas para o Meio Ambiente (Pnuma) no Brasil, Denise Hamú, para conversarmos sobre a possibilidade da participação dele no evento mundial.

João Carlos concordou em convidá-las. Também dei a ideia de encerrar a RIO+20 com uma cantata e adiantei que estava compondo a letra em parceria com Zildete Melo, escritora de Brasília. João não se fez de rogado e emendou:

"Você escreve a letra e eu, a música! Tudo bem?"

Ué... tudo bem, né? E eu que não sabia que ele também compunha...

O almoço com Izabella e Denise aconteceu, João Carlos, sempre sedutor, tocou um pouco de piano para elas, que ficaram encantadas e tiraram fotos com o maestro. A cantata de encerramento da RIO+20 ficou acertada com a ministra e a diretora do Pnuma Brasil.

Em trinta dias entreguei a letra da cantata, e João se fechou com seus arranjadores preferidos, José Antonio Almeida e Ney Marques, para, três semanas depois, me chamar para ouvir o produto final. Então, quem ficou encantado fui eu, ao ver, pela primeira vez, um pouco da minha poesia se transformar em música... e das boas!

Além de convidar o maestro para encerrar a RIO+20, a ministra Izabella Teixeira levou o maestro e a sua Bachiana para se apresentarem no Palácio do Planalto, em 5 de junho de 2012, Dia Mundial do Meio Ambiente. E a primeira pessoa a cumprimentar João Carlos foi a presidente Dilma Rousseff.

Em um dos eventos de encerramento da RIO+20, no charmosérrimo teatro do Jardim Botânico do Rio de Janeiro, na presença de dirigentes mundiais de instituições ligadas ao meio ambiente, como Yolanda Kakabadse, presidente internacional da ONG WWF, a Sinfônica Bachiana, sob a regência de João Carlos, com a soprano Raquel Gigllio Nogueira, o tenor Jean William e a Orquestra de Vozes Meninos do Rio apresentou, em *avant-première* mundial, a cantata "Eu quero o meu futuro".[17]

[17] Assista à apresentação da cantata no Jardim Botânico em: <http://goo.gl/fK0Cmn>. Acesso em: out. 2015.

CAPÍTULO 25

Sem o tampo da cabeça e conversando com o médico

"Depois de 10 anos, estou conseguindo dedilhar!"

A cena é impressionante! Coisa de cinema!

Deitado numa mesa de cirurgia, com a cabeça um pouco mais elevada, coberto com um avental verde, daqueles de hospital, até porque ele estava na Clínica São Vicente, no Rio de Janeiro. Atrás dele, todo paramentado, o cirurgião Paulo Niemeyer Filho, uma das grandes sumidades da neurocirurgia mundial.

O médico fazia perguntas e João Carlos respondia, com um detalhe: sua cabeça estava sem, vamos dizer, a tampa! É assim que funciona nessa cirurgia, pois o médico precisa saber das reações do paciente, ao vivo.

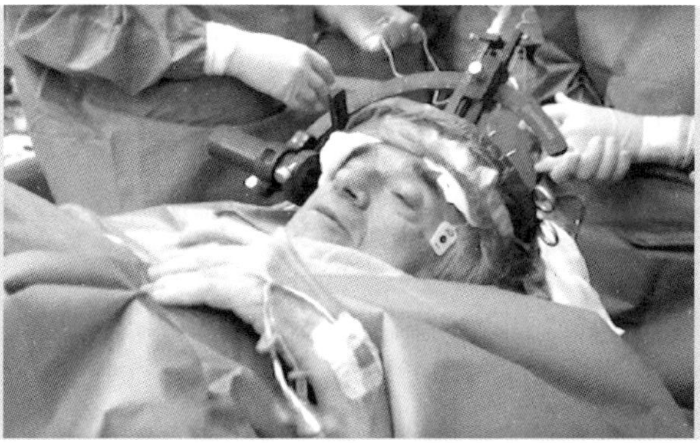

Sem o tampo da cabeça, João Carlos reage aos estímulos do médico Paulo Niemeyer.

Em determinado momento da intervenção, o médico pediu que João Carlos colocasse a mão esquerda sobre o peito e, à medida que alcançava determinados pontos no cérebro do maestro, fazia perguntas:

"E agora, dá para mexer?"

Enquanto olhava fixamente para os dedos se mexendo, como se estivesse tocando no teclado, João Carlos repetia a frase:

"Não faço isso há dez anos, não faço isso há dez anos..."

O médico, sorrindo, insistiu:

"Então, já dá para tocar piano?".

Sem parar de dedilhar com os dedos da mão esquerda no o peito, João, magnetizado, dizia apenas:

"Muito melhor... muito melhor..."

Paulo Niemeyer ainda prosseguiu um bom tempo com a prospecção no cérebro do maestro que quer voltar a ser pianista. Diagnóstico: distonia muito adiantada. Tratamento: cirurgia para a implantação de dois eletrodos no cérebro, com um estimulador eletrônico subcutâneo. Coisa de medicina avançadíssima.

A cirurgia, levada a cabo em 2012, foi um sucesso e permitiu que João Carlos tocasse piano profissionalmente por quatro meses. Depois disso, a mão esquerda voltou a fechar. Mesmo assim, com sua eterna esperança, João espera que uma nova cirurgia para a implantação de eletrodos e de um estimulador eletrônico mais moderno possa lhe proporcionar mais algum tempo como pianista.

Enquanto isso, as dores incessantes que sente às vezes se misturam ao seu otimismo e, nas inúmeras entrevistas que concede, João chega a reclamar muito das dores nas mãos e diz que, muitas vezes, sente vontade de cortá-las. Num desabafo quase calado, afirma que vai abandonar a ideia de continuar tocando piano. Será? Quem viver, verá.

Vale a pena ver de perto

Dias antes do concerto de 6 de junho de 2015, em sua casa, em mais uma de nossas conversas, João Carlos se levantou do sofá para mostrar no piano a diferença entre o Bach matemático e o Bach romântico, demonstração que ele já tinha feito uns meses antes. Só que agora parecia que tinha algo de singular no ar... e nas teclas do piano. A diferença do Bach matemático para o Bach romântico é apaixonante, e, já que estava ali mesmo, João aproveitou para tocar trechos das músicas que estariam no programa do concerto de 6 de junho que ele iria interpretar ao piano ou na regência da Bachiana.

W. A. Mozart
Concerto para piano nº 17 em sol maior, K.453 – II. Andante
L. V. Beethoven
Concerto para Piano "Imperador" – Adagio un poco mosso
R. Schumann
Concerto para piano, op. 54 – Andante do 1º movimento
S. Rachmaninoff
Concerto para piano nº 2, op. 18 – Adagio sostenuto
S. Rachmaninoff
Rapsódia sobre um tema de Paganini, op. 43 – Variação XVIII
J. S. Bach
Concerto para piano nº 2 em mi maior, BWV 1053 – II. Siciliano
E. Beltrami
Concerto para Violoncelo e Cordas "Inner"
M. Ravel
Pavane pour une infante défunte
S. Prokofiev
Sinfonia nº 1, op. 25 "Clássica"

Na sala de estar da casa estava apenas o pianista entusiasmado, mandando ver com a mão esquerda. Parava, explicava alguma coisa, voltava rapidinho para o teclado e, assim, encerrou mais um microrrecital com um trecho do *Concerto para piano para a mão esquerda*, de Ravel.

Quando você está ali, bem pertinho dá para sentir que a mão esquerda de João Carlos, mais do que tocar nas teclas, as subjuga. A impressão, assim de perto, é que os dedos afundam no teclado, buscando o último grito da nota acionada, e, quando vão atrás da nota seguinte, acabam levando junto o teclado inteiro. Vale a pena ver de perto!

Encerrou com Ravel e continuou sentado no banquinho por mais alguns segundos. Ao começar a se levantar, estava claro em seu semblante que ele tinha conseguido vencer mais uma batalha, que tinha conseguido se superar mais uma vez em seu permanente esforço, em sua inabalável convicção de voltar ao piano. Nem que seja só com a mão esquerda, "nem que seja só com o dedinho", repetindo, mais uma vez, a frase de Denise, que trabalha na casa dele.

Mais do que não responder à constatação do seu retorno ao piano, João Carlos tentou desconversar, mudar de assunto, e deixou a impressão de que pretende trabalhar nisso com alguma discrição. Então, João, é o seu retorno?

"Ainda não... E as coisas vão melhorar... Tenho visitado um centro científico perto da Unicamp, O Instituto Facti [Fundação de Apoio à Capacitação na Tecnologia de Informação], me tratando com a fisioterapeuta Cintia Naoko, que, talvez, possa me devolver um pouco do movimento também da mão direita."

Em setembro de 2015, a situação era a seguinte: a recuperação da mão esquerda estava sob os cuidados do neurocirurgião carioca Paulo Niemeyer, e a reabilitação da mão direita estava a cargo da fisioterapia aliada a técnicas de que João Carlos nunca tinha ouvido falar, como usar uma espécie de luva que emite estímulos elétricos.

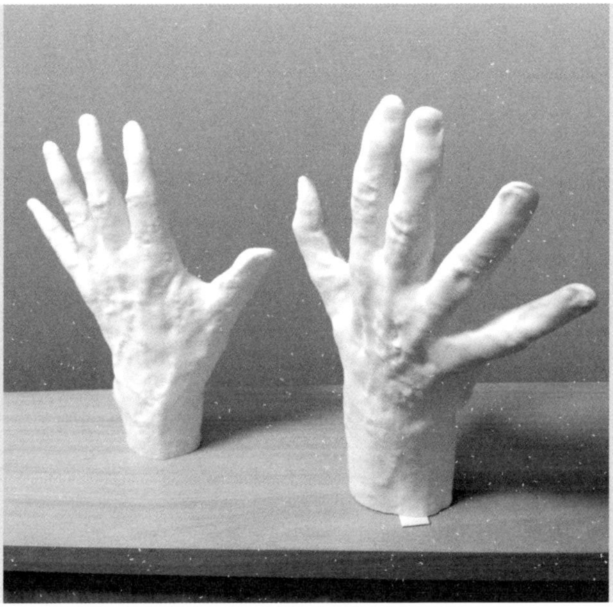

A partir destes moldes das mãos do maestro, especialistas procuram maneiras de ajudar João Carlos a voltar ao piano.

Será que a partir desses moldes das mãos de João Carlos os cientistas vão conseguir desenvolver uma espécie de luva que irá, então, devolver movimentos fundamentais de sua mão direita e também ajudar a mão esquerda? Só lembrando que, em 1998, médicos de um hospital em Miami seccionaram o nervo ulnar da mão direita, o que, teoricamente, impediria João Carlos de voltar a tocar. Teoricamente porque, na prática, o que ele tem feito para voltar ao piano é inacreditável, submetendo-se a crenças religiosas, promessas, curandeiros e até... médicos!

Capítulo 26

A fundação da Fundação Bachiana

"Músico tem que ser tratado com respeito. Músico não é gado!"

A Fundação Bachiana funciona num recinto cedido pela Prefeitura de São Paulo, que fica bem embaixo de um viaduto na rua Álvaro de Carvalho, n. 252, no centro da cidade. Ao lado da porta de entrada, por causa do viaduto, protegem-se da chuva e do sol alguns sem-tetos que vivem ali mesmo. Quando o carro de João Carlos aparece no começo da rua, o grupo da calçada muitas vezes logo se agita para, se for preciso, interromper o trânsito para o maestro estacionar o carro e ficar um pouco constrangido com a ajuda tão explícita e ruidosa. João Carlos não se faz de rogado e, ao descer do carro, cumprimenta todos, agradece por tudo e entra no espaço onde funciona a Fundação. O "grupo de apoio" volta, então, a se sentar e a se deitar na calçada.

Aliás, essa calçada da Fundação já foi testemunha de cenas insólitas, envolvendo até o próprio João. Bem no começo da Fundação, do outro lado de onde ficam os sem-tetos, na mesma calçada, funcionava uma espécie de *night-club* que esticava seu horário de funcionamento manhã adentro. Certo dia, ao descer do carro na frente da Fundação, João Carlos foi abordado por uma mulher alta e forte que, depois da foto tirada – uma *selfie* –, agradeceu a gentileza com um carinhoso abraço. João Carlos logo percebeu que era uma travesti que, saindo da boate ao lado, não resistiu ao ver o maestro dando sopa ali na calçada.

Logo na entrada da Fundação, na parede esquerda, tem uma foto enorme de João saudando, ao ar livre, o público de um espetáculo. Só se algum funcionário ajudar é que o visitante vai perceber – e o engraçado é que sempre tem um funcionário afoito para apontar a coincidência – que logo na primeira fila do painel tem um rapaz vestindo uma camisa de futebol e carregando, no peito, o escudo da Portuguesa de Desportos, o time do coração do maestro!

Os funcionários sabem que foi João Carlos que selecionou a foto, e desconfiam que a camiseta da Portuguesa tenha sido um fator decisivo – só não criaram ainda coragem de perguntar se a

Foto que está no saguão de entrada da Fundação Bachiana. No destaque, o torcedor com a camiseta da Portuguesa, o time do maestro.

escolha da imagem foi influenciada pelo torcedor da Lusa. João Carlos garante que a escolha da foto não teve nada a ver com a camisa do seu time, mas é claro que ele não acha nada ruim...

"Músico não é gado!"

Na Fundação Bachiana, João Carlos mantém a mesma "tradição" que tem em casa: trabalha com pessoas que estão há muito tempo com ele, como Wilson Viveiro, o "faz-tudo", que está com o maestro há 25 anos, e David Yu, o "faz-quase-tudo", que está na Bachiana desde os preparativos para a fundação da Fundação, em 2005. Os dois, juntos de Hudson Gorzoni, cuja função técnica é a de inspetor de orquestra, dão apoio total ao maestro. Entre eles, o trabalho é dividido da seguinte maneira: Wilson cuida das viagens para palestras, David foca nas apresentações da orquestra e Hudson, que também é violinista – não da Bachiana – cuida diretamente dos músicos.

O próprio David lembra como foram difíceis os primeiros tempos e como o maestro chegou a se irritar em algumas situações-limite. Uma das mais embaraçosas aconteceu em uma capital do Norte do país, provavelmente em Belém do Pará, pelo que ele se lembra. A orquestra chegou de madrugada na cidade, e quando o ônibus estacionou na frente do hotel, David logo viu que o bicho ia pegar. Era um dos piores hotéis que ele já tinha visto na vida, opinião compartilhada pelo maestro, que, ao chamá-lo, manifestou claramente a sua insatisfação. Logo ele, que ao longo da vida e da carreira de pianista se hospedou nos melhores hotéis do mundo, ter de ver sua orquestra numa espelunca. Como já estava tarde, não tinha muito o que ser feito e os músicos foram se acomodando na medida do possível.

Logo cedinho, João Carlos já estava frente a frente com os produtores que escolheram o tal hotel, e David, ao seu lado, escutando a descompostura que o pessoal levou. A única resposta dos produtores foi que a escolha do hotel tinha sido feita pela internet. David se lembra claramente de uma frase do maestro que vai ficar registrada em sua memória para o resto da vida:

"Músico tem que ser tratado com todo respeito, tem que ter bom hotel, boa alimentação. Músico não é gado, músico não é gado, músico não é gado!!!", e lá se foi o maestro, ruminando esse mantra, em direção ao ônibus da orquestra. Duas horas depois estavam todos instalados no melhor hotel da cidade.

David gosta de destacar os cuidados permanentes que João Carlos dispensa aos músicos da sua orquestra. Em 2007, quando a Bachiana se apresentou pela primeira vez no Carnegie Hall, David foi o primeiro a ver, no aeroporto, o desespero, logo transformado em choro, de uma *cellista* que, ao tirar a capa do seu instrumento ainda nas esteiras, viu que seu *cello* tinha sido "mortalmente ferido" na viagem. A segunda pessoa a se aproximar da moça foi João Carlos, que, sentindo-se em casa em Nova York, onde viveu tantos anos, logo mexeu os pauzinhos. Horas depois, estavam o maestro, David e a *cellista* frente a frente com um *luthier*, como são chamados os especialistas que constroem e consertam instrumentos de corda.

O *luthier*, um cidadão francês, lembrava do pianista João Carlos Martins e tomou um susto dos diabos quando João explicou que o instrumento precisava ficar pronto no dia seguinte para o primeiro ensaio, porque o espetáculo já seria dali a dois dias, a estreia da primeira orquestra sinfônica brasileira a pisar no palco do Carnegie Hall. E, no ensaio do dia seguinte, lá estava o *cello* emoldurado pelo sorriso aberto da *cellista* que, por sua vez, garantiu a David que o som do instrumento tinha ficado muito melhor. E melhor ainda foi quando o *luthier* cobrou apenas 300 dólares pelo serviço, pagos, pessoalmente, por João Carlos.

Em outra ocasião, também numa das idas da Bachiana a Nova York, um dos membros do naipe do oboé teve de usar um instrumento emprestado e tomava tanto cuidado que chegava ao ponto de escondê-lo debaixo da cama do hotel. Encantando com as lojas da cidade, o rapaz comprou um tênis da Nike e, na hora de voltar para o Brasil, preocupado em não esquecer de levar a caixa do tênis para o aeroporto, esqueceu o oboé debaixo da cama. Pânico geral! A sorte é que um grupo da orquestra que voltaria em outro voo ainda estava no hotel e salvou a vida do jovem e apaixonado músico... por um Nike!

O ensaio vai começar

Quem organiza tudo para o ensaio começar direito e sem falhas é Hudson Gorzoni, o inspetor da orquestra. Ele cuida da montagem da orquestra no salão, da escalação dos músicos e da agenda de viagens. Ele garante que o maestro João Carlos é muito rigoroso com todos os detalhes e se mete em tudo, até na distribuição da orquestra no palco, seja na Sala São Paulo, seja ali mesmo na sala de ensaios da Fundação Bachiana.

Houve uma apresentação em Curitiba, em abril de 2015, em que a partitura do maestro não chegou à estante dele. João Carlos costuma fazer anotações nas partituras durante os ensaios e isso é como oxigênio para o regente, pois lhe dá segurança na condução da orquestra e na entrada exata dos vários naipes de instrumentos que ele costuma memorizar. Pergunta daqui, procura dali e a tal da partitura anotada não aparecia, até que o inspetor da orquestra, o Hudson, comunicou oficialmente ao maestro que a partitura não tinha sido enviada para Curitiba. Sem ter culpa no cartório, pois há um responsável pelo arquivo das partituras, Hudson levou um esfregão, e ao maestro restou fazer todas as anotações outra vez. Detalhe: a tal da partitura anotada estava na casa do maestro, em São Paulo, garante Maria Cláudia Ribeiro, a arquivista da Fundação. Ela é musicista de formação, graduada em clarinete pela Unicamp, já tocou na Bachiana, mas foi contratada em 2008 como responsável pelo arquivo de partituras. Maria Cláudia entra em campo quando o maestro escolhe o repertório de determinado concerto e lhe comunica as músicas que serão interpretadas. Ela vai, então, em busca das partituras e se acostumou a confirmar com João se vai ter bis, se as músicas são exatamente aquelas, se não houve nenhuma mudança, para evitar qualquer confusão. Como vários maestros do mundo inteiro, João Carlos adquiriu o hábito de encerrar seus concertos com músicas mais populares, para diminuir um pouco a tensão de uma apresentação. De uns tempos para cá, ele tem fechado os concertos com "Trem das onze", de Adoniram Barbosa. Aconteceu um dia que João Carlos não confirmou o bis da música e, ao sair do palco, foi cobrar da arquivista a ausência da partitura. Cobrou de tal forma que a própria Maria Claúdia reagiu à altura, garantindo que ele não tinha encomendado o "Trem" e que ela não tinha bola de cristal!

Às segundas-feiras, João Carlos passa de duas a três horas na Fundação, porque é dia de ensaio da Filarmônica Bachiana SESI-SP. A orquestra ensaia em um salão preparado com acústica especial, onde todos se acomodam perfeitamente. Em 5 de maio de 2015, houve o primeiro ensaio para o concerto que seria realizado em 6 de junho para celebrar os 75 anos do pianista e maestro João Carlos Martins, que faria aniversário, na verdade, em 25 de junho.

Todos a postos para o ensaio e sempre há um *frisson* nessas horas, porque a presença do maestro no recinto inevitavelmente impõe um certo temor reverencial, como acontece em qualquer outro ambiente de trabalho em que o "chefão" esteja presente. Na verdade, numa orquestra a coisa é um pouquinho diferente da "vida real"... É mais cerimonioso, até porque se trata de um ritual com séculos de tradição.

Pouco antes de abraçar o piano e deixar a condução a cargo de seu maestro-assistente, Edson Beltrami, João Carlos saudou a orquestra, deu os parabéns aos músicos "pela excelente exibição" realizada no sábado anterior em Indaiatuba, a 120 quilômetros da capital paulista, e leu um trechinho da reportagem do jornal da cidade, que destacava o solo de violino feito por Renata Yokota. João interrompeu a leitura de propósito, a orquestra obedeceu fielmente o gesto do maestro e caiu na risada, discreta, mas uma boa risada. O jornal tinha errado na grafia do nome d*o* solista Renat*o* Yokota! Fazer esse tipo de brincadeira é, sem dúvida, um dos esportes preferidos de João Carlos.

Pouco antes de começar o ensaio, João Carlos contou, com a cara mais séria do mundo, que foi obrigado a tomar uma decisão drástica no concerto de Indaiatuba. Todo mundo que estava por ali, nas mesas da Fundação, já imaginou o pior e parou para ouvir:

"Quando fui informado de que a fila de público já estava virando a esquina, com o dobro dos 800 lugares do teatro, fui para a porta e, aos gritos, disse que aquilo era um absurdo, etc. e tal e o público concordando..." Nesse instante, de uma só tacada, ele arrebatou a simpatia do público: "Então, em vez de um, vou fazer dois espetáculos!". João Carlos talvez consiga ouvir até hoje os aplausos e os gritos de aprovação de toda a galera. Era o "João sedutor" em sua plenitude!!

Só que ele não contou um outro episódio que aconteceu no SESI de Piracicaba, onde ele era aguardado para um concerto. A orquestra saiu antes e nada de o maestro chegar na cidade.

A fila de gente já dobrava a esquina, quando ele ligou para o filho, Adinho: "Vocês esqueceram de anunciar o concerto? Não tem ninguém aqui! Isso é um absurdo!".

No primeiro momento, Adinho não entendeu nada, mas logo em seguida se deu conta de que o pai estava na cidade errada. Ele tinha ido para Sumaré, a 30 minutos de distância. Avisado do erro, João resolveu cortar caminho por uma estradinha municipal para chegar mais rápido. Já na periferia de Piracicaba, pararam para perguntar como se chegava ao SESI e o pessoal do bar reconheceu o maestro... Aí foi uma festa! João teve de sair do carro, cumprimentar e tirar *selfies* com todo o pessoal que estava tomando a sua cervejinha de fim de semana.

Aliás, foi o pianista e amigo Arthur Moreira Lima que deu uma dica para que João Carlos não se preocupasse mais e parasse de se perguntar se vai ou não vai ter público: "É só dar uma saída na rua e ver se o pipoqueiro está por lá. Se estiver, terá público, com certeza!".

Vai começar efetivamente o ensaio. João se senta ao piano e, ao primeiro gestual do maestro-assistente, o som suave e vigoroso, agradável e envolvente das cordas, em sutis variações do *cello*, do violino e da viola, vai, rapidamente, tomando conta do ambiente. Em um novo gesto, firme e preciso, o regente determina a todas as cordas que diminuam suas emissões para que entre em cena o solo do piano, tocado pelas mãos de um artista cuja concentração, naquele instante, poderia levá-lo ao Carnegie Hall, em Nova York, à sala de concertos de São Petersburgo, na Rússia, ao Teatro Amazonas, em Manaus... Os acordes do piano passam, então, a conviver harmoniosamente com o conjunto da orquestra, que recebe o reforço das flautas, dos oboés e dos clarinetes. Essa troca afetuosa de volumes entre a orquestra e o piano enlevam, arrebatam... Ali estava João Carlos Martins em seu háabitat natural!

A descoberta da inclusão social

Em 1998, quando retornou dos Estados Unidos, onde foi correspondente da *Folha de S.Paulo*, o jornalista Gilberto Dimenstein trouxe na bagagem um número impressionante de experiências comunitárias e de inclusão social que estavam mudando o perfil de Nova York. Foi o período em que a cidade deu um grande salto em direção à sua redenção, à diminuição impressionante da violência, processo viabilizado pela inclusão social em conjunto com projetos culturais e educacionais que proporcionavam a jovens carentes a sensação de pertencimento ao agrupamento social. Algo próximo à busca da cidadania para a paz.

No Brasil, Dimenstein acabou incentivando muitas dessas práticas que testemunhou em Nova York. Escreveu os livros *O mistérios das bolas de gude* e *Heróis invisíveis*, e fundou a Cidade Escola Aprendiz em busca de experiências que tivessem potencial para a criação e o desenvolvimento de comunidades. Ao conhecer João Carlos Martins, em 2003, o jornalista acreditou que o músico poderia exercer um papel muito importante como educador cultural e, assim, apresentou João Carlos a todo tipo de educador, percebendo que o ex-pianista e futuro maestro precisava se reciclar e tinha muito a oferecer à sociedade. João conheceu diversas experiências de arte-educação, como as do coreógrafo Ivaldo Bertazzo e as do autor teatral e "brincante" Antonio Nóbrega.

Quando João Carlos deu os primeiros passos para se tornar maestro, também começou a se aproximar da Fundação CASA, na época Febem, para saber o que poderia fazer por aqueles meninos. Gilberto Dimenstein escreveu um artigo para a *Folha de S.Paulo* que foi mais um estímulo para João Carlos seguir o seu novo destino. O título do artigo: "A Vingança do Pianista".

Depois de perder as duas mãos, o pianista João Carlos Martins, um dos mais famosos intérpretes de Bach, acabou descobrindo harmonia na Febem. "Estou dando novo significado à minha vida."

Sua vida tinha mesmo tudo para perder o sentido. Num roteiro digno daqueles inverossímeis filmes de bruxaria, uma espécie de maldição abateu-se sobre a mão direita do pianista. Os dedos foram, aos poucos, quase em câmera lenta, perdendo o movimento. Mas ele não desistiu: imergiu em infindáveis ensaios para executar obras apenas com a mão esquerda e voltou aos palcos diante de plateias perplexas.

O pior estava por vir, como se a maldição não se desse por satisfeita. Um tumor inutilizou, neste ano, também a sua mão esquerda. "Não sobrou nada", resigna-se. Impedido de tirar melodias das teclas, ele tenta aprender a viver em harmonia com a música.

Depois de assumir a direção de uma faculdade de música, o pianista das mãos irrecuperáveis resolveu reger pessoas tidas, por muitos, como integralmente irrecuperáveis – e

O menino interno na Fundação CASA manifesta, a seu modo, o agradecimento pela presença do maestro.

cujas mãos serviram para esmurrar. Passou a dar aulas a adolescentes da Febem. "É incrível o prazer de vê-los descobrindo os sons e, com isso, descobrindo a si mesmos."

Para que se conheçam e se valorizem, os adolescentes são ensinados, nas primeiras aulas, a tirar sons do próprio corpo, tão acostumados a bater e a apanhar. "Eles aprendem que a música está em qualquer lugar, a começar de si próprios", diz João Carlos Martins, que, entusiasmado com a experiência, procura talentos perdidos. [...]
Com a ajuda do maestro Julio Medaglia, João Carlos Martins estuda quatro horas por dia e quer voltar aos palcos, dessa vez como regente. Se já não prestam para tirar as notas do piano, os dedos conseguem, pelo menos, segurar a batuta – a doce vingança contra a maldição. Foram-se as mãos, ficou a música.

O abraço definitivo

Em março de 2008, a Fundação Bachiana deu um salto qualitativo em direção ao seu objetivo principal: a democratização da música clássica, ou seja, levar a musicalização ao maior número possível de jovens que, historicamente, não têm chances de viver com dignidade. O objetivo dessa iniciativa é buscar a humanização dessa rapaziada e, quem sabe, motivá-los para uma possível profissionalização musical. Sonhar não custa nada.

Depois das primeiras experiências pontuais em 2003, nada mais emblemático do que o local escolhido para desenvolver o projeto: a Fundação CASA, em São Paulo, onde são recolhidos menores infratores. João Carlos Martins fez palestras em unidades da Fundação e falou muito sobre superação, sobre a importância da música para a vida e para a reintegração social e citou o seu próprio exemplo, contando os acidentes que sofreu e como reinventou a sua vida, transformando-se em maestro.

Ao final de cada palestra, João Carlos apresentava uma peça musical que era, para os meninos, o momento de maior vibração. O abraço que um deles deu no maestro sintetizou toda esta emoção.

Antes da criação da Fundação Bachiana, durante o processo de formação da sua Filarmônica, João Carlos se apresentava com a Bachiana Chamber Orchestra, composta de 18 músicos. Em 2006, ele fundava a orquestra Bachiana Jovem, que tinha por objetivo trabalhar na evolução musical de jovens musicistas e, ao mesmo tempo, democratizar a música clássica:

"Nos apresentamos em pequenas cidades, onde somente o circo havia chegado como expressão artística, em cidades com menos de dez mil habitantes, que nunca tinham assistido a um concerto, e também em escolas CEU na capital paulista e em outras escolas públicas e praças. Esse era o sonho do maestro Villa-Lobos, o compositor brasileiro de música clássica mais tocado no mundo."

Os músicos recebiam cachês por apresentação e a orquestra cresceu de tal maneira que era preciso conseguir algum apoio. Hora de o "João sedutor" entrar em campo!

"Durante seis anos, eu e meu filho, Adinho, corremos atrás de todo tipo de apoio, até que, um dia, o meu irmão, Ives, deu uma ótima dica: que eu procurasse presidentes de federações para que cada federação adotasse um músico. O primeiro que procurei foi o Paulo Skaf, presidente da Federação das Indústrias de São Paulo (FIESP). Ele foi muito gentil, escutou a nossa proposta e pediu tempo para pensar, e nós saímos da reunião meio desanimados. No dia seguinte, Skaf ligou para dizer que tinha uma boa e uma má notícia e que ele ia começar pela má: 'Não dá para a FIESP adotar um músico...'. Ele fez um suspense de dois segundos e complementou: 'A boa notícia é que vamos adotar a orquestra inteira!'."

A Filarmônica se reúne, em média, 120 vezes ao ano, entre ensaios e apresentações.

Nascia, assim, a Bachiana Filarmônica SESI-SP. É ou não é o "João sedutor"?!

Em 2012, a Fundação abraçava definitivamente a sua vocação educacional e colocava em prática a Academia de Música "para revelar talentos e formar jovens músicos através da educação de alta qualidade, visando sua profissionalização". O próprio João Carlos está sempre atento e farejando novos métodos de ensino para a democratização da música clássica. Tanto que, em suas andanças pelo Brasil, ele conheceu uma orquestra composta por jovens que moram ao lado de um lixão, durante uma visita à periferia de Brasília, em agosto de 2015. Ficou tão impressionado que pediu à professora e maestrina permissão para reger os meninos. E qual não foi o tamanho da sua surpresa ao constatar a qualidade da orquestra que tocou o *Concerto Brandenburgo nº 3*, de Bach, e o primeiro movimento da *Quinta sinfonia*, de Beethoven. Moral da história: convidou a responsável para uma reunião na Fundação, em São Paulo, para contar o método que usa.

O próprio presidente da Fundação, Ricardo Haydu, é um entusiasta da capacidade que a música tem de transformar sonhos em veículos de educação para a profissionalização. Airton Grazioli, curador das fundações no estado de São Paulo, tem também na Bachiana a esperança para a democratização da música clássica.

No portal da Fundação, <fundacaobachiana.org.br>, alguns textos sintetizam o papel da instituição e explicitam o que precisa ser feito para montar uma orquestra:

"Para se criar uma orquestra é preciso um toque de inspiração e um sopro de ousadia, mas sua continuidade depende de dois fatores: um ideal e uma origem definida."

Lá se explica também que "o termo 'Bachiana' remete à riqueza musical do Brasil, através de uma homenagem ao imortal maestro e compositor Heitor Villa-Lobos, autor das célebres *Bachianas Brasileiras*, e a Johann Sebastian Bach".

CAPÍTULO 27

O encontro de velhos amigos, que acabaram de se conhecer

"Sua arte, comprovada coragem e seu profundo amor à vida são exemplos do que um brasileiro representa para todos nós."
(Fernanda Montenegro)

O encontro entre eles, com direito a troca de rosas, como velhos amigos, embora fosse a primeira vez que se encontravam pessoalmente, tinha que ser mesmo no palco. Ela, Fernanda Montenegro. Ele, João Carlos Martins. O palco, da Sala São Paulo, no dia 15 de agosto de 2015, pouco antes de começar o concerto, uma iniciativa do Instituto Vladimir Herzog, para lembrar os 40 anos do assassinato do jornalista Vladimir Herzog, morto sob tortura em 25 de outubro de 1975. A história registra que a morte de Herzog provocou as primeiras fissuras no muro da ditadura militar.

Fernanda estava ali a convite do próprio João. Ele teve a ideia, avisou Ivo Herzog – diretor do Instituto –, conseguiu o telefone com amigos da Globo e por duas vezes tentou falar com ela. Gravando a novela das nove, Babilônia, Fernanda ficava até muito tarde no Projac e não teve coragem de ligar de volta.

Conseguiram se falar no terceiro dia. Acabaram se emocionando muito na conversa e, no dia seguinte, 10 de julho, João Carlos recebia, às 15h27, o e-mail em que ela dizia aceitar o convite para participar do concerto, sob algumas garantias. A principal: que não fosse um ato partidário!

Escreveu Fernanda:

"Prezado e admirável Maestro João Carlos Martins,

Falar com você e receber tanto carinho, tanta atenção da sua pessoa, tudo isso me deixou muito orgulhosa e emocionada, levando em alta consideração o que você representa nesse país, como artista, como representatividade cultural e social.

Seu convite para estar ao seu lado na cerimônia comemorativa dos 40 anos da morte do jornalista Herzog me honra profundamente. E na minha emoção, ao receber seu convite, não ousei lhe pedir mais informações sobre esta celebração. Este evento é um ato, claro, também político. A minha pergunta é: essa homenagem é suprapartidária? Ela é ecumênica? Há um congraçamento em torno deste ato? Fazendo-me mais clara e pedindo-lhe desculpas, esse evento está sendo, não digo tutelado, mas titulado por um só partido ou por uma das frentes políticas que hoje se agridem e se disputam ferozmente? Principalmente em São Paulo.

Vivemos um momento muito radicalizado. Gostaria de lhe esclarecer que tenho me ausentado de qualquer posicionamento político diante de tantas ações deterioradas, confusas, sordidamente comparáveis e vendáveis por 99% dos homens públicos brasileiros. De qualquer partido.

Quero, em primeiro lugar, estar com você, com sua orquestra, com os familiares deste mártir, com todos, todos que ainda hoje esperam por um Brasil sem violência e radicalismo. Eu só estarei neste evento se for um ato ecumênico, com todas as frentes possíveis presentes como foi naquele ato da Praça da Sé. Sei que estaremos na Sala São Paulo, mas, na minha visão, meu sonho é ter aquele mesmo espírito da Praça da Sé.

Tive muita dificuldade de lhe transmitir a minha posição diante do seu carinhoso e importante convite. Essa dificuldade se deve à importância que a sua pessoa representa neste país.

Se formos todos, num congraçamento, lá estarei.

Se não formos todos, eu lamento dizer-lhe, lá não estarei.

Peço-lhe que entenda esta minha postura.

Digo ainda que, seja qual for a sua opção política e seu engajamento, querido e muito querido maestro, sua arte, comprovada coragem e seu profundo amor à vida são exemplos do que um brasileiro representa para todos nós.

Receba meu abraço e a minha mais profunda admiração,

Fernanda Montenegro"

Em sua resposta, no dia seguinte, em e-mail das 13h30, João Carlos comparou o concerto de 15 de agosto ao ato ecumênico da Praça da Sé de outubro de 1975, quando o assassinato de Herzog foi publicamente denunciado. Ele garantiu que seria um evento suprapartidário e que "não haverá espaço para qualquer manifestação político-partidária".

E assim foi feito. Em 15 de agosto de 2015, numa Sala São Paulo lotada de emoção e um clima político no país de muita tensão, o concerto, precedido por algumas falas, refletiu o que mais se queria: lembrar a morte de um jornalista que se tornou símbolo de resistência à ditadura militar.

Mesmo assim, foi mantido o clima suprapartidário e parece que a duras penas, porque alguns políticos mais tradicionais estavam querendo falar e foram rechaçados em razão do compromisso assumido com Fernanda Montenegro.

Em 15 de agosto de 2015, na Sala São Paulo, o concerto que lembrou os 40 anos do assassinato do jornalista Vladimir Herzog nos porões da ditadura.

Tudo foi muito especial, principalmente para uma geração que viveu intensamente os anos mais difíceis do regime militar. As imagens daqueles dias no telão e, no palco, a Bachiana tocando, acompanhada por um coro de crianças cantando o hino nacional, calou fundo na plateia.

Foi o filho do jornalista, o engenheiro Ivo Herzog, que lembrou que toda aquela resistência só foi possível graças à coragem de pessoas como Dom Paulo Evaristo Arns, Henry Sobel e James Wright, que, junto com o Sindicato dos Jornalistas, enfrentaram um clima de terror para organizar o ato ecumênico na Praça da Sé em 31 de outubro. Ivo os chamou de "nossos heróis".

Aplaudida de pé na sua entrada no palco e visivelmente emocionada, Fernanda Montenegro, elegantemente vestida, leu, com voz pausada e carregada de emoção, o texto escrito pela jornalista Miriam Leitão, que fez a Sala São Paulo ficar absolutamente em silêncio. Um texto forte, que lembrou as torturas, os desaparecidos e a importância da resistência democrática.

Em cópia fiel, a primeira página do texto lido por Fernanda Montenegro, com as suas marcações e anotações.

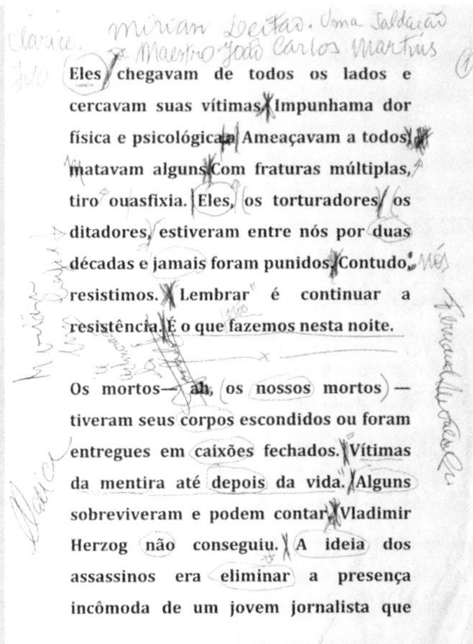

Eles chegavam de todos os lados e cercavam suas vítimas. Impunham a dor física e psicológica. Ameaçavam a todos, matavam alguns. Com fraturas múltiplas, tiro ou asfixia. Eles, os torturadores, os ditadores, estiveram entre nós por duas décadas e jamais foram punidos. Contudo, resistimos. Lembrar é continuar a resistência. É o que fazemos nesta noite.

Os mortos — ah, os nossos mortos — tiveram seus corpos escondidos ou foram entregues em caixões fechados. Vítimas da mentira até depois da vida. Alguns sobreviveram e podem contar. Vladimir Herzog não conseguiu. A ideia dos assassinos era eliminar a presença incômoda de um jovem jornalista que

A emoção do concerto

Assim como a data, o concerto foi histórico, com um programa que foi de Mendelssohn a Ravel, de Astor Piazzolla a John Williams, com sua *Lista de Schindler*, e o solo do violinista Guido Santana, de apenas 10 anos. O pianista e regente americano Robert Levin mostrou por que é considerado um dos grandes intérpretes da atualidade. A apresentação da pianista chinesa Ya-Fei Chuang, radicada nos Estados Unidos e casada com Levin, foi de encher os olhos, com uma técnica deslumbrante e o jeito suave de tocar as teclas. O próprio João Carlos, que estava regendo a Bachiana, ficou magnetizado com o desempenho da pianista, que agradeceu os aplausos de maneira muito elegante. Para João Carlos, Chuang, como ele em seus tempos de glória, deve estudar por volta de 10 horas por dia.

E por ser uma noite de celebração da resistência teve também Beethoven com o seu movimento do *Concerto do Imperador*, assim batizado em homenagem a Napoleão Bonaparte, contra a vontade autor. A peça foi interpretada por João Carlos ao piano.

"Trem das onze"

No comando do público e da graduação da emoção reinante na Sala São Paulo, João Carlos encerrou o concerto com a interpretação da Bachiana, c ajuda do público, de uma música que deverá se tornar o hino da capital paulista. Já está ocupando algumas redes sociais o movimento para transformar "Trem das onze", do ítalo-paulistano Adoniran Barbosa, no hino de São Paulo, ideia aprovada por 93% dos internautas consultados.

Capítulo 28

"Desculpem, mas eu não gostei e vou tocar outra vez."

"Não precisava nem repetir..." (Sussurra a fã Judith de Almeida)

É lógico que havia uma certa tensão no ar, pelo menos para quem sabia que João Carlos, depois de mais de nove anos, poderia voltar a tocar com as duas mãos o programa cuidadosamente escolhido por ele para o concerto do dia 6 de junho de 2015, na Sala São Paulo, em celebração aos seus 75 anos. São 75 anos de idade e 68 de carreira, somando os anos como pianista e maestro.

Quem estivesse nos bastidores da Sala São Paulo e passasse pelo camarim que João sempre ocupa quando se apresenta lá poderia escutá-lo com razoável clareza tocando piano, ou melhor, estudando para o concerto que aconteceria dali a pouco. João Carlos não poderia desperdiçar um minuto que fosse em sua preparação para aquela noite.

Todo mundo que conhecia as rotinas do maestro – naquele momento, do pianista – sabia que ninguém, ninguém mesmo, podia entrar no camarim, nem que se anunciasse com uma leve batidinha na porta. É lógico que, aparentemente, estava tudo bem, até porque, naquele instante, João experimentava o que mais fez na vida: tocar piano, estudar piano. E o isolamento é um comportamento típico de um seleto grupo de virtuosos do piano que, em diferentes épocas, em diferentes cidades do mundo, acabaram ganhando a fama de arredios e são considerados um tanto ariscos, um pouco estranhos, cheios de mania, e por aí vai...

Outros virtuosos, ao longo do tempo

O russo Vladimir Ashkenazy, pianista e maestro, presidente da Sociedade Rachmaninoff, costuma dizer que a dedicação de horas e horas por dia, durante anos, ao piano "é uma doce escravidão". É o que o João Carlos chama de força de vontade e determinação: "Sem essa determinação é impossível tocar piano com desenvoltura". O misto de pianista, jornalista e escritor David Dubal, professor da Juilliard School, em Nova York, que fez, em inglês, a mais longa entrevista com João Carlos já publicada em livro, *Conversations with João Carlos Martins* [Conversas com João Carlos Martins], acredita que o pianista que diz que estuda só um pouco está mentindo e lembra a frase de outro pianista e compositor, Leopold Godowsky (1870-1938), polonês naturalizado norte-americano, que é implacável com a própria profissão: "É sacrifício, muita dificuldade, uma luta sem fim, cheia de mal-entendidos e infortúnios".

O próprio João Carlos concorda, em linhas gerais, com a definição, elogia a técnica de Godowsky e coloca na mesa uma frase já consagrada entre as mais diferentes profissões que envolvem trabalho criativo, que diz que os resultados são obtidos com "98% de transpiração e 2% de inspiração". Para o pianista, no entanto, "essa combinação tem que virar 100% prazer".

Além da dedicação, da transpiração e da doce escravidão, a relação que o pianista vai estabelecendo com o público, em diferentes momentos da sua carreira, é outro aspecto que merece alguma reflexão, porque mexe profundamente com a estabilidade emocional desses virtuosos.

Por trás dessas emoções, está a busca incessante pela perfeição, que fez, por exemplo, com que Ferrucio Busoni (1866-1924), compositor, pianista, professor e maestro italiano, além de um nome respeitadíssimo no meio musical, só se decidisse a tocar em público as *Variações Goldberg*, de Bach, já no fim da vida. E olha que Busoni é considerado um dos maiores especialistas em Bach, a ponto de suas transcrições da obra do alemão merecerem a assinatura Bach-Busoni.

O intenso e apaixonado triângulo amoroso entre virtuoso, piano e público tem sido, de alguma forma, cercado de muitos mistérios. Nomes consagrados têm deixado rastros dessas, vamos dizer, dificuldades de relacionamento. Vladimir Horowitz, por exemplo, que para João Carlos é um dos maiores pianistas de todos os tempos, tinha uma enorme dificuldade de se apresentar em público, e por um motivo quase inimaginável: o seu próprio talento. Em algum momento da carreira, Horowitz teve a exata consciência de seu valor como pianista e, portanto, a percepção de que sua presença no palco seria sempre vista e avaliada por pianistas do mundo inteiro, jovens principalmente, e isso o incomodava tanto que o fez se isolar.

O canadense Glenn Gould, outra sumidade, em determinado momento da carreira, simplesmente parou de se apresentar em público por causa de seu perfeccionismo obsessivo. Estava em jogo, tanto para Horowitz quanto para Gould, a relação com o público e um certo pânico de desapontá-lo. Em relação a Gould, vale a pena abrir um parêntesis para comentar que ele e João Carlos, dois dos grandes intérpretes de Bach, conquistaram esse espaço com interpretações diametralmente opostas. Quem aponta tais diferenças é o estudioso e crítico brasileiro João Marcos Coelho. Para ele, o canadense Gould foi ao limite da descoberta da interpretação de Bach, e "queria recuperar o contraponto no compositor alemão e daí a sua total racionalidade". Gould chamava Bach de "rei da liberdade interpretativa", exatamente por propiciar as diferentes maneiras de tocar a sua obra.

O brasileiro João Carlos Martins, segundo o crítico, "com uma leitura romântica da obra de Bach e com uma técnica muito sofisticada e uma digitação impressionante, fez um enorme sucesso, mesmo com o pianista canadense em seu auge".

João Carlos sempre admirou muito Glenn Gould e, quando ele morreu, com apenas 50 anos, em 1982, o brasileiro foi convidado para fazer um recital com as *Variações Goldberg*. Esse foi o início da arrecadação de fundos para o Memorial Glenn Gould, em Toronto, seis meses depois da morte do pianista. João recebeu, na época, uma mensagem dos pais do canadense, contando que o filho admirava muito o seu trabalho.

Já a pianista Martha Argerich, um mito, passou anos sem fazer um solo, mesmo sendo o solo a razão de ser de uma virtuosa, porque tinha se tornado um modelo para as jovens pianistas e não queria assumir esse papel.

E como explicar tais idiossincrasias? O próprio João Carlos faz uma analogia interessante para tentar elucidar o mistério:

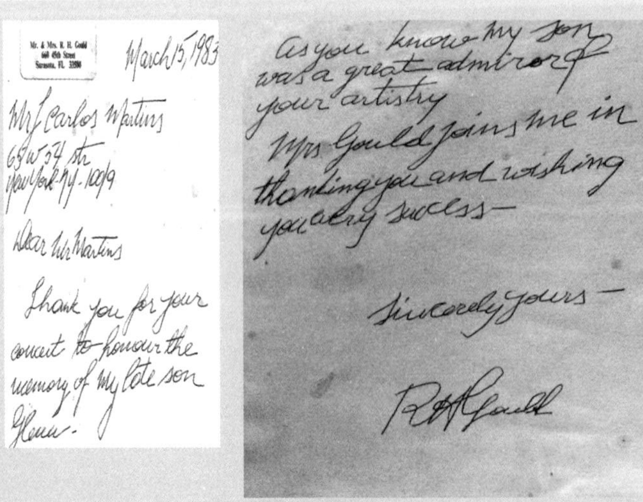
March 15, 1983

Mr. Carlos Martins
65 W 54 St.
New York NY 10019

Dear Mr. Martins

Thank you for your concert to honour the memory of my late son Glenn.

As you know my son was a great admirer of your artistry

Mrs. Gould joins me in thanking you and wishing you every success —

Sincerely yours —

R H Gould

Os pais do pianista canadense Glen Gould agradecem a presença de João Carlos nas homenagens ao filho, que morreu prematuramente.

"É mais ou menos como o jogador de basquete que tem apenas um segundo para fazer a cesta e ganhar o jogo. Psicologicamente, ele tem tudo para fazer o ponto, mas a pressão do público naquele exato momento faz ele ficar com tanto medo que acaba errando a cesta."

Já o pianista, russo de nascimento mas com carreira nos Estados Unidos, Shura Cherkassky (1909-1995) tinha verdadeiro prazer em tocar para as plateias e se comportava de maneira tão natural que, se cometesse algum erro, ninguém perceberia. A história registra que, depois de um concerto, quando lhe perguntaram por que ele tocava tão rápido, a resposta não poderia ter sido mais direta e esclarecedora: "Porque eu posso". Virtuosos que nutrem esse tipo de relação com o piano, como Cherkassky, com certeza são uma corrente minoritária na história da música.

O que talvez possa ajudar a explicar esse comportamento incomum é o hábito criado por uma mente que se acostumou a evoluir com horas e horas de dedicação por dia, anos a fio, ao piano, dialogando com notas musicais numa atividade intrinsecamente solitária, com movimentos repetidos, memorizando milhares de notas musicais para as apresentações em recitais ou então acompanhadas por sinfônicas, filarmônicas, o que apura cada vez mais o sentido já aguçado em relação ao público, que é sempre muito exigente na busca de emoções sublimes em composições e interpretações que transcendem o tempo.

E quem acompanhou a preparação de João Carlos para a apresentação do dia 6 de junho de 2015 pôde perceber a sua tensão crescente à medida que a data se aproximava. Ao mesmo tempo que, ao longo da vida, ele vem procurando especialistas para os cuidados terapêuticos, nos seis meses anteriores ao 6 de junho ele se esmerou no estudo das peças que ia interpretar e na recuperação dos movimentos.

Nos dias que antecederam a apresentação, até foi aventada a possibilidade de se exibir antes do concerto um vídeo de cinco minutos resumindo a trajetória de João Carlos. Vídeos assim foram exibidos nas apresentações do início da carreira de maestro, relembrando sua trajetória como pianista e celebrando o novo desafio de ser regente. Esses vídeos, segundo João, ajudaram-no muito a se situar perante um público que não acompanhou a sua carreira internacional de virtuoso e, mesmo assim, começava a admirar o pianista que perdeu os movimentos da mão, que se recusava a sair de cena e que, de quebra, sempre se superava e acabou se transformando em regente.

João Carlos achou o roteiro emocionante e, ao mesmo tempo, pediu para não editá-lo, porque não tinha muita certeza se ia conseguir tocar com todos os dedos... E logo mudou de assunto.

"É preciso muita coragem..."

A porta do camarim número 1 só se abriu cinco minutos antes de o concerto começar e quem primeiro saiu de lá foi Gel, o misto de motorista e camareiro que, quinze minutos antes, tinha sido autorizado a entrar para ajudar João a se paramentar. João Carlos estava visivelmente tenso. Falou um pouco sobre o seu perfil no Facebook, inaugurado dias antes, e, enquanto colocava a camisa branca impecável e engomada para dentro da calça, ainda não sabia se ia tocar com os dez dedos. Murmurou apenas que talvez não conseguisse, minutos antes de entrar no palco.

Ele foi andando sozinho e bem rápido pelo corredor que leva do camarim à sala de espetáculos. Quando as duas portas se abriram e João Carlos apareceu no palco, debaixo de muitos aplausos, a primeira surpresa: em vez de pegar o microfone, como sempre faz como maestro, e aquecer a plateia com uma conversa envolvente, ele foi direto ao piano, sentou-se no banco, procurou o olhar do regente e iniciou o concerto. Solou três peças, mas continuava tenso, a ponto de olhos mais atentos terem percebido um certo tremor em suas mãos.

Quando terminou o solo das três peças, a segunda surpresa: João Carlos pediu o microfone ao seu assistente, o atento Davi Yu, e, sem se levantar do banco do piano, dirigiu-se ao seu público, uma Sala São Paulo lotada: "Eu não gostei de duas das músicas que toquei e vou tocar de novo". E nada mais disse. Enquanto João se preparava para reassumir o comando do piano, na plateia, Judith de Almeida, que pela primeira vez assistia a um concerto de João, sussurrava ao marido: "Nem precisava repetir...".

João Carlos se curvou sobre o teclado e a plateia pôde, então, perceber a diferença das interpretações. Tanto que, ao término, o público foi ao delírio, aplaudindo efusivamente e de pé, afagando o ego de um virtuoso que precisa, o quanto antes, levar paz à sua alma e à vida de quem o cerca. Sim, porque toda essa apreensão, todo esse estresse de meses, tem deixado aturdidas as pessoas de sua intimidade que há anos convivem com ele e, mesmo assim, não conseguem entender direito a intensa relação de João Carlos com o piano.

Na tentativa de desvendar a relação do pianista com os teclados, amigos criaram uma imagem bem marcante, que mostra toda a diferença entre o introspectivo pianista e o expansivo maestro:

O pianista fica debruçado sobre as teclas, fechado em si mesmo, sempre sério, focado. João Carlos chegava, às vezes, a quase encostar o queixo nas teclas. Já o maestro tem gestos largos, os braços abertos, como o Cristo Redentor. Os amigos garantem que ser regente é, para João, uma alegria permanente, que fica bem clara em todas as apresentações da Bachiana Filarmônica

SESI. Aliás, como já tinha dito o maestro Júlio Medaglia: "Como maestro, João tinha de virar as mãos para cima!".

Ao sair do camarim ao final do concerto do dia 6 de junho de 2015, depois de mudar de roupa e de semblante, agora bem mais descontraído, e antes de chegar ao *hall* de entrada da Sala São Paulo, onde costuma ficar um tempão recebendo os fãs, João disse uma única frase:

"É preciso muita coragem para dizer ao público o que eu disse e tocar outra vez o que eu não gostei, não é verdade?"

O último concerto

É certo que, no dia desse concerto, João Carlos deve ter se lembrado do fatídico 25 de junho de 1998, quando estava na solidão do seu camarim em Londres, pouco antes de subir ao palco da Royal Philharmonic Orchestra e pouco depois de falar com seus médicos de Miami, comunicando-lhes que finalmente havia decidido cortar o nervo ulnar, a razão de tantas dores insuportáveis.

João descreveu o seu martírio e a imensa solidão que tomou conta de sua alma naquele dia de junho de 1998 no primeiro capítulo da sua autobiografia, *A saga das mãos*. Assim ele descreveu o seu último dia de pianista virtuoso:

"Londres, 25 de junho de 1998. Sozinho no camarim do Barbican Centre, aguardo o momento de subir ao palco para tocar ao lado dos músicos da Royal Philharmonic Orchestra. O burburinho da plateia lotada chega até mim como o bramido de um mar distante. Nesse dia, completo 58 anos e mais de meio século já se passou desde que dedilhei pela primeira vez o teclado de um piano. Mas não é isso que torna a data tão especial. Três horas antes, eu havia conversado por telefone com meus médicos em Miami. E confirmei a operação que iria seccionar o nervo de minha mão direita, acabando para sempre com minha carreira de pianista. A multidão que se aglomera na plateia não sabe de nada, nem os músicos, nem a imprensa. Apenas eu e meus médicos sabemos que aquele é meu concerto de adeus. Fiz questão de não criar nenhum drama público. Nas próximas horas, a dor que eu levaria para o palco seria minha – e de mais ninguém. Apagam-se as luzes (da plateia) e o chefe de palco me chama para entrar. Enfrento a plateia como um velho leão que oculta suas cicatrizes. Contudo, no segundo movimento do concerto, se uma câmera se aproximasse de meu rosto, captaria as lágrimas escorrendo, discretas, inexoráveis.

É um momento de indescritível solidão. Entre as mil e tantas pessoas presentes ao teatro, sou o único a saber que tudo vai acabar naquela noite. A sensação é fugaz, etérea, mas, por uma fração de segundo, sinto uma presença a meu lado. Trata-se de um menino, um menino que só eu vejo. José é seu nome. José não leu os jornais do dia, não viu os elogios que a crítica inglesa teceu ao pianista que está se apresentando naquela noite. Não sabe que ele consolidou uma carreira musical interpretando Bach com toda sua alma e paixão. Quando andava pelas ruas da cidade portuguesa de Braga, em fins do século XIX, correndo de um emprego para outro, o menino José ainda não sabia de nada disso. Mas é graças a ele que estou aqui. Nos anos seguintes, o menino tornou-se homem, e esse homem tornou-se meu pai. E seu amor à música é o ponto de partida de minha história."

CAPÍTULO 29

Grandes emoções, na opinião de quem tirou as fotos

"Ele esquece de tudo na hora que está regendo."
(Fernando Mucci, fotógrafo)

Em 2015, o fotógrafo Fernando Mucci completou onze anos acompanhando o maestro João Carlos Martins em concertos, palestras, em aulas na periferia de São Paulo, nos encontros com crianças fascinadas, com músicos e futuros músicos.

Neste capítulo, o fotógrafo, com seu "olho de câmera", derrama a sua emoção e escolhe fotos que tocaram fundo na sua alma e no seu coração.

É uma concentração absoluta que o leva a perder até quatro quilos a cada concerto.

À esquerda: 40 mil pessoas se aglomeram em frente ao Museu do Ipiranga para vibrar com a regência de João Carlos.

No alto: Em Nova York, a alegria de tocar com Chris Brubeck, no trombone. Acima: com Chris e seu pai, Dave Brubeck, com 88 anos, seguem para o palco.

A moderníssima arquitetura do Shopping Pátio Higienópolis, em São Paulo, cria camarotes suspensos, enquanto a Filarmônica Bachiana SESI-SP toca no térreo.

UW

É sentado no banco do piano que ele se encontra.

À direita: depois do concerto, a emoção do garotinho ao receber o aconchego de João Carlos. Despertar estas crianças para um futuro possível é razão de viver, de tocar, de abraçar, de chorar...

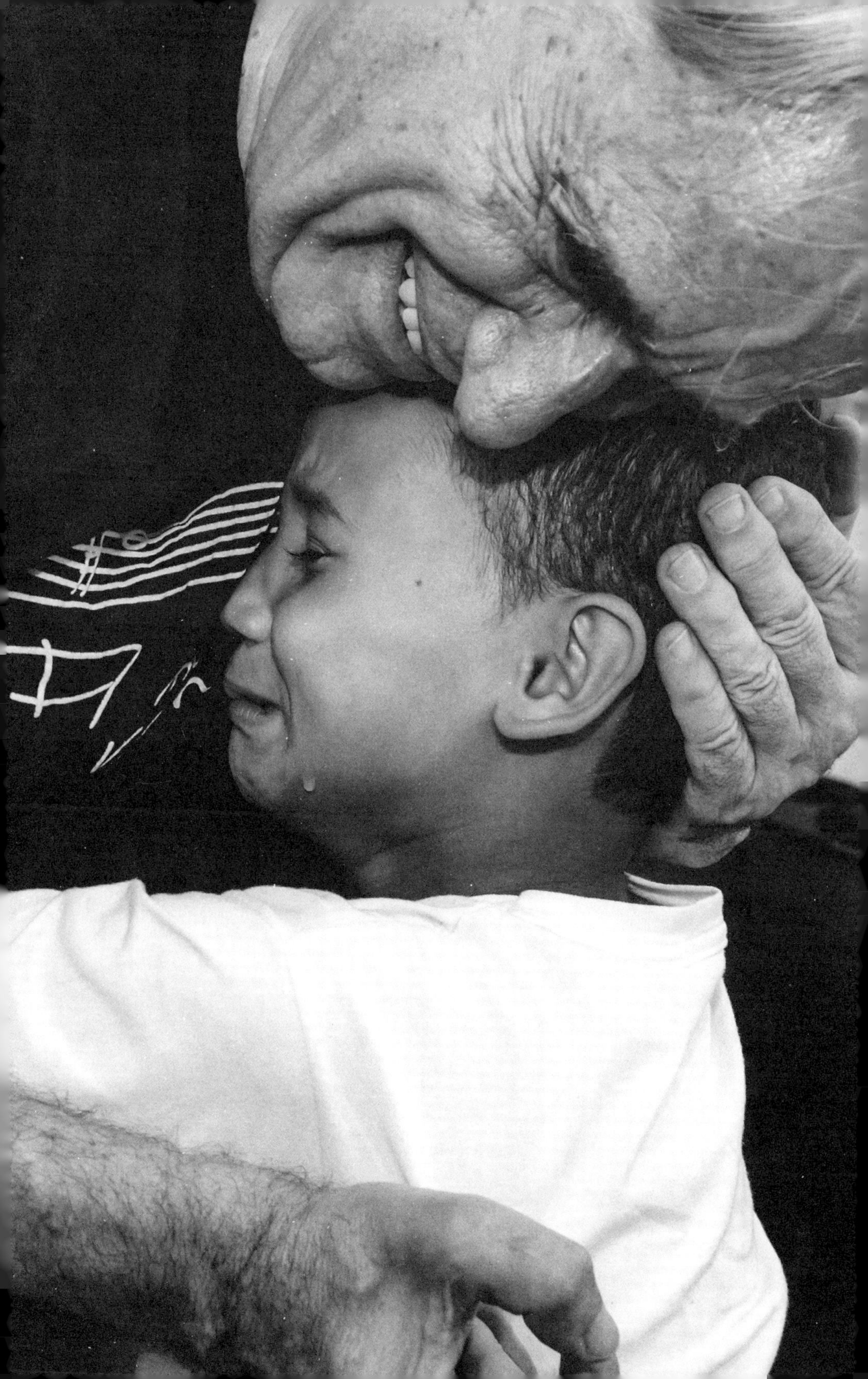

Depois do Ballet para Bach pelo grupo de menininhas, o beijo e o abraço na neta Giovanna, uma dos seis netos que fazem a alegria do avô.

Na Sala São Paulo, a música sertaneja de Chitãozinho e Xororó divide o palco com a música clássica.

Sob as luzes da mais importante casa de concertos do Brasil, a Sala São Paulo, João Carlos soboreia o sucesso.

Muitas vezes, João Carlos quase sai do chão para reger a sua Filarmônica.

Pela primeira vez, a música clássica dominou o Réveillon da mais paulista das avenidas.

R. Peixoto Gomide
Al. Min. Rocha Azevedo

Enquanto João Carlos capricha no "Hino Nacional Brasileiro", dois menininhos da primeira fila, canhotos e distraídos, "erram" o lado do coração.

Pai, mãe, avô, avó, irmão e irmã assistem a seus filhos, netos, irmãos e irmãs tocarem sob a regência do maestro João Carlos Martins.

Por fim...

João Carlos Martins

Por conta das inúmeras entrevistas que o autor desta biografia fez comigo e das vezes que comigo conferiu datas, músicas, compositores... acabei acompanhando a criteriosa pesquisa que o jornalista Ricardo Carvalho, o Ricardão, realizou para recuperar as histórias da minha vida, muitas das quais eu nem me lembrava mais.

Esbarramos em discussões acaloradas sobre alguns pontos e vejo, hoje, que essas discordâncias só fortaleceram a narrativa que ele fez com visível emoção, sem deixar de citar, dentro dos vários contextos, as pessoas que estiveram e estão comigo nesta minha jornada musical que começou quando eu tinha 7 anos. Só para lembrar, completei 75 anos em junho deste 2015.

Se é uma biografia autorizada? Bem, se autorizar é deixar escrever com liberdade, então é autorizada. Ele escreveu sobre tudo: minha obsessão com o piano, minha obstinação em ser maestro, os meus inúmeros problemas de saúde, as dificuldades de conviver há 25 anos com uma dor interminável nas mãos, que faz com que eu valorize as minhas poucas horas de sono, porque a dor só passa quando durmo. Os meus problemas de saúde tiveram uma forte influência nas minhas escolhas pela vida afora.

Destacou, com justiça, a presença marcante na minha vida, e na de meus três irmãos, do meu pai, José, que viveu até os

102 anos de idade. E do exemplo de amor e respeito que foi o casamento dele com minha mãe, união que durou 67 anos.

Contou também toda a minha história com o senhor Paulo Maluf, que me levou a enfrentar um processo que culminou com minha absolvição no Supremo Tribunal Federal. É curioso que as pessoas das antigas imaginem que ainda me incomoda falar sobre este senhor ou que vou esconder informações. Nada disso. É uma história que me aborreceu muito por anos a fio e, agora, não mais.

E o Ricardo soube respeitar o único pedido que fiz: garantir a privacidade das mulheres com as quais me relacionei.

De qualquer forma, é pela música que estou aqui escrevendo, a convite do autor, o capítulo que encerra esta minha biografia, como acredito que é a música que explica a existência de Deus.

Tenho total consciência de que errei muito e acertei muito na minha vida. Os erros procurei corrigir, os acertos, aprimorar; e estou certo de que o Ricardão sabe, hoje, melhor do que ninguém que, no meu mundo interior, lutarei até os últimos anos da minha vida para deixar, através da música, um legado para o nosso país.

Só peço desculpas por não ter atravessado a barreira final do retorno ao piano, e agradeço a Deus e a todos que me ajudaram a seguir o pensamento de Beethoven resumido na frase: "Se mil vidas existirem, mil vidas eu viverei" para continuar nesta minha trajetória da esperança!

Obrigado!

Aos quatro anos, o beijo no pai, já agradecendo por tudo que Seu José fez pelos quatro filhos.

Consultas realizadas

Publicações

ARAUJO, Helder de. *A composição brasileira de piano para a mão esquerda*. Tese (Doutorado em Música) – Departamento de Música, Universidade de São Paulo, São Paulo, 2009.

KOTSCHO, Ricardo. Os mistérios da superação. *Brasileiros*, abr. 2009. Disponível em: <http://brasileiros.com.br/2009/04/os-misterios-da-superacao/>. Acesso em: out. 2015.

DUBAL, David. *Conversations with João Carlos Martins*. New York: Labor Record, INC, 2001.

GAN, Stefan. *João Carlos Martins*. São Paulo: Parágrafo Produção Editorial, 2008.

MARTINS, João Carlos; NASSAR, Luciano U. *A saga das mãos*. Rio de Janeiro: Campos/Elsevier, 2007.

MARTINS, José da Silva. *Breviário de Meditação*. São Paulo: Martin-Claret, 2000.

Portal

<http://www.concertino.com.br/> . Direção: Elza de Moraes Fernandes Costa

Documentários

CARVALHO, Ricardo (Dir.). *O Beijo*. São Paulo: TVM produções, 2011.

CARVALHO, Ricardo (Dir.). *Quis o Destino*. São Paulo: TVM produções, 2012.

KENNIVÉ, Johan; HEIRMAN, Tim (Dir.). *Reverie*. Audiovisuals (BE), 2005.

LANGEMANN, Irene (Dir.). *Martins' Passion*. Licht Filmes, 2003.

WALKER, José Roberto (Dir.). *O piano como destino*. São Paulo: TV Cultura, 2015.

Fontes das imagens

Arquivo pessoal de João Carlos Martins
Páginas: 22, 25, 27, 28, 40, 42, 43, 44, 45, 47, 50, 58, 60, 78, 80, 84, 94, 103, 109, 111, 124, 132, 133, 140, 144, 148, 157, 164, 166, 168, 211, 213, 245, 258, 261, 265, 268, 285, 290, 315.

Capturas de tela
Páginas: 227, 229.

***A composição brasileira de piano para a mão esquerda*, tese de Helder de Araujo**
Páginas: 162, 163.

Fernando Mucci
Páginas: capa, frontispício, 195, 199, 203, 204, 221, 222, 233, 276, 279, 281, 284, 298, 299, 300, 301, 302, 303, 304, 305, 306, 307, 308, 309, 310, 311, 312.

Fox Sony Pictures HE Brasil
Página: 88.

Jornais e revistas
Páginas: 24, 33, 36, 37, 57, 58, 61, 66, 72, 74, 80, 86, 93, 100, 104, 105, 108, 118, 169, 187, 191, 210.

Mauro Lima
Página: 250.

Ricardo Carvalho
Página: 219.

Este livro foi composto com tipografia Bembo Std e impresso
em papel Off-White 80g/m² na Gráfica EGB.